国家出版基金项目
NATIONAL PUBLICATION FOUNDATION

"认识中国·了解中国"书系

"十三五"国家重点出版物出版规划项目

CHINA'S SECRET CODE
THE SYSTEM OF GOVERNANCE

中国之治的制度密码

靳诺　刘伟◎主编

撰 稿 人
（按姓氏音序排列）

董佳　冯玉军　古琳晖　何虎生
侯衍社　汪亭友　王芳　王鹏　王文
郗戈　颜晓峰　杨子强　张锴　张晓萌
张秀琴　张智　赵淑梅　郑吉伟

中国人民大学出版社
·北京·

目　录

导　论

党的十九届四中全会通过的《中共中央关于坚持和完善中国特色社会主义制度　推进国家治理体系和治理能力现代化若干重大问题的决定》（以下简称《决定》），全面总结了新中国成立以来取得的辉煌成就，系统阐释了中国特色社会主义制度体系和国家治理体系的强大生命力和显著优越性，深刻回答了在我国国家制度和国家治理体系上应该坚持和巩固什么、完善和发展什么这个重大政治问题，为解读中国之治提供了制度密码，为感知“中国力量”描绘了制度谱系，为形成“制度自信”构筑了制度保障。

中国之治与中国之制既相互区别，又相互联系。中国之治是指新中国成立以来中国共产党领导人民治理国家的理论和实践，中国之制则是指在这一实践过程中形成和确立的中国特色社会主义制度体系。因此，中国之治是中国之制的实践基础，是中国之制的优势展现；中国之制是中国之治的制度保障，是中国之治的制度成果。

一、书写中国之治的壮丽史诗

“新中国成立七十年来，我们党领导人民创造了世所罕见的经济快速发展奇迹和社会长期稳定奇迹，中华民族迎来了从站起来、富起来到强起来的伟大飞跃。”① 经济快速发展和社会长期稳定这“两大奇迹”高度概括了中国共产党执政七十年来取得的伟大成就和在国家治理方面的显著成效，书写了中国之治的壮丽史诗。

1. 中国之治缔造了人类历史前所未有的发展奇迹

七十载沧桑巨变见证中国奇迹。新中国成立以来，我国社会生产力获得了极大解放和发展，经济实力和综合国力显著增强，用几十年时间走完了发达国家几百年走过的工业化进程，不仅根本改变了中国人民和中华民族的前途命运，而且深刻影响着世界历史的发展进程。七十年来，我们党团结带领人民战胜了前进道路上的各种艰难险阻，取得了革命、建设、改革的一系列历史性成就，使今日之中国呈现出政治稳定、经济发展、文化繁荣、民族团结、人民幸福、社会安宁的和谐景象。正如习近平所说，“在人类文明发展史上，除了中国特色社会主义制度和国家治理体系外，没有任何一种国家制度和国家治理体系能够在这样短的历史时期内创造出我国取得的经济快速发展、社会长期稳定这样的奇迹”②。

经济快速发展彰显中国力量。天道酬勤，春华秋实。新中国成立七十年特别是改革开放新时期和党的十八大以来，在中国共产党的坚强领导下，中国人民奋发图强、艰苦创业，激荡起“敢为天下先”的磅礴力量，挥就出“当惊世界殊”的恢宏篇章，中华民族以崭新的姿态屹立于世界东方。自 1952 年至 2018 年，我国 GDP 从 679.1 亿元跃升至 90.03 万亿元，实际增长 174 倍；人均 GDP 从 119 元提高到 6.46 万元，实际增长 70 倍。改革开放四十多年来，我

---

① 中共中央关于坚持和完善中国特色社会主义制度 推进国家治理体系和治理能力现代化若干重大问题的决定．人民日报，2019－11－06（1）.

② 习近平．坚持和完善中国特色社会主义制度 推进国家治理体系和治理能力现代化．求是，2020（1）.

国经济增长对世界经济增长的年均贡献率达18%左右，近几年来高达30%左右，成为世界经济增长的主要稳定器和动力源。截至2019年底，我国GDP接近100万亿元，人均GDP迈上1万美元的台阶。如今，我国经济总量已稳居世界第二，并成为世界第一制造业大国、第一大货物贸易国、第一大外汇储备国、第二大外国直接投资目的地国和来源国。与此同时，我国产业结构不断优化升级，基础设施建设成就斐然，城乡和区域协调发展呈现新格局，对外开放成效显著，国际地位和影响力大幅提升，充分展现了经济实力和综合国力持续快速增强的中国治理奇迹，缔造了人类发展史上的伟大奇迹。

社会长期稳定树立中国典范。新中国成立七十年特别是改革开放新时期和党的十八大以来，我国在实现经济快速发展的同时长期保持社会和谐稳定和人民安居乐业，实现了改革发展与社会稳定的有机统一，保持了制度活力和治理秩序的动态平衡，与世界上一些社会分裂、政治动荡的国家和地区形成了极为鲜明的对比。新中国成立七十年来，我们党和国家成功经受住了抗美援朝战争，三年困难时期，河北唐山、丰南地区强烈地震，1997年亚洲金融危机，1998年特大洪灾，2003年“非典”重大疫情，2008年四川汶川特大地震和国际金融危机等重大考验，巩固铸牢了人民政权，持续保持了国家政治和社会大局的稳定。我们党始终把人民利益摆在至高无上的位置，在发展经济的同时尤其注重改善民生，增进人民福祉。改革开放以来，我国共减少贫困人口8.5亿多，对全球减贫贡献率超过70%，就业人数达到7.8亿，基本养老保险覆盖人数超过9亿，医疗保险覆盖人数超过13亿，人民生活水平和质量普遍提高，群众的获得感、幸福感和安全感不断提升。中国的治理成就使我国成为国际社会公认的最有安全感的国家之一，树立了国家治理的光辉典范。

2. 中国之治迎来了中华民族伟大复兴的光明前景

在探索与开创中实现“站起来”的伟大飞跃。中国共产党一经成立，就义无反顾地肩负起实现中华民族伟大复兴的历史使命。我们党深刻认识到，实现中华民族伟大复兴，必须建立符合我国实际的先进社会制度①。在艰苦卓绝的奋斗中，我们党团结带领人民完成了新民主主义革命和社会主义革命，建立了中华人民共和国，逐步确立起社会主义基本制度。新中国诞生前夜，以毛泽东同志为主要代表的中国共产党人通过召开中国人民政治协商会议，为新中国奠定了制度根基。国家政权建立后，作为我国根本政治制度的人民代表大会制度从中央到地方正式建立起来，社会主义公有制的经济制度在所有制改造中逐步确立，共产党领导的多党合作和政治协商制度在政治实践中逐步形成。我们党在从新民主主义革命到社会主义革命的历程中探索开创的制度体系，极大巩固和扩大了人民民主专政国家的阶级基础和经济基础，为当代中国一切发展进步奠定了坚如磐石的制度基础，也为中国特色社会主义制度的创新和发展提供了政治前提。雄关漫道真如铁，而今迈步从头越。中国共产党在探索和开创中国之治的历史进程中，实现了中华民族由近代不断衰落到根本扭转命运、持续走向复兴的伟大飞跃！

在守正与革新中实现“富起来”的伟大飞跃。实现中华民族伟大复兴，必须推动我国国家制度和治理体系合乎时代潮流，顺应人民意愿，勇于改革创新，善于开放包容。党的十一届三中全会开启了中国之治的新征程，党的十二大鲜明提出“走自己的道路，建设有中国特色的社会主义”②，开辟了社会主义现代化的崭新道路。以邓小平同志为主要代表的中国共产党人坚持解放思想、实事求是，

① 习近平．决胜全面建成小康社会　夺取新时代中国特色社会主义伟大胜利：在中国共产党第十九次全国代表大会上的报告．人民日报，2017－10－19（2）.

② 中国共产党第十二次全国代表大会文件汇编．北京：人民出版社，1982：4.

团结带领全党全国各族人民，深刻总结我国社会主义建设正反两方面经验，做出了把党和国家工作重心转移到经济建设上来、实行改革开放的历史性决策。在推动改革开放的过程中，我们党既强调独立自主、自力更生，又注重对外开放、合作共赢，坚持社会主义市场经济改革方向，科学回答了什么是社会主义、怎样建设社会主义等一系列基本问题，成功开创了中国特色社会主义，逐渐形成了具有鲜明中国特色、拥有显著制度优势的国家治理体系，为改革开放和社会主义现代化建设提供了有力的制度保障。四十载惊涛拍岸，九万里风鹏正举。中国共产党在守正和革新中国之治的历史进程中，实现了中华民族发展史上的伟大革命，不断走向繁荣富强的伟大飞跃！

在完善与发展中迎来“强起来”的伟大飞跃。党的十八大以来，中国特色社会主义进入新时代，以习近平同志为核心的党中央团结带领中国人民统揽伟大斗争、伟大工程、伟大事业、伟大梦想，统筹推进“五位一体”总体布局，协调推进“四个全面”战略布局，推动中国特色社会主义制度更加完善，国家治理体系和治理能力现代化水平明显提高，为党和国家事业进行历史性变革、取得历史性成就提供了有力保障。我们党以伟大自我革命引领伟大社会革命，推动全面从严治党不断走向深入，党的自我革命机制逐步健全，使党的领导在国家治理体系和治理能力现代化中的核心领导作用不断突显。中国特色社会主义制度和国家治理体系在革故鼎新中不断走向成熟，在开拓实践中彰显出强大的自我完善能力，在国际竞争中以实际行动宣告中国的国家实力。“中国人民和中华民族在历史进程中积累的强大能量已经充分爆发出来了，为实现中华民族伟大复兴提供了势不可挡的磅礴力量。”① 长风破浪会有时，直挂云帆济沧海。中国共产党在完善和发展中国之治的历史进程中，带领人民向新时

① 习近平．在庆祝改革开放40周年大会上的讲话．北京：人民出版社，2018：43.

代强起来的宏伟目标稳步迈进，实现了中华民族强起来的伟大飞跃，迎来了中华民族伟大复兴前所未有的光明前景！

3. 中国之治开辟了社会主义浩荡前行的人间正道

中国之治走出了一条植根中国大地、立足中国现实的发展道路。中国是一个地域辽阔、历史悠久、人口众多、民族文化多样的文明古国，对于国家治理而言，既有可以从数千年的治理传统中汲取经验智慧的历史优势，又有自然资源紧张、城乡和区域发展落差大等现实问题。习近平指出："中国的发展，关键在于中国人民在中国共产党领导下，走出了一条适合中国国情的发展道路。"① 中国特色社会主义道路是根植于中国大地、反映中国人民意愿、适应中国和时代发展进步要求的国家治理道路，中国治理取得的巨大成就打破了唯有照搬西方体制才能实现现代化的误区，印证了只有适合本国国情的制度才是最好的制度选择，只有符合自身实际的治理才是最佳的治理方案。

中国之治建立了一套发展中国家独立自主的现代化治理模式。当前中国处于近代以来最好的发展时期，世界处于百年未有之大变局，两者同步交织、相互激荡②。面对西方发达国家呈现出的经济增长乏力、社会分化加剧、民粹主义盛行的态势，中国的国家制度和国家治理体系在世界上独树一帜，呈现出强大生命力和独特优越性。中国之治从追赶潮流到引领潮流，与"西方之乱"形成鲜明对照，拓展了现代化发展的途径，丰富了世界治理模式的多样性，呈现出强大生命力和独特优越性。作为世界最大的发展中国家，中国的制度和治理体系为广大发展中国家建构其制度和治理体系提供了有益

---

① 习近平主席在出席世界经济论坛 2017 年年会和访问联合国日内瓦总部时的演讲．北京：人民出版社，2017：11.

② 坚持以新时代中国特色社会主义外交思想为指导　努力开创中国特色大国外交新局面．人民日报，2018－06－24（1).

借鉴，增强了发展中国家走独立自主发展道路的决心，也为发展中国家通过健全制度体系、增强治理效能从而发挥后发优势、实现加速赶超提供了重要启示。小智治事，大智治制。习近平指出："中国共产党人和中国人民完全有信心为人类对更好社会制度的探索提供中国方案。"[①] 面对国际政治经济力量对比的深刻演变，中国特色社会主义给世界上那些既希望加快发展又希望保持自身独立性的国家和民族提供了全新选择，为解决人类问题贡献了中国智慧和中国方案，为探索推动全球治理体系变革、推动构建人类命运共同体，为人类制度文明的进步做出了原创性制度贡献。

中国之治高高举起了21世纪马克思主义的伟大旗帜。五百年兴衰沉浮，五百年正道沧桑。在时代流沙的浩渺之中，以中国为代表的社会主义国家通过与时俱进的改革，不断推进实践基础上的理论创新，推动马克思主义在21世纪不断创新发展，使其在世界上焕发出强大生机活力。七十年来，中国共产党领导人民进行的这场伟大社会革命充分检验了马克思主义的科学性和真理性，充分贯彻了科学社会主义的人民性和实践性，充分彰显了世界社会主义的开放性和时代性，开辟了马克思主义理论与实践的新境界。伟大的时代孕育伟大的思想，伟大的思想指引着时代前行。中国特色社会主义进入新时代，形成了习近平新时代中国特色社会主义思想这一马克思主义中国化最新成果，为新时代的国家治理提供了根本遵循和行动指南。习近平强调："中国的昨天已经写在人类的史册上，中国的今天正在亿万人民手中创造，中国的明天必将更加美好。"[②] 中国正在理论发展与实践创新中书写壮阔历史，发出时代强音，展现磅礴气势，不断铸造中国之治新的辉煌！

---

① 习近平．在庆祝中国共产党成立95周年大会上的讲话．北京：人民出版社，2016：14.

② 庆祝中华人民共和国成立70周年大会在京隆重举行　天安门广场举行盛大阅兵仪式和群众游行　习近平发表重要讲话并检阅受阅部队．人民日报，2019-10-02（1）.

二、彰显中国之制的显著优势

制度是文明浓缩的精华，制度优势的发挥是中国之治的内在逻辑。新中国成立七十年来，我们党领导人民创造了世所罕见的经济快速发展和社会长期稳定两大“中国奇迹”，中华民族迎来了从站起来、富起来到强起来的伟大飞跃，开创了举世瞩目的中国之治。从根本上来讲，这是由于中国特色社会主义制度和国家治理体系坚持以马克思主义为指导，植根中国大地，具有深厚中华文化根基，深得人民拥护；充分彰显了自身的强大生命力和巨大优越性，并且能够持续推动拥有十四亿人口大国的进步和发展，确保拥有五千多年文明史的中华民族实现“两个一百年”奋斗目标进而实现伟大复兴。

1. 中国之制具有显著的生命力和优越性

党的十九届四中全会通过的《决定》将中国特色社会主义制度体系和国家治理体系的优势概括为十三个方面：坚持党的集中统一领导，坚持党的科学理论，保持政治稳定，确保国家始终沿着社会主义方向前进的显著优势；坚持人民当家作主，发展人民民主，密切联系群众，紧紧依靠人民推动国家发展的显著优势；坚持全面依法治国，建设社会主义法治国家，切实保障社会公平正义和人民权利的显著优势；坚持全国一盘棋，调动各方面积极性，集中力量办大事的显著优势；坚持各民族一律平等，铸牢中华民族共同体意识，实现共同团结奋斗、共同繁荣发展的显著优势；坚持公有制为主体、多种所有制经济共同发展和按劳分配为主体、多种分配方式并存，把社会主义制度和市场经济有机结合起来，不断解放和发展社会生产力的显著优势；坚持共同的理想信念、价值理念、道德观念，弘扬中华优秀传统文化、革命文化、社会主义先进文化，促进全体人民在思想上精神上紧紧团结在一起的显著优势；坚持以人民为中心的发展思想，不断保障和改善民生、增进人民福祉，走共同富裕道路的显著优势；坚持改革创新、与时俱进，善于自我完善、自我发展，使社会始终充满生机活力的显著优势；坚持德才兼备、选贤任能，聚天下英才而用之，培养造就更多更优秀人才的显著优势；坚持党指挥枪，确保人民军队绝对忠诚于党和人民，有力保障国家主权、安全、发展利益的显著优势；坚持"一国两制"，保持香港、澳门长期繁荣稳定，促进祖国和平统一的显著优势；坚持独立自主和对外开放相统一，积极参与全球治理，为构建人类命运共同体不断做出贡献的显著优势。这十三个显著优势全景式描绘了中国制度谱系和制度优势图谱。中国制度优势的生成不是一蹴而就的，而是在理论与实践、历史与逻辑、现实与未来的统一中逐渐生成的，中国制度显著优势充分体现了中国制度发展的稳定性、适应性、效能性的特点。

中国制度具有稳定性。中国制度从五千多年中华文明史中、从近代以来内忧外患的政治环境中、从新中国七十年的伟大实践中生成，具有改革创新与继承发展的统一性，展现出强大的政治定力。正是这种政治定力的存在使得中国制度呈现出一种动态的稳定性。正如习近平在十九届四中全会上指出的，中国制度"具有强大生命力和巨大优越性"①。从新中国成立七十年的历史中审视中国制度，不难发现，尽管中国社会主义现代化建设的进程不是一帆风顺的，但是中国制度展现出巨大生命力，尤其是在国内外纷繁复杂的大环境中，中国顶住各方面的压力，迎接不同方面的挑战，从世界社会主义的低潮中奋起，在捍卫社会主义价值追求的同时赋予社会主义新的时代内涵，开辟了马克思主义发展的新境界，也开辟了社会主义国家治理的新境界。

---

① 中共中央关于坚持和完善中国特色社会主义制度 推进国家治理体系和治理能力现代化若干重大问题的决定，人民日报，2019-11-06（1）.

中国制度具有适应性。适应性反映了制度回应现实的能力，一种脱离现实问题的制度体系是难以适应发展的阶段性需求的。中国共产党始终保持改革创新精神和自我革新能力，这为中国制度的发展提供了持久内在动力，也为坚持问题意识、不断回应现实问题提供了内在条件。新中国成立以来，中国共产党不断根据经济社会发展条件的变迁和人民群众需要内涵的变化，对中国制度进行改革与调适，并及时回应发展起来以后的问题。中国之制不仅重视制度对现实问题的回应，而且重视正确价值取向的引导和战略安排的推进。改革开放以来，制度发展的战略规划是党进行制度建设的基本蓝图，并在发展改革中不断完善这种整体规划。尤其是党的十九届四中全会提出了坚持和完善中国特色社会主义制度、推进国家治理体系和治理能力现代化的总体目标，即到我们党成立100年时，在各方面制度更加成熟更加定型上取得明显成效；到2035年，各方面制度更加完善，基本实现国家治理体系和治理能力现代化；到新中国成立100年时，全面实现国家治理体系和治理能力现代化，使中国特色社会主义制度更加巩固、优越性充分展现，为中国制度体系的发展完善提供了明确的时间表和科学的路线图。

中国制度具有效能性。制度的生命力在于执行，制度优势的彰显是以制度的有效执行为基础的，执行也是将制度优势能够有效转化为治理效能的必然要求。中国制度不是纯粹逻辑推演的产物，而是将马克思主义基本原理创造性运用于中国实践的成果，具有强大的现实效能。长期以来，在“西方中心主义”话语范式中，只有西方制度模式才是具有普遍合理性的制度模式，尤其是苏东剧变以后，世界社会主义运动遭遇严重的挫折，“历史终结论”“社会主义失败论”“中国崩溃论”等各色论调甚嚣尘上，这不仅给世界社会主义运动带来冲击，而且对于如何坚持和完善中国自己的制度及其效能提出了严峻挑战。党的十八大以来，随着中国制度逐渐成熟、定型，中国制度不仅更加科学规范、系统完备，而且日益运行有效，中国制度的执行力也相应发展，从而使得中国制度优势逐渐得以展现。中国制度优势的展现，充分证明了中国制度不仅从理论范式层面破除了“西方中心主义”范式束缚，而且在制度实践层面改变了国际政治经济格局。

2. 制度优势是一个不可分割的有机整体

制度优势的生成和展现充分体现了中国特色社会主义制度体系和国家治理体系对规律的把握。党的十九届四中全会提炼了十三大显著优势，对制度所蕴含的合理性、科学性、优越性进行了全方位展现和描绘。十三大显著优势作为一个不可分割的有机整体，存在着彼此联系、相互作用、高度契合的逻辑关系。

党的领导制度优势在制度优势谱系中居于首要位置。中国特色社会主义制度优势的生成、展现和转化，都是以党的领导核心地位为基础的，将党的领导制度优势置于首位，是对党的领导优越性的高度肯定和确认。从根本上来讲，这是由党的领导的历史逻辑、理论逻辑、实践逻辑所决定的。自五四运动无产阶级登上中国政治舞台以来的历史，其主流就是在中国无产阶级及其政治代表中国共产党的领导下探索、创立并坚持、发展中国道路的过程。尤其是改革开放的伟大实践，充分证明了中国共产党的领导是中国特色社会主义最本质的特征，是中国特色社会主义制度的最大优势，党是最高政治领导力量。这不仅是一种政治判断，更为重要的是一种价值判断，这是对党的领导制度体系所蕴含的内在合理价值的高度肯定。为此，必须坚持“东西南北中，党政军民学，党是领导一切的”，坚决维护党中央权威，健全总揽全局、协调各方的党的领导制度体系，把党的领导落实到国家治理各领域各方面各环节。

坚持人民当家作主，发展人民民主，密切联系群众，紧紧依靠人民推动国家发展是坚持群众史观的内在要求。民族复兴的梦想是每个中华儿女的梦想，也必然需要中华民族全体成员的广泛参与。

构筑中华民族共同体意识最为核心就是要达成基本政治共识，即密切联系群众是党的最大政治优势。从根本上来讲，中国共产党始终代表中国最广大人民的根本利益。中国共产党把人民对美好生活的向往作为自己的奋斗目标，坚持“以人民为中心”的发展思想，高度肯定人民群众的主体地位和首创精神，将“民心”作为衡量一切工作的最高尺度，把发展好维护好实现好最广大人民的根本利益作为一切工作的出发点和落脚点。

坚持党的领导、人民当家作主和全面依法治国是辩证统一的。坚持这三个方面的优势是对中国特色社会主义制度本质的充分展现。对党的领导优势的确认和彰显，体现了党在国家和社会中的领导核心地位，以及坚持、完善党的领导的必然性与重要性；对人民群众主体优势的确认和彰显，体现了中国特色社会主义制度是合规律性和合目的性的统一，始终坚持将人民群众的根本利益、长远利益和整体利益作为政治设计、制度安排和政策制定的内在标尺；依法治国是党领导人民治理国家的基本方式，强调坚持和完善中国特色社会主义法治体系，提高党依法治国、依法执政能力，充分彰显法治建设在改革发展稳定、治党治国治军和内政外交国防中的关键性作用。对党的领导、人民当家作主和全面依法治国优势的突出，反映了这三个方面的制度优势具有全局性、长期性的作用。

中国特色社会主义的具体制度充分彰显了制度优势和治理效能。不同的制度有着不同的适用范围，制度实践充分彰显了制度的独特性和优越性。在经济领域对社会主义基本经济制度的重新界定和全面阐释，不仅进一步肯定了我国的所有制形式，而且将分配制度和社会主义市场经济体制纳入基本经济制度范畴，表明对社会主义经济制度所蕴含的合理性进行了新的规律揭示和理论总结；在文化制度建设中强调理想信念、价值理念、道德观念的价值作用，反映了“中国精神”之于中国发展的重要性，为中国的接续发展提供了精神动力、智力支持和方向保证；在社会制度建设中强调了共同富裕的目标追求，中国通过长期探索和发展形成了中国特色的共同富裕道路，这为不断增强人民福祉和维护社会稳定提供了内在基础。此外，聚天下英才而用之，突出了人才培养在党和国家发展中的重要作用，“一国两制”的制度实践为实现国家统一和共同繁荣提供了制度基石，在对外交往方面强调坚持独立自主和对外开放相统一，等等。

中国特色社会主义制度优势谱系还从体制优势、民族理念、制度立场、世界意义层面进行了阐释。集中力量办大事的体制优势，确保了全国一盘棋，实现了对一切要素的调动和对消极要素的转化；铸牢“中华民族共同体意识”的优势，强调和突出了民族凝聚力在民族发展中的基础作用，通过夯实这种共同体意识，有助于将人民群众的力量集中到党和国家的中心任务上来；制度发展的方法论本身也是制度的内在优势，坚持改革创新、与时俱进，善于自我完善、自我发展，是使社会始终充满生机活力的显著优势，中国特色社会主义制度的开放性和发展性为制度优势的生成和展现，提供了不竭的内在动力；中国在世界上积极参与全球治理，充分展现了为构建人类命运共同体不断做出贡献、为人类和平与发展事业提供中国智慧和中国方案的显著优势。

3. 制度优势是中国之治的深层密码

中国之制面临新的世界变局。中国制度产生于特殊的历史背景下，并面临着日益复杂的政治环境。当今世界正面临百年未有之大变局，中国特色社会主义发展进入实现民族复兴的关键时期。中国制度对世界格局的影响，决定了中国制度不仅具有鲜明的民族性，而且具有一般的世界性，其根本定位在于，中国特色社会主义发展了 21 世纪马克思主义、当代中国马克思主义。中国制度蕴含着深刻的中华文明传统智慧，在创造性转化和创新性发展中华优秀传统文化的过程中，赋予中华文明新的意蕴和价值。而放眼世界格局的变迁，中国制度优势的展现已经具有世界意义。当今世界，自苏东剧变以来，广大的发展中国家尤其是金砖国家，经过长期发展已经在逐步改变既有的世界秩序，开始提出自己的全球治理倡议和方案。中国制度以一种客观的形式改变世界，也在以一种自觉的方式为世界发展和治理贡献着中国力量和中国智慧。

中国之制正处民族复兴时刻。制度具有历史性，也具有时代性。审视中国制度要树立大历史观思维，从世界全球化进程中考量中国制度的独特价值和时代意义。一个国家选择什么样的治理体系，是由这个国家的历史传承、文化传统、经济社会发展水平决定的，是由这个国家的人民决定的。正如习近平所强调的："我国今天的国家治理体系，是在我国历史传承、文化传统、经济社会发展的基础上长期发展、渐进改进、内生性演化的结果。"[①] 中国制度的生成和演进见证了中华民族在世界民族之林中崛起，中华民族的历史命运在赋予中国制度文明基因的同时，生动展现了社会主义制度发展的民族逻辑。解决中国革命问题要从中国实际出发，解决中国建设、改革中的治理问题，同样也要从中国实际中寻找答案。为此，要通过不断增强中国制度的时代性，进而持续推动拥有十四亿人口大国的进步和发展、确保拥有五千多年文明史的中华民族实现"两个一百年"奋斗目标进而实现伟大复兴。

中国之制展现制度基本价值。经国序民，正其制度。中国制度的发展是国家治理经验的积累，深刻体现了社会主义制度发展的一般规律。中国制度蕴含着现代性的价值追求，而实现现代化是世界各国的普遍追求。在世界历史进程中，全球化与现代化交织作用，不仅影响着世界各国的发展进程，而且塑造着世界的基本格局。现代化是理解近代以来世界历史进程的一个重要线索，从历时性和共时性相结合的角度来看，根据现代化发展程度的不同，世界各国可以分为先发现代化国家和后发现代化国家，前者大都属于发达国家，

① 习近平．习近平谈治国理政：第1卷．2版．北京：外文出版社，2018：105.

后者大都属于发展中国家。现代化发展程度的差异决定着不同国家综合国力的强弱，进而决定着不同国家的国际话语权，这是资本主义国家支配国际政治经济格局的整体态势。而随着中国特色社会主义的发展壮大，中国制度已经成为实现现代化的重要可行性选择，这种价值不仅仅局限于一国一时，而具有世界性、长期性意义。更为重要的是，中国共产党始终坚守为中国人民谋幸福、为中华民族谋复兴、为世界谋大同的初心和使命，以高度的时代责任感和历史使命感，提出了“构建人类命运共同体”“一带一路”等国际倡议，为世界的和平发展和共同繁荣贡献着中国力量。

三、擘画中国之制的时代蓝图

当今世界正经历百年未有之大变局，我国正处于实现中华民族伟大复兴关键时期。在这一时代背景下，坚持和巩固中国特色社会主义制度，完善和发展中国特色社会主义制度和国家治理体系，具有深刻的理论意义、实践意义与世界意义，将大力推动新时代中国特色社会主义发展，积极引领当代中国和中华民族稳健前行，为人类制度文明的发展做出中国贡献。在中华民族实现“两个一百年”奋斗目标进而实现伟大复兴的历史征程中，必须继续坚持和完善中国特色社会主义制度，推进国家治理体系和治理能力现代化，擘画中国之制的时代蓝图，激荡中国之制的世界回响。

1. 推动新时代中国特色社会主义发展

开辟马克思主义国家学说新境界。党的十九届四中全会通过的《决定》是一篇马克思主义的纲领性文献，全面回答了在我国国家制度和国家治理体系上应该坚持和巩固什么、完善和发展什么这一重大政治问题，体现了马克思主义国家学说在中国特色社会主义新时代的最新发展成果。这一发展成果从制度建设层面科学回答了新时代坚持和发展什么样的中国特色社会主义、怎样坚持和发展中国特色社会主义这个根本问题，是习近平新时代中国特色社会主义思想的最新理论结晶。同时，《决定》也是一篇马克思主义的政治宣言书。马克思主义经典作家指明了人类社会发展的一般规律，揭示了从资本主义迈向社会主义的历史必然性，强调了无产阶级专政的国家政权和无产阶级政党的领导作用，但无法对不同历史时代的实际问题给出具体答案，也无法为国情复杂的中国及其系统严密的制度体系提供现成的经验。党的十九届四中全会既在理论上对我国国家制度和国家治理体系做出了全面总结和系统概括，又在实践上对坚持和完善中国特色社会主义制度、推进国家治理体系和治理能力现代化提出了总体目标和各个具体方面的工作要求，为马克思主义国家学说在 21 世纪的发展做出了原创性贡献。坚持和发展中国特色社会主义制度和国家治理体系，就要在坚定科学社会主义基本原则的同时，顺应时代发展的潮流和现实国情的需要，回应人民群众的实际需求，不断推动马克思主义国家学说的理论发展和实践创新，描绘出科学社会主义理论与实践在当代中国蓬勃发展的生动图景。

坚定中国特色社会主义制度自信。我们党团结带领中国人民在长期探索实践中形成的中国特色社会主义制度，是具有鲜明中国特色、明显制度优势、强大自我完善能力的科学制度体系，既符合马克思主义的普遍真理，又植根于中国大地，是当代中国发展进步的根本制度保障。中国特色社会主义制度体系不是从天上掉下来的，不是从传统的制度和僵化的教条中照抄来的，也不是从其他国家的制度体系中照搬来的，而是我们党领导人民在社会主义革命、建设和改革的艰辛实践中历经千难万险、付出巨大牺牲取得的。正是我们党探索和确立的中国特色社会主义制度体系，为我国所创造的世所罕见的经济快速发展奇迹和社会长期稳定奇迹提供了有力保障，为中华民族迎来从站起来、富起来到强起来的伟大飞跃提供了坚强保证。制度兴则事业兴，制度强则国家强。中国特色社会主义制度的显著优势是我们坚定中国特色社会主义道路自信、理论自信、制度自信、文化自信的基本依据。坚持和发展中国特色社会主义制度和国家治理体系，必须始终坚定中国特色社会主义制度自信，保持坚强的政治定力，坚守正确的政治方向，“千磨万击还坚劲，任尔东西南北风”。

深化中国共产党执政规律认识。党的十八大以来，以习近平同志为核心的党中央明确提出，中国共产党的领导是中国特色社会主义最本质的特征，是中国特色社会主义制度的最大优势，党是最高政治领导力量。近百年来，我们党领导中国人民进行伟大社会革命，在新中国成立七十年来的实践探索和改革开放四十多年的持续努力中，使中国人民和中华民族的面貌发生了历史性变革，取得了举世瞩目的历史性成就，其根本原因就在于中国共产党的领导。党和国家事业发生历史性变革、取得历史性成就的过程，也是我们党不断深化对国家制度和国家治理体系的科学认识、不断完善和发展国家制度和国家治理体系的过程。党的十九届四中全会强调：“必须坚持党政军民学、东西南北中，党是领导一切的，坚决维护党中央权威，健全总揽全局、协调各方的党的领导制度体系，把党的领导落实到国家治理各领域各方面各环节。”[①] 坚持和发展中国特色社会主义制度和国家治理体系，就要抓住坚持和完善党的领导制度这一国家治理的关键和根本，确保党始终成为中国特色社会主义事业的坚强领导核心，进一步发挥我国国家制度和国家治理体系的显著优势，不断增强对共产党执政规律、社会主义建设规律、人类社会发展规律的把握，不断发展具有中国特色的更高层次的制度文明。

2. 引领当代中国和中华民族稳健前行

为实现“两个一百年”奋斗目标提供制度保障。实现社会主义

① 中共中央关于坚持和完善中国特色社会主义制度 推进国家治理体系和治理能力现代化若干重大问题的决定．人民日报，2019－11－06（1）.

现代化和中华民族伟大复兴，是坚持和发展中国特色社会主义的总任务，也是我们党的历史使命。建设社会主义现代化国家必须有坚实的制度支撑，实现中华民族伟大复兴的中国梦必须有坚强的制度保障。五千多年的中华文明孕育了广博厚重的制度思想，积累了极富成效的制度实践，而中国共产党要带领中国人民实现从站起来、富起来到强起来的伟大飞跃，更加需要以系统完备、科学有效的制度体系为基础。党的十九届三中全会通过的《中共中央关于深化党和国家机构改革的决定》指出："我们党要更好领导人民进行伟大斗争、建设伟大工程、推进伟大事业、实现伟大梦想，必须加快推进国家治理体系和治理能力现代化，努力形成更加成熟、更加定型的中国特色社会主义制度。"① 党的十九届四中全会进一步规划："到我们党成立一百年时，在各方面制度更加成熟更加定型上取得明显成效；到二〇三五年，各方面制度更加完善，基本实现国家治理体系和治理能力现代化；到新中国成立一百年时，全面实现国家治理体系和治理能力现代化，使中国特色社会主义制度更加巩固、优越性充分展现。"只有对坚持和完善中国特色社会主义制度、推进国家治理体系和治理能力现代化进行系统总结，并与时俱进地不断完善和向前发展，才能更好地统揽伟大斗争、伟大工程、伟大事业、伟大梦想，为在全面建成小康社会基础上全面建成社会主义现代化强国、实现中华民族伟大复兴的中国梦指明前进方向。

为推动新时代改革开放前进提供根本遵循。回顾改革开放的四十多年历程，党的十一届三中全会做出的改革开放战略决策使党和人民大踏步赶上时代，走出了一条具有中国特色的现代化道路。四十多年来的每一步都遵循着解放思想、实事求是的路线，也都镌刻着革新体制机制、健全制度体系的印记。制度建设的问题是关系党

① 习近平关于《中共中央关于坚持和完善中国特色社会主义制度 推进国家治理体系和治理能力现代化若干重大问题的决定》的说明．人民日报，2019-11-06（4）.

和国家事业发展的根本性、全局性、稳定性、长期性问题，坚持和完善中国特色社会主义制度，推进国家治理体系和治理能力现代化，事关党和国家事业兴旺发达、国家长治久安、人民幸福安康，事关改革开放的最终成效。新时代的改革开放与过去相比具有许多新的内涵和特点，习近平就此指出："其中很重要的一点就是制度建设分量更重，改革更多面对的是深层次体制机制问题，对改革顶层设计的要求更高，对改革的系统性、整体性、协同性要求更强，相应地建章立制、构建体系的任务更重。"① 在新时代的背景下谋划全面深化改革，必须深刻把握国际局势的演变和我国发展要求的转化，继续啃硬骨头、攻克难关，既要保持中国特色社会主义制度和国家治理体系的稳定性和延续性，又要抓紧建设国家治理体系和治理能力现代化所急需的制度、满足人民对美好生活新期待所必备的制度，推动各方面制度更加成熟更加定型，推进国家治理体系和治理能力现代化。

为应对风险挑战，赢得主动提供坚强保证。在世界格局发生深刻复杂变化、国内改革发展稳定任务艰巨的形势下，实现我国经济社会的发展目标，既有充分的现实条件和基础，也面临着诸多矛盾叠加、风险隐患增多的挑战，前方的道路依然曲折坎坷，甚至还会遭遇危机和险境。为了应对前进道路上的风险挑战，必须着重加强制度建设，有效发挥制度威力，坚决打好防范化解重大风险攻坚战。这就需要不断推动中国特色社会主义制度和国家治理体系的完善，尤其是要推动完善党的领导制度这一党和国家的根本领导制度，提高党科学执政、民主执政、依法执政的水平，使党和国家的各项事业取得更大成就。同时，必须顺应我国社会主要矛盾的转变和国家治理面临的新任务新要求，加强系统治理、依法治理、综合治理、

① 习近平关于《中共中央关于坚持和完善中国特色社会主义制度　推进国家治理体系和治理能力现代化若干重大问题的决定》的说明．人民日报，2019－11－06（4）.

源头治理，把我国制度优势更好转化为国家治理效能，把中国特色社会主义制度贯彻落实到国家治理体系和治理能力各方面，方能乱云飞渡仍从容，保持战略定力，赢得战略主动。

3. 为人类制度文明的发展做出中国贡献

使科学社会主义制度焕发出生机活力。中国特色社会主义制度和国家治理体系是在马克思主义的指导下创立和发展的制度和治理体系，同时也是在中国革命、建设和改革的过程中逐步形成的制度和治理体系，体现了科学社会主义理论逻辑和中国社会发展历史逻辑的辩证统一。中国特色社会主义制度所取得的成功，展示了社会主义制度蕴含的强大力量。20 世纪 80 年代末 90 年代初的苏东剧变使世界社会主义运动跌入低谷，而实行改革开放的中国则开辟了独具中国特色的社会主义现代化道路，在世界上高举起中国特色社会主义伟大旗帜，积极推动了科学社会主义理论与实践的发展。“中国特色社会主义道路越走越宽广，使世界上正视和相信马克思主义和社会主义的人多了起来，使世界范围内两种意识形态、两种社会制度的历史演进及其较量，发生了有利于马克思主义、社会主义的深刻转变。”① 坚持和发展中国特色社会主义制度，充分发挥社会主义国家制度体系的鲜明特点和巨大优势，充分彰显社会主义制度的积极价值取向，使科学社会主义制度在 21 世纪再度焕发鲜活的生命力，对世界社会主义的发展和人类社会的进步将产生深远的影响。

为发展中国家的现代化提供制度借鉴。党的十九大报告指出，“中国特色社会主义进入新时代，意味着中国特色社会主义道路、理论、制度、文化不断发展，拓展了发展中国家走向现代化的途径，

---

① 习近平．习近平新时代中国特色社会主义思想学习纲要．北京：学习出版社，2019：5.

给世界上那些既希望加快发展又希望保持自身独立性的国家和民族提供了全新选择”①。当今世界，经济全球化的浪潮滚滚向前，国际政治经济格局加速演变，中国特色社会主义制度不仅服务于中国的社会主义现代化进程，也对世界各国追求持久和平、共同繁荣的努力产生了深远影响，其蕴含的价值不仅投射在中国人民对于美好生活的向往中，也投射在更多发展中国家的人民对于改善生活水平、提升生活质量的期待中。中国开辟的国家治理体系和治理能力现代化道路，生动地印证了现代化道路的多样性和发展模式的多样性，有力地鼓舞了发展中国家独立自主地选择迈向现代化的道路和方式。正如习近平所说：“中国人民的成功实践昭示世人，通向现代化的道路不止一条，只要找准正确方向、驰而不息，条条大路通罗马。”②坚持和完善中国特色社会主义制度在展现制度力量、吸引世界目光的同时，为众多发展中国家提供了加强制度建设的借鉴和完善国家治理的启示，在世界历史维度中使中国现代化发展道路具有了更为广阔的意义。

为全球治理贡献中国智慧和中国方案。中国特色社会主义制度和国家治理体系的发展，本身就是人类探索新型制度文明的成功实践。作为世界上最大的发展中国家，中国在努力发展自身的同时，正积极地发挥着世界和平建设者、全球发展贡献者、国际秩序维护者的重要作用。全球化的发展伴随着各方面矛盾的扩展和深化，面临着治理赤字、信任赤字、和平赤字、发展赤字的严峻挑战，全球化的困境迫切需要化解的良方，中国智慧和中国方案则给予了积极的回应。新时代的中国以主动的姿态和高度的担当参与全球治理体系的改革和建设，秉持共商共建共享的全球治理观，倡导多边主义

① 习近平．决胜全面建成小康社会 夺取新时代中国特色社会主义伟大胜利：在中国共产党第十九次全国代表大会上的报告．北京：人民出版社，2017：10.

② 习近平．开放共创繁荣 创新引领未来：在博鳌亚洲论坛2018年年会开幕式上的主旨演讲．北京：人民出版社，2018：4.

和国际关系民主化，推动全球经济治理机制变革。作为胸怀天下的政党，中国共产党是为中国人民谋幸福的政党，也是为人类进步事业而奋斗的政党。作为负责任的大国，中国治理体系和治理能力的现代化关注的不仅仅是中国人民的福祉，更是人类社会的发展前景与共同命运。习近平指出："要高举构建人类命运共同体旗帜，推动全球治理体系朝着更加公正合理的方向发展。"① 我们将继续坚持和完善独立自主的和平外交政策，并同世界各国人民一道，推动构建人类命运共同体，为新型制度文明建设分享中国经验，为完善全球治理体系提出中国方案，为引领时代发展潮流提供中国示范，为指引人类社会进步方向贡献中国智慧。

① 坚持以新时代中国特色社会主义外交思想为指导　努力开创中国特色大国外交新局面．人民日报，2018－06－24（1）．

坚持党的集中统一领导

新中国成立以来，中国共产党领导全国各族人民不懈奋斗，探索出了中国特色社会主义道路，并将其转化为制度优势。2019 年，党的十九届四中全会通过的《决定》，明确将“坚持党的集中统一领导，坚持党的科学理论，保持政治稳定，确保国家始终沿着社会主义方向前进”[①] 作为我国国家制度和国家治理体系的首要优势。总结分析党的集中统一领导制度形成与发展的优势及显著特点，对于理解中国之治的制度密码具有十分重要的意义。

一、党的集中统一领导制度的形成与发展

党的集中统一领导优势是中国共产党自成立以来团结带领广大人民一起在革命、建设和改革的实践中探索形成的，并且以制度为保障。党的集中统一领导制度是植根于中国、具有鲜明中国特色的制度，在国家发展的各个历史时期发挥了根本性保障作用。

1. 新民主主义革命时期的有益探索

马克思、恩格斯创立共产主义政党时就确立了民主集中制的基

① 中共中央关于坚持和完善中国特色社会主义制度 推进国家治理体系和治理能力现代化若干重大问题的决定．人民日报，2019－11－06（1）．

本原则，重视组织内部的统一领导，并且认为在从资本主义向共产主义过渡阶段要实行无产阶级专政。诞生于国家危亡之际的中国共产党自成立之日起就肩负为民族谋复兴、为人民谋幸福的历史使命，将领导中国革命取得胜利作为首要任务。而要在半殖民地半封建社会的条件下带领人民取得革命的胜利，全党必须意志统一、行动统一，并能够集中各方力量。因此，中国共产党不仅继承了民主集中制这一马克思主义政党的根本组织原则，还在革命实践中探索形成了党的一元化领导制度。

中国共产党的集中统一领导制度建设是从确立党中央权威开始的。1922 年，党的二大通过党的第一个党章，明确要求全党服从中央，规定全体党员要绝对服从全国大会及中央执行委员会之议决；区或地方执行委员会及各组都要执行、宣传中央执行委员会所定政策，不得自定政策；凡有关系全国之重大政治问题发生，中央执行委员会未发表意见时，区或地方执行委员会，均不得单独发表意见①。1923 年党的三大建立了中央局和负责地方工作的中央执行委员会委员向中央执行委员会报告的制度；同年底又建立了地方党组织向党中央报告的制度。

第一次国共合作开始后，为了在复杂形势下实现对各类社会团体的领导，中国共产党探索建立了党组制度的前身——党团制度。国共合作破裂后，党创建了人民军队，并在军队中建立了党委制、政治委员制、政治机关制、中央军委制、“支部建在连上”等一整套党领导军队的制度。从创建第一块农村革命根据地——井冈山根据地开始，中国共产党就确立了对根据地政权的领导。1928 年，毛泽东提出“共产党领导的红色区域，能够在四围白色政权包围的中间发生和坚持下来”的一个要紧的条件，“就是共产党组织的有力量和

① 中共中央文献研究室，中央档案馆．建党以来重要文献选编（1921—1949）：第 1 册．北京：中央文献出版社，2011：167.

它的政策的不错误”①。此后，各苏维埃政权也都是在党的领导原则下建立的。

全面抗战爆发后，为了实现党对抗日民族统一战线的领导，中国共产党首先统一党内意志，进一步加强党中央权威和集中统一领导，于1937年制定了《中共中央政治局工作规则和纪律草案》。1938年，《中共扩大的六届六中全会关于各级党部工作规则与纪律的决定》明确提出，“个人服从组织，少数服从多数，下级服从上级，全党服从中央，党的一切工作由中央集中领导，是党在组织上民主集中制的基本原则，各级党的委员会的委员必须无条件执行，成为一切党员与干部的模范”②。

1940年，为了巩固抗日民族统一战线，党中央决定在抗日根据地实行“三三制”政权建设原则③。毛泽东在为中央起草的指示《抗日根据地的政权问题》中明确强调虽然共产党员只占三分之一，也要通过提高党员质量，确保“共产党员在政府中的领导地位”④。按照中央的要求，各根据地党组织加强了对到政权机关工作的党员干部的选拔培养。1942年，中共中央通过了《关于统一抗日根据地党的领导及调整各组织间关系的决定》，提出各抗日根据地要实行党的一元化领导，明确各级党委是“统一各地区的党政军民工作的领导”机关⑤。

1945年，抗战即将胜利之际，党的七大把“四个服从”作为民主集中制的基本要求写入党章，而且强调“四个服从”最根本的是全党服从中央，为此后领导解放战争提供了保障。解放战争

① 毛泽东．毛泽东选集：第1卷．2版．北京：人民出版社，1991：49，50.

② 中共中央文献研究室，中央档案馆．建党以来重要文献选编（1921—1949）：第15册．北京：中央文献出版社，2011：773.

③ 即在政权机关人员分配上，共产党员占三分之一，非党的左派进步分子占三分之一，不左不右的中间派占三分之一。

④ 中共中央文献研究室，中央档案馆．建党以来重要文献选编（1921—1949）：第19册．北京：中央文献出版社，2011：119.

⑤ 同④423.

后期，党中央还完善了覆盖全党全军各级组织的请示报告制度，以彻底清除分散主义和无政府主义对党的集中统一领导的影响，强化了党中央的权威，为取得革命的最终胜利提供了领导保证和组织保证。

2. 社会主义革命和建设时期的基本确立

早在民主革命时期，中国共产党就已经初步探索形成了覆盖党政军民各领域的党的集中统一领导制度。正因为有了中国共产党的集中统一领导，中国才在短短 28 年内实现了自 1840 年以来一直求索的民族独立目标，实现了“站起来”的转变。1949 年，面临创建一个新中国的历史性任务，毛泽东发表了《论人民民主专政》，指出“只有共产党领导的人民民主专政的国家”① 才能消灭剥削阶级，实现共产主义。

新中国成立后，为了更好地领导国家建设，中国共产党立即着手建立对各领域，特别是政权工作的领导制度。1949 年 11 月，中央就通过了《关于在中央人民政府内组织中国共产党党委会的决定》和《关于在中央人民政府内建立中国共产党党组的决定》，规定中央人民政府内部必须建立起“党委—分党委—总支—支部”四级组织体系，同时要求中央人民政府中担任负责工作的共产党员组成党组，以保证党的决策得到贯彻落实。

社会主义改造启动后，党中央进一步规定政府工作中一切主要和重要的方针、政策、计划和重大事项，必须经过党中央讨论和决定或批准；并建立了党委成员联系同级团组织的制度，以加强对青年工作的领导。1954 年 2 月，七届四中全会通过的《关于增强党的团结的决议》强调“党的团结的唯一中心是党的中央”，“必须把任何地区、任何部门的党的组织及其工作看作是在中央统一领导下的

---

① 毛泽东．毛泽东选集：第 4 卷．2 版．北京：人民出版社，1991：1477.

整个党及其工作的不可分割的一部分”①。1954 年 9 月，毛泽东亲自领导制定了新中国第一部宪法，在序言中明确规定了中国共产党的领导地位，阐明人民民主统一战线将始终由中国共产党领导。在这前后通过的各民主党派的章程也都把中国共产党的领导写了进去。

1956 年，党的八大将党组制度正式写进党章。1958 年，中央专门成立直属于中央政治局和书记处的财经、政法、外事、科学、文教等小组，强化党对国家重大工作的领导。1962 年毛泽东在扩大的中央工作会议上指出，“工、农、商、学、兵、政、党这七个方面，党是领导一切的。党要领导工业、农业、商业、文化教育、军队和政府”②。可以说，从社会主义制度确立后，党中央就在不断加强对各领域工作的集中统一领导，以确保国家各项事业都沿着社会主义方向展开以及集中全国力量加速现代化建设。

3. 改革开放新时期的恢复发展

十年“文化大革命”严重破坏了党和国家的正常秩序。进入改革开放新时期后，党中央开始拨乱反正，恢复民主集中制的组织原则，要求全党统一到十一届三中全会制定的正确路线上。1979 年，邓小平提出“在中国实现四个现代化，必须在思想政治上坚持四项基本原则”，其中就包括“必须坚持共产党的领导”③。此后他还专门强调，“四项基本原则的核心，就是社会主义制度和党的领导，这是我们立国和团结全国人民奋斗的根本”④。

进入新时期后，中国共产党十分重视通过宪法法律和党内法规保证党的集中统一领导。1980 年中央制定了《关于党内政治生活的

---

① 中央档案馆，中共中央文献研究室．中共中央文件选集（一九四九年十月——一九六六年五月）：第 15 册．北京：人民出版社，2013：254.

② 毛泽东．毛泽东文集：第 8 卷．北京：人民出版社，1999：305.

③ 邓小平．邓小平文选：第 2 卷．2 版．北京：人民出版社，1994：164.

④ 邓小平．邓小平文选：第 3 卷．北京：人民出版社，1993：44.

若干准则》，将“维护党的集中统一”[①] 作为党内政治生活的基本准则。1982 年修订的《宪法》在序言中规定：“中国各族人民将继续在中国共产党领导下，在马克思列宁主义、毛泽东思想指引下，坚持人民民主专政，坚持社会主义道路。”[②] 同年召开的党的十二大，在党章的总纲中亦阐明中国共产党是“中国社会主义事业的领导核心”[③]，并将“四项基本原则”作为全党团结统一的政治基础。

随着改革的深化和市场经济的发展，社会不同群体的利益日益多样化，并且在国家治理的不同领域和部门表现出来。2000 年，江泽民要求全党“更好地发挥总揽全局、协调各方的领导作用，把全体人民和各方面的积极性充分调动起来，为实现共同的目标而奋斗”[④]，并且将提高党的领导水平和执政水平作为新的历史条件下中国共产党必须应对的历史性课题。中央还制定了《中国共产党地方委员会工作条例（试行）》《关于领导干部报告个人有关事项的规定》《中国共产党党内监督条例（试行）》《中国共产党巡视工作条例（试行）》等规范党的组织和党员干部个体行为、增强党的集中统一领导的党内法规。到了 2011 年，在庆祝中国共产党成立九十周年大会上，胡锦涛提出要“构建内容协调、程序严密、配套完备、有效管用的制度体系”[⑤]，为党的领导制度建设进一步明确了方向。

4. 新时代以来的完善成熟

党的十八大以来，以习近平同志为核心的党中央着眼于实现

---

① 中共中央文献研究室．三中全会以来重要文献选编：上．北京：人民出版社，1982：415.

② 中共中央文献研究室．十二大以来重要文献选编：上．北京：人民出版社，1996：207.

③ 同②63.

④ 中共中央文献研究室．十五大以来重要文献选编：中．北京：人民出版社，2001：1231.

⑤ 中共中央文献研究室．十七大以来重要文献选编：下．北京：中央文献出版社，2013：443.

“两个一百年”奋斗目标和中华民族伟大复兴的中国梦，全面加强党的集中统一领导。2013年1月，党的十八大召开后不久，习近平就在十八届中央纪委二次全会上指出“遵守党的政治纪律，最核心的，就是坚持党的领导”[①]，此后党中央着力严明党的政治纪律和政治规矩，陆续修订或制定了《关于新形势下党内政治生活的若干准则》《中共中央政治局关于加强和维护党中央集中统一领导的若干规定》《中国共产党重大事项请示报告条例》《中国共产党党组工作条例》等党内法规，从多个方面维护了党中央权威，实现了以制度保证全党服从中央、维护党中央权威和集中统一领导的目标。

与此同时，以习近平同志为核心的党中央注重完善党的领导体制机制。2013年11月，党的十八届三中全会审议通过了《中共中央关于全面深化改革若干重大问题的决定》，将“完善和发展中国特色社会主义制度，推进国家治理体系和治理能力现代化”作为全面深化改革的总目标，明确提出了深化党的建设制度改革、完善党的领导体制和执政方式的改革任务[②]。此后，党中央在健全中央财经领导小组工作机制的同时成立全面深化改革、国家安全、网络安全和信息化、军民融合发展等重要领域的决策议事协调机构，对党中央领导重大工作发挥了重要作用。同时，中央还通过了《关于加强和改进党的群团工作的意见》《关于加强和改进新形势下民族工作的意见》《中国共产党统一战线工作条例（试行）》《中国共产党政法工作条例》《中国共产党农村工作条例》等重要文件，健全了党领导人大、政府、政协、监察机关、审判机关、检察机关、武装力量、人民团体、企事业单位、基层群众自治组织、社会组织等制度。各级党组织总揽全局、协调各方的领导作用得到了巩固和加强。

2017年，党的十九大旗帜鲜明地提出“中国特色社会主义最本

---

① 中共中央文献研究室．十八大以来重要文献选编：上．北京：中央文献出版社，2014：132.

② 同①512－513.

质的特征是中国共产党领导，中国特色社会主义制度的最大优势是中国共产党领导”① 的重要论断。2018 年，党的十九届三中全会统筹推进党政军群机构改革，适当归并党中央决策议事协调机构，统一各委员会名称，优化了党和国家机构职能体系，为更好地从制度上发挥党的领导优势奠定了基础。2019 年 2 月，《中共中央关于加强党的政治建设的意见》明确指出：“坚持和加强党的全面领导，最重要的是坚决维护党中央权威和集中统一领导；坚决维护党中央权威和集中统一领导，最关键的是坚决维护习近平总书记党中央的核心、全党的核心地位。”②

2019 年 11 月，党的十九届四中全会将党的集中统一领导作为中国特色社会主义制度的首要优势，并且首次提出了党的领导制度体系的概念，明确党的领导制度体系的基本框架，即建立不忘初心、牢记使命的制度，维护党中央权威和集中统一领导的制度，党的全面领导制度，为人民执政和靠人民执政各项制度，提高党的执政能力和领导水平制度、为人民执政和靠人民执政各项制度。在这些制度中，维护党中央权威和集中统一领导的制度是主干性制度，是党的集中统一领导优势在制度层面的集中体现，对于将中国特色社会主义制度优势转化为国家治理的效能具有重要意义。

二、党的集中统一领导制度的特点

新中国成立以来，特别是党的十八大以来，中国共产党发挥坚强领导核心作用，带领中国人民创造了在长期社会稳定基础下经济持续快速发展的奇迹，迎来了从站起来、富起来到强起来的伟大飞跃，极大地推动了中华民族伟大复兴的历史进程。中国之所以能够

① 习近平．决胜全面建成小康社会 夺取新时代中国特色社会主义伟大胜利：在中国共产党第十九次全国代表大会上的报告．北京：人民出版社，2017：20.

② 中共中央关于加强党的政治建设的意见．北京：人民出版社，2019：8.

取得这一让世人瞩目的伟大成就，一个重要原因是中国共产党从革命年代就开始探索建立党的集中统一领导制度，并在新中国成立后的七十年间结合国家发展的需要不断丰富完善相关制度，形成了体系健全、特点鲜明的制度体系。

1. 党的集中统一领导制度坚持以人民为中心的价值导向

马克思主义是深刻揭示了人类社会发展规律的科学理论，是为全世界人民谋幸福的科学理论。始终同人民在一起，为人民利益而奋斗，是马克思主义政党同其他政党的根本区别。中国共产党诞生于半殖民地半封建社会的旧中国。当时积贫积弱的中国已经遭受了帝国主义几十年的侵略，陷于水深火热的广大民众已经被与帝国主义相勾结的本国封建主义和官僚资本主义压迫了几十年。中国共产党从诞生开始就将为中国人民谋幸福、为中华民族谋复兴作为自己的初心和使命。这种初心和使命是激励一代代中国共产党人前赴后继、英勇奋斗的根本动力，也使中国共产党不同于当时中国其他的政党。

回顾中国共产党近百年的发展历程，它始终坚守自己的初心和使命，在探索党的集中统一领导制度时亦始终坚持以人民为中心的价值导向。革命年代，中国共产党通过集中统一领导，聚集最广泛的力量实施土地革命，展开抗日战争，推翻三座大山，让广大人民群众翻身做主人。新中国成立后，中国共产党不仅没有因为地位的转变放弃全心全意为人民服务的宗旨，并且将改变一穷二白的国家面貌、提高人民群众的生活水平作为领导社会主义革命和建设的核心目标。党的十一届三中全会以来，中国共产党站在新的历史条件下，坚持立党为公、执政为民的基本理念，通过加强党的集中统一领导克服改革开放进程中的各种艰难险阻，以强大的战略定力推进中国特色社会主义事业发展，让广大人民共享改革开放的成果。概言之，中国共产党建立健全党的集中统一领导制度，不是为了少数人谋利益，而是以促进社会公平正义、增进人民福祉为出发点和落脚点。

同时，中国共产党并不是孤立地探索党的集中统一领导制度，而是坚持党的领导、人民当家作主与依法治国有机统一。从制定新中国第一部宪法开始，中国共产党就注重以宪法法律保证国家的一切权力属于人民。党的十五大进一步提出了依法治国执政方略。随后，中国共产党将依法执政作为基本执政方式，采取一系列举措使党的主张通过法定程序成为国家意志，使党组织推荐的人选成为国家政权机关的领导人员，通过国家政权机关实施党对国家和社会的领导，支持国家权力机关、行政机关、审判机关、检察机关依照宪法和法律开展工作。

中国共产党还基于马克思主义的人民立场，坚定认为人民是历史的创造者，无论领导革命、建设还是改革，都需要尊重民意、汇集民智、凝聚民力、改善民生。在制定政策时着眼于解决人民最关心最直接最现实的利益问题；在政策评估、政策落实时把人民群众是否满意作为根本检验标准，并以党内法规保证各级党组织和党员干部贯彻落实党的群众路线。新中国成立以来，中国共产党还探索形成了从群众中来、到群众中去的各种制度，包括各级领导干部定期接访、下访制度，党员干部联系点制度，党员干部服务群众项目制等党员干部常态化联系群众、服务群众制度，等等。

为了更好地领导人民群众投身社会主义现代化建设，中国共产党还建立了联系广泛、服务群众的较为系统的群团工作体系，并逐步形成了发挥群团组织是党和政府联系人民群众桥梁和纽带作用的相关制度。这不仅包括党委统一领导群团工作制度、党建带群建团建制度机制和在群团组织中成立党组，还包括群团组织代表大会制度和委员会制度，直接联系群众、接受群众评议制度以及党政主导、群团组织参加的维护群众权益机制，等等。

2. 党的集中统一领导制度将维护党中央权威作为首要着力点

马克思主义政党的力量来自严密的组织体系，党的全面领导、党的全部工作要靠党的组织体系去实现。中国共产党是按照马克思列宁主义建党原则建立起来的，自建党之初就形成了包括党的中央组织、地方组织、基层组织三级组织在内的严密组织体系。经过几十年发展，中国共产党已经发展成为拥有超过 9 000 万党员、460 多万个党组织的超大规模政党，但党的组织体系的严密性和纪律的严格性一直保持下来，使其具备了世界上任何其他政党都不具有的强大组织优势。

在中国共产党的组织体系中，党中央是大脑和中枢，是党的最高决策机构，对党和国家事业发展重大工作实行集中统一领导。党的地方组织的根本任务是确保党中央决策部署贯彻落实，有令即行、有禁即止。党的基层组织是党的肌体的“神经末梢”，发挥战斗堡垒作用。党组在党的组织体系中具有特殊地位，负责贯彻落实党中央和上级党组织决策部署，发挥把方向、管大局、保落实的重要作用。每个党员特别是领导干部的责任是，不断提升自己党的意识和组织观念，做到思想上认同组织，政治上依靠组织，工作上服从组织，感情上信赖组织。

党的十八大以来，以习近平同志为核心的党中央统筹考虑党的领导与党的组织建设，坚持以高质量的组织工作加强和巩固党的领导。2018 年召开的全国组织工作会议在总结党的十八大以来党的建设经验基础上，提出了新时代党的组织路线，即“全面贯彻新时代中国特色社会主义思想，以组织体系建设为重点，着力培养忠诚干净担当的高素质干部，着力集聚爱国奉献的各方面优秀人才，坚持德才兼备、以德为先、任人唯贤，为坚持和加强党的全面领导、坚持和发展中国特色社会主义提供坚强组织保证”①，再次阐明要通过

① 习近平．在全国组织工作会议上的讲话．北京：人民出版社，2018：11.

加强组织体系建设，巩固和加强党的领导。

鉴于党中央在组织体系中的关键性地位，党的十八大以来，习近平明确提出“坚持党中央权威和集中统一领导，这是党的领导的最高原则，任何时候任何情况下都不能含糊、不能动摇”[①]。实践中，党中央开展集中性教育提升全党对党章的尊崇，采取多项举措增强党员干部的政治意识、大局意识、核心意识、看齐意识，通过深化党和国家机构改革完善坚持党的领导的体制机制，确保全党在思想上政治上行动上同党中央保持高度一致。

为了在实践层面确保党中央的指示能够落实落地，中国共产党探索形成了中央书记处和中央纪律检查委员会、全国人大常委会党组、国务院党组、全国政协党组、最高人民法院党组、最高人民检察院党组每年向中央政治局常委会、中央政治局报告工作制度，中央政治局同志每年向党中央和习近平总书记书面述职制度，重大事项向党中央和习近平总书记请示报告制度等关键性制度。

3. 党的集中统一领导制度覆盖党和国家一切工作

党政军民学，东西南北中，党是领导一切的。早在革命年代，中国共产党就确立了党领导一切的原则。经过近百年的探索，党的全面领导制度已经日趋稳定，主要涵盖四个方面：一是党领导人大、政府、政协、监察机关、审判机关、检察机关、武装力量、人民团体、企事业单位、基层群众自治组织、社会组织等，发挥总揽全局、协调各方的领导核心的相关制度，比如在国家机关、事业单位、群团组织、社会组织、企业和其他组织中设立的党委（党组），接受批准其成立的党委统一领导、定期汇报工作制度。二是各级党委（党组）工作制度，包括民主集中制原则，集体领导、分工负责制度，“三重一大”决策监督机制，国有企业、农村、机关、高校、科研院

① 习近平．在全国组织工作会议上的讲话．北京：人民出版社，2018：2.

所、街道社区等各领域党组织的工作制度，等等。三是党领导各项事业的具体制度，一方面包括党领导经济社会各方面重要工作的制度规定，另一方面包括党领导重大战略实施的制度机制。四是党和国家机构职能体系，比如：中央组织部统一管理中央机构编制委员会办公室，统一管理公务员工作；中央宣传部统一管理新闻出版工作，统一管理电影工作；中央统战部统一领导国家民族事务委员会，统一管理宗教工作，统一管理侨务工作；等等。

党的十八大以来，习近平反复强调，“党的领导必须是全面的、系统的、整体的，必须体现到经济建设、政治建设、文化建设、社会建设、生态文明建设和国防军队、祖国统一、外交工作、党的建设等各方面。哪个领域、哪个方面、哪个环节缺失了弱化了，都会削弱党的力量，损害党和国家事业”①。当然，党对一切工作的领导并不意味着党的组织去做各领域的具体工作，而是指党组织总揽全局、协调各方，发挥把方向、管大局、定政策、促改革的作用。党的十八大以来，中央建立健全中央全面深化改革委员会、中央全面依法治国委员会、中央审计委员会、中央网络安全和信息化领导委员会、中央财经委员会、中央外事工作委员会、中央教育工作领导小组等中央重要领域决策议事协调机构，就是为了实现党中央对各领域重大工作的全覆盖式领导。

为了让党中央的重大决策在各地方、各部门、各单位得到贯彻落实，党的集中统一领导制度优势能够在实践层面转化为国家治理效能，新中国成立以来特别是改革开放以来，中国共产党通过制度建设，将贯彻落实党中央决策部署作为评议党员、鉴定干部、考核各级组织和党内监督的重要内容，在各级组织和同级领导班子中明确贯彻落实党的主要领导人重要指示批示和党中央决策部署的任务分工，并建立与之相应的督促检查、情况通报、监督问责等专项

① 陈希．健全党的全面领导制度．求是，2019（22）.

机制。

4. 党的集中统一领导制度是不断发展完善的制度体系

党的集中统一领导制度最初偏重于党内的集中统一领导，随着革命进程的发展扩大到对群众组织、军队和根据地政权等的领导，领导体制机制也经过一个探索完善的过程。到了改革开放新时期，中国共产党明确提出加强党的领导，必须改善党的领导，逐步将改进党的领导方式、提高党的领导水平作为党和国家制度建设的一项重点目标。党的十九届四中全会创造性地提出发展和完善党的领导制度体系的要求，也表明党的集中统一领导制度探索将进入一个新的发展阶段。

打铁必须自身硬。加强和完善党的领导必须不断推进党的建设新的伟大工程。党的十九大从中国特色社会主义进入新时代这一新的历史形势出发，提出了新时代党的建设总要求，将坚持和巩固党的领导作为党的建设的根本原则。党的十九届四中全会把全面从严治党制度作为党的领导制度的重要组成部分，进一步体现了坚持党的领导和加强党的建设的内在统一。

在实践层面，中国共产党坚持以党的自我革命推动伟大的社会革命，以全面从严管党治党巩固党的集中统一领导，并且形成了较为完善的全面从严治党制度。一是以党的政治建设为统领的党的建设制度。党的建设是一项系统性伟大工程，其制度包括党的政治建设制度机制、思想建设制度机制、组织建设制度机制、作风建设制度机制、纪律建设制度机制和反腐败斗争制度机制，全面从严是贯彻其中的根本方针。二是党管干部、选贤任能制度。党管干部是党的干部工作的根本原则，为了能够选出党和人民所需要的好干部，中国共产党建立了《党政领导干部选拔任用工作条例》等相关党内法规以及源头培养、跟踪培养、全程培养的干部培养体系，日常考核、分类考核、近距离考核的知事识人体系，以德为先、任人唯贤、人事相宜的选拔任用体系，管思想、管工作、管作风的从严管理体系和崇尚实干、带动担当、加油鼓劲的正向激励体系，等等。三是规范党内政治生活的制度。严肃党内政治生活是全面从严治党的基础。党章、《关于党内政治生活的若干准则》、《关于新形势下党内政治生活的若干准则》等都规范了党内政治生活。党的十八大以来，中央还建立了一系列规范党内政治生活的具体制度，这些都是全面从严治党制度的重要内容。四是建立解决党自身问题的长效机制。中国共产党着眼于巩固党的长期执政地位，建立健全了提高党自我净化、自我完善、自我革新、自我提高能力的长效机制，不敢腐、不能腐、不想腐的体制机制以及党内监督等相关制度机制。五是全面从严治党责任制度。权责明确是建立健全制度必须考虑的因素，也是确保制度执行力的关键。全面从严治党责任制度是全面从严治党制度的重要内容，包括确保各级党委、中央部委和国家机关部门党组（党委）负主体责任、各级纪委负监督责任的制度，以及领导班子成员一岗双责的制度。

三、党的集中统一领导制度的显著优势

党的集中统一领导制度是中国特色社会主义的根本领导制度，是坚持和完善中国特色社会主义制度、推进国家治理体系和治理能力现代化的前提和保证。

1. 确保国家始终沿着社会主义的正确方向前进

正确的前进方向是党和国家事业发展的根本前提。中国共产党建立后特别是新中国成立以来七十年里所取得的一切伟大成就都是因为找到并坚持了马克思主义的指导地位和社会主义的前进方向。中国之所以能够无论顺境还是逆境都始终坚持这一正确的前进方向不动摇，党的集中统一领导发挥了根本保障作用。

实现共产主义，是所有共产主义政党的理想。中国共产党自诞生之日起就将实现共产主义作为自己的最高理想和最终目标。只有在社会主义社会充分发展和高度发达的基础上，共产主义最高理想才能实现。新中国成立后不久，中国共产党就领导广大人民群众进行了社会主义改造，确立了社会主义基本制度。由于对社会主义初级阶段的国情认识不足以及受苏联社会主义模式的影响，我国的社会主义探索一度遇到严重挫折，但国家发展始终没有偏离社会主义的轨道，关键在于新中国成立后就确立了党的领导核心地位并建立了较为健全的党的领导制度。

1978 年党的十一届三中全会之后，中国共产党在马克思主义立场、观点、方法的指导下，认真总结社会主义建设的经验教训，启动了改革开放，逐步探索出了符合中国国情的中国特色社会主义道路。但这一探索并不是一片坦途。从改革开放开始，特别是苏东剧变以后，唱衰中国的舆论在国际上不绝于耳，各式各样的“中国崩溃论”从来没有中断过。中国共产党特别是党中央始终不被这些杂音干扰，始终保持战略定力，坚定地认为中国的改革开放只能在中国特色社会主义道路上不断前进，并且通过不断加强党的领导确保广大人民不因迷失方向而跌入功利主义、实用主义的陷阱，确保国家不重蹈苏联的覆辙。

总之，中国特色社会主义道路得以确立并取得今天的成就，是因为党的领导具有“把方向”的优势，不仅能够确保全党始终牢记自己的初心使命，不放弃自己的奋斗目标，坚定马克思主义信仰，而且能够通过维护党中央权威，保持全党集中统一和对各领域各项事业实施全面领导，使得国家的各项事业一直在社会主义的正确方向上前进。

2. 持续供给科学的指导理论和中长期发展规划

科学的理论对于实践具有重大指导意义。执政党和政府能否持续供给国家发展所需的科学理论和与之相应的有效的方针政策，是决定一个国家能否持续发展的重要因素，也是一个国家制度是否具有优势的衡量标准。

中国共产党所信仰的马克思主义是科学的理论。它创造性地揭示了人类社会发展规律，揭示了资本主义运行的特殊规律，为人类指明了从必然王国向自由王国飞跃的途径，为人民指明了实现自由和解放的道路。更为重要的是，马克思主义不是教条，而是发展的理论，是源于实践、指导实践的行动指南。中国共产党掌握马克思主义之后即坚持以马克思主义为指导，并有意识地将马克思主义基本原理同中国实际结合起来，先后形成了毛泽东思想、邓小平理论、“三个代表”重要思想、科学发展观和习近平新时代中国特色社会主义思想等创新性科学理论。党的领导制度体系使这些符合中国国情的指导理论不仅是中国共产党的指导思想，也是中国革命、建设和改革的指导思想，确保国家在不同发展阶段都有科学理论的指导。

实现共产主义是一个非常漫长的历史过程。巩固和发展社会主义制度，也需要一个很长的历史阶段，需要几代人、十几代人，甚至几十代人坚持不懈的努力，实现“一张蓝图绘到底”。这就要求国家不仅要有科学理论的指导，还要能够将理论转化为可以落地的方针政策；要求不仅能够根据不同时期国家发展的特点和时代特点制定有针对性的方针政策，而且能够准确判断社会主义矛盾的发展变化，前瞻性地明确各阶段国家的具体发展目标和与之相应的发展规划，保证广大人民群众在正确的方向上接续奋斗。而这恰恰是党的领导制度体系的显著优势。如果中国没有党的领导制度，采取的是西方的“三权分立”、两党制或多党制，不论执政的政党还是执政党的党员干部都容易只聚焦短期利益或局部利益，对国家的长远发展和全局性工作关注不足，就无法实现共产主义。

3. 为国家健康发展提供稳定的政治和社会环境

纵观世界历史发展，一个国家如果要保持持续健康发展，必须有一个相对稳定的政治和社会环境。1840 年以来中国的仁人志士不断求索救国救民之路，特别是孙中山先生，不仅提出了有利于国家发展的纲领，而且建立了中华民国，但由于民国时期战乱频繁，国家始终没有走上现代化的道路。新中国成立后，中国用几十年的时间走了西方发达国家一二百年才走过的路，一个关键原因就是在中国共产党的领导下，中国保持了七十年和平稳定、持续发展。

首先，党的坚强领导确保了马克思主义在意识形态领域的指导地位。历史上很多国家的政权动荡、更迭都始于思想领域的混乱，苏东剧变、“颜色革命”都与意识形态领域的混乱有关。党的领导制度体系不仅让执政党始终保持理论上的清醒和政治上的定力，冷静应对波谲云诡的国际形势、复杂敏感的周边环境和艰巨繁重的改革发展稳定任务，而且让人民有了共同的思想基础和精神力量。

其次，党的坚强领导确保了国家发展的各项事业都有坚定的主心骨。在新中国成立以来的七十年里，特别是在曲折探索阶段，中国始终有坚定方向的“定海神针”，让国家免于出现西方式党争民主的乱象，没有沦为各利益集团逐利的工具。党对人民军队的绝对领导，使国家不仅免于陷入军事政变的乱局之中，而且争取了有利于发展的外部环境。

再次，党的坚定领导确保了人民当家作主的地位。正因为有了中国共产党的领导，国家在制定大政方针时才始终将实现好、维护好、发展好最广大人民的根本利益作为出发点和落脚点，努力将国家发展的红利惠及全体人民，而不是少数利益群体。同时，党的领导制度还确保各级领导干部保持同人民群众的紧密联系，及时了解、解决基层群众面临的困难，将一些可能引发“黑天鹅”事件的矛盾消灭在萌芽阶段。

在新中国成立以来的七十年里，中国发生的变革极为深刻，不仅从新民主主义社会转变到社会主义社会，而且破除了苏联社会主义模式的束缚，启动改革开放，探索形成了中国特色社会主义道路。其间，国家能够始终维持稳定的政治和社会环境，关键就是始终坚持党的领导地位。

4. 为发挥中国国家制度和国家治理体系的其他优势提供保障

国家治理体系，是由众多子系统构成的复杂系统，包括政党体系、政府治理体系、武装力量体系、群团工作体系、群众自治体系等等。现代化的国家治理体系，是能够确保各个子系统职责明确、协同配合、运行高效、同向发力的治理体系，其中必须有一个明确、坚强的领导系统，发挥指挥统筹的中枢作用。在我国的国家治理体系中，中国共产党就起到中枢作用。党的领导是发挥国家治理体系合力的关键所在，是其他十二项显著优势的保证。

正如前文所述，在中国的国家治理体系中，党的领导、人民当家作主和依法治国三者是有机统一的关系。正因为有了中国共产党的领导，中国特色社会主义制度才能始终坚持人民当家作主，发展人民民主，密切联系群众，并紧紧依靠人民推动国家发展。全面依法治国方略是中国共产党领导并制定的。而要在一个有几千年封建专制传统的国家实施全面依法治国方略，无疑需要国家治理的一场深刻革命，需要克服一系列的困难，更需要一个坚强领导力量来统筹推进。换言之，如果没有党的领导，就难以发挥全面依法治国、建设社会主义法治国家、切实保障社会公平正义和人民权利的优势。

中国是一个人口众多的大国，而且是一个多民族国家。如果没有党的集中统一领导，就不会形成全国一盘棋、调动各方面积极性、集中力量办大事的优势，也难以实现各民族一律平等，形成并维系中华民族共同体意识，56 个民族的群众就不会共同团结奋斗，共同发展繁荣。党的集中统一领导，不仅可以将科学决策在相对短的时间内转变为国家的法律和政策，而且能够统筹推进政党协商、人大协商、政府协商、政协协商、人民团体协商、基层协商和社会组织协商，确保各方力量朝着同一个目标努力，有效克服一些国家治理体系存在的议而不决、决而不行、行而不实等不良现象，避免各行其是、相互掣肘、效率低下等治理弊端。

同样，在党的领导下，中国才能把社会主义制度和市场经济有机结合起来，不断解放和发展社会生产力；才能弘扬中华优秀传统文化、革命文化和社会主义先进文化，促进全体人民在思想上精神上紧紧团结在一起；才能使社会始终充满生机活力；才能不断保障和改善民生，坚持走共同富裕的道路；才能聚天下英才而用之；才能确保人民军队的绝对忠诚；才能坚持“一国两制”，促进祖国的和平统一。

中国共产党还拥有 460 多万个基层组织和 9 000 多万名党员，分布在国家社会生活的各个地区、各个层级、各个领域。在党的领导下坚持和完善中国特色社会主义制度、推进国家治理体系和治理能力现代化，可以增强各级党委和政府以及各级领导干部的制度意识和现代化治理意识，发挥他们的带头示范作用，集中力量攻克改革开放进程中的各类难题，确保改革开放取得实效，使中国社会始终充满生机活力，而且能够为构建人类命运共同体不断做出贡献。

概言之，中国特色社会主义大厦需要“四梁八柱”来支撑，党是贯穿其中的总的骨架，党的集中统一领导优势是中国国家制度和治理体系的首要优势。这一优势不是空洞的、抽象的，它需要体制机制、组织体系、工作体系等一系列制度载体。坚持和巩固党的集中统一领导制度，全方位发挥党的集中统一领导优势，准确掌握中国特色社会主义的制度密码，对于推进国家治理体系和治理能力现代化具有重要意义。

紧紧依靠人民推动国家发展

党的十九届四中全会通过的《决定》明确把“坚持人民当家作主，发展人民民主，密切联系群众，紧紧依靠人民推动国家发展的显著优势”列为中国国家制度和国家治理体系十三条显著优势的第二条，充分体现了我国社会主义政治制度坚持人民当家作主的根本性质，充分体现了中国化马克思主义政治制度建设理论的新成果，对于我们全面贯彻落实以人民为中心的根本立场，进一步实现好维护好发展好最广大人民的根本利益具有重要的理论意义、现实意义和历史意义。

一、坚持人民当家作主是我国社会主义政治制度的根本优势

我国人民当家作主的政治制度是在马克思主义国家理论指导下，结合我国国情和历史文化传统，经历了革命、建设和改革的不同历史时期不断发展起来的新型制度，较之于我国历史上一切旧的政治制度和西方资产阶级政治制度，具有本质不同和根本优势。

1. 马克思、恩格斯关于新型政治制度本质的论述

马克思、恩格斯创立的科学社会主义理论是在彻底批判封建专

制制度和资本主义剥削制度的基础上揭示未来新型政治制度本质的。在他们看来，新型社会制度的本质就是人民当家作主，这种制度首先是与君主专制相对立的："不是君主的主权，就是人民的主权——问题就在这里！"① 封建专制制度是完全违背人的本性的反动制度："君主政体的原则总的说来就是轻视人，蔑视人，**使人不成其为人**；……哪里君主制的原则占优势，哪里的人就占少数；哪里君主制的原则是天经地义的，哪里就根本没有人了。"② 资本主义制度较之封建专制制度无疑是历史的巨大进步，但它与人民主权的新型政治制度仍然具有本质区别。资本主义的政治制度具有片面性、虚伪性和不彻底性，而资产阶级"为了达到自己目的不得不把自己的利益说成是社会全体成员的共同利益，就是说，这在观念上的表达就是：赋予自己的思想以普遍性的形式，把它们描绘成唯一合乎理性的、有普遍意义的思想"③。资产阶级标榜民主、自由、平等，但是一旦感到必要，就会"把**共和国**的'自由、平等、博爱'这句格言代以毫不含糊的'步兵，骑兵，炮兵！'"④。资产阶级政治制度的片面性、虚伪性和阶级性是显而易见的。现在仍然有不少人推崇西方所谓自由民主制度。事实上，无论是西方资产阶级两党制还是多党制，实质都是维护少数资产阶级利益的国家机器。恩格斯就曾以美国为例，一针见血地揭示了资产阶级"两党制"的阶级本质："两大帮政治投机家，他们轮流执掌政权，以最肮脏的手段来达到最肮脏的目的，而国民却无力对付这两大政客集团，这些人表面上是替国民服务，实际上却是对国民进行统治和掠夺。"⑤

马克思主义经典作家创造性地把新型政治制度与人民民主有机

---

① 马克思，恩格斯．马克思恩格斯全集：第1卷．北京：人民出版社，1956：279.
② 同①411.
③ 马克思，恩格斯．马克思恩格斯文集：第1卷．北京：人民出版社，2009：552.
④ 马克思，恩格斯．马克思恩格斯文集：第2卷．北京：人民出版社，2009：509.
⑤ 马克思，恩格斯．马克思恩格斯选集：第3卷．3版．北京：人民出版社，2012：54.

统一起来，认为民主的本质属性就是“人民主权”“人民当家作主”。“在民主制中，国家制度、法律、国家本身都只是人民的自我规定和特定内容”[①]，真正民主的政治制度是与新型政治制度、人民主权、社会主义、共产主义密切联系在一起的。当然，新型政治制度的真正实现、政治权力向社会复归是一个长期、复杂的过程，是“以自由的联合的劳动条件去代替劳动受奴役的经济条件，只能随着时间的推进而逐步完成”[②]。

2. 列宁对于马克思主义国家理论的继承和发展

列宁在新的时代条件下继承和发展了马克思、恩格斯的国家理论。他指出：“资产阶级民主同中世纪制度比较起来，在历史上是一大进步，但它始终是而且在资本主义制度下不能不是狭隘的、残缺不全的、虚伪的、骗人的民主，对富人是天堂，对被剥削者、对穷人是陷阱和骗局。”[③] 他进一步指出：“没有民主，就不可能有社会主义，……胜利了的社会主义如果不实行充分的民主，就不能保持它所取得的胜利，并且引导人类走向国家的消亡。”[④] 民主是社会主义的本质属性，离开了民主就不可能有真正的社会主义制度，民主只有在新型政治制度建立的条件下才可能真正实现。

列宁在社会主义实践中深刻认识到了社会主义民主政治建设的长期性和复杂性。他指出，苏维埃民主制即目前实施的无产阶级民主制度是“社会主义性质”的，但它的完善是一个“过渡”过程，在这个过程中，“会产生许多可说是摸索的步骤，许多错误和动摇，——没有这些，就不可能有任何显著的进步”[⑤]。他直言不讳地指出，“直到今

① 马克思，恩格斯．马克思恩格斯全集：第1卷．北京：人民出版社，1956：282.

② 马克思，恩格斯．马克思恩格斯选集：第3卷．3版．北京：人民出版社，2012：143.

③ 列宁．列宁专题文集：论资本主义．北京：人民出版社，2009：238.

④ 列宁．列宁全集：第28卷．2版．北京：人民出版社，1990：168.

⑤ 列宁．列宁专题文集：论社会主义．北京：人民出版社，2009：111.

天我们还没有达到使劳动群众能够参加管理的地步”①。鉴于社会主义民主政治建设的长期性和复杂性，已经建立起社会主义制度的国家必须坚持不懈地推进社会主义民主进程，既不能急于求成，更不能无所作为，要在实践中有计划地稳步推进社会主义民主的历史进程。

3. 我国社会主义政治制度的发展脉络和总体优势

中国共产党成立伊始就致力于建立人民当家作主的新型政治制度，并团结带领广大人民群众进行不懈奋斗。早在土地革命时期，我们党就在江西中央苏区建立了中华苏维埃共和国，开始了建设新型国家制度和法律制度的创造性探索。抗日战争时期，我们党创建了颇具创新意义的抗日民主政权。新中国成立之后毛泽东豪迈地宣告：“一切事实都证明：我们的人民民主专政的制度，较之资本主义国家的政治制度具有极大的优越性。在这种制度的基础上，我国人民能够发挥其无穷无尽的力量。这种力量，是任何敌人所不能战胜的。”② 进入改革开放新时期，邓小平指出，尽管社会主义制度还不完善，“但是无论如何，社会主义制度总比弱肉强食、损人利己的资本主义制度好得多。我们的制度将一天天完善起来，它将吸收我们可以从世界各国吸收的进步因素，成为世界上最好的制度”③。中国特色社会主义进入新时代，习近平继承和发展了马克思主义的国家理论，深刻指出：“始终代表最广大人民根本利益，保证人民当家作主，体现人民共同意志，维护人民合法权益，是我国国家制度和国家治理体系的本质属性，也是我国国家制度和国家治理体系有效运行、充满活力的根本所在。”④ 新中国成立以来，我们党牢牢抓住人

---

① 列宁．列宁专题文集：论无产阶级政党．北京：人民出版社，2009：219.

② 毛泽东．毛泽东文集：第6卷．北京：人民出版社，1999：184.

③ 邓小平．邓小平文选：第2卷．2版．北京：人民出版社，1994：337.

④ 习近平．坚持和完善中国特色社会主义制度　推进国家治理体系和治理能力现代化．求是，2020（1）.

民当家作主这一核心要义，为建设社会主义新型政治制度做出了不懈努力，逐步确立并巩固发展了中国特色社会主义政治制度体系。有学者把中国特色社会主义政治制度体系概括为“三者统一、四层框架”的政治制度①。“三者统一”是指坚持党的领导、人民当家作主和依法治国的有机统一；“四层框架”是指人民代表大会制度这一根本政治制度、中国共产党领导的多党合作和政治协商制度这一基本政治制度、民族区域自治制度和基层群众自治制度，以及各种行之有效的政治体制和运行机制。

中国特色社会主义政治制度体系，产生于党和人民为争取民族独立、人民解放和国家富强而进行的伟大实践，植根于中华民族几千年来生存和发展的大地，植根于人民之中，是适合中国前进方向、符合现代化发展要求的制度选择，是中国特色社会主义民主政治的重要体现和制度载体，具有强大生机活力和明显优越性。

第一，中国特色社会主义政治制度具有科学性。中国特色社会主义政治制度建设坚持历史唯物主义的基本立场、观点和方法，坚持以马克思主义国家理论为指导，摒弃了资产阶级国家理论的狭隘性和片面性，因而能够充分吸取古今中外人类制度文明的优秀成果，不断深化对共产党执政规律、社会主义建设规律和人类社会发展规律的认识，从而使中国特色社会主义制度建设建立在科学理论和丰富经验基础上，能够正确反映中国特色社会主义政治建设的本质和规律，从而不断推进中国特色社会主义制度建设的发展和完善。

第二，中国特色社会主义政治制度具有人民性。我国是人民民主专政的社会主义国家，保证人民当家作主，体现人民共同意志，维护人民合法权益，是我国国家制度和国家治理体系的本质属性和根本立场，也是我国政治制度与旧中国所有政治制度和一切资产阶

① 辛向阳，陈建波，等．中国特色社会主义政治制度研究．北京：经济科学出版社，2013：6.

级政治制度的根本区别所在。这种政治制度有效保障了人民当家作主的真实性、全面性和彻底性，充分显示了社会主义新型民主制度的优越性。

第三，中国特色社会主义政治制度具有先进性。一方面，中国特色社会主义政治制度坚持党的领导、人民当家作主和依法治国的有机统一。党的领导是人民当家作主和依法治国的根本保证，人民当家作主是社会主义民主政治的本质特征，依法治国是党领导人民治理国家的基本方式，三者统一于我国社会主义民主政治伟大实践，服务于人民当家作主的本质要求，这是我国政治文明建设的突出特征和显著优势，也是人民当家作主的最重要保障。另一方面，中国特色社会主义政治制度的“四层框架”，把根本政治制度、基本政治制度和各种制度形式、政治体制和运行机制有机衔接起来，从而使我们的政治制度把民主和集中有机统一起来，把坚持党的领导和发挥群众首创精神有机统一起来，把维护社会稳定与促进改革发展有机统一起来，从而有目标有计划有步骤地不断推进中国特色社会主义各项事业，具有突出的先进性。

中国特色社会主义政治制度的科学性、人民性和先进性，广泛体现在我们党的党章，我国的宪法、法律法规、制度规定和运行机制中，在《决定》等文献中更是有充分的体现。下面，我们分别从人民代表大会制度这一根本政治制度、中国共产党领导的多党合作和政治协商制度这一基本政治制度和基层群众自治制度这三种制度形式具体阐述中国特色社会主义政治制度体系的显著优势。由于民族区域自治制度在本书第六部分有专门论述，在此不再赘述。

二、人民代表大会制度体现了国家政权的人民性

人民代表大会制度是我国的根本政治制度，是在中国共产党领导下，在我国长期革命、建设和改革的历史进程中逐步形成发展起

来的，是具有鲜明中国特色、符合时代特征和人民根本利益的政权组织形式，是马克思主义国家理论与我国具体实际相结合的产物。

1. 人民代表大会制度的形成

中国共产党成立伊始，就致力于领导人民建立一个与旧政权完全不同的、人民当家作主的崭新的制度形式。经过 20 多年的探索，1945 年，毛泽东在党的七大上所做的题为《论联合政府》的报告中，阐述了中国共产党关于国家制度的主张："建立一个以全国绝对大多数人民为基础而在工人阶级领导之下的统一战线的民主联盟的国家制度，我们把这样的国家制度称之为新民主主义的国家制度。"他还指出"应该采取民主集中制，由各级人民代表大会决定大政方针，选举政府"①。其后，毛泽东在《论人民民主专政》这篇重要文献中，进一步阐明了新中国的性质和各阶级的地位等重要问题，强调指出："总结我们的经验，集中到一点，就是工人阶级（经过共产党）领导的以工农联盟为基础的人民民主专政。"② 1949 年 9 月，中国人民政治协商会议第一届全体会议通过的具有临时宪法性质的《中国人民政治协商会议共同纲领》明确规定，中华人民共和国"实行工人阶级领导的、以工农联盟为基础的、团结各民主阶级和国内各民族的人民民主专政"，"国家政权属于人民。人民行使国家政权的机关为各级人民代表大会和各级人民政府"。1954 年 9 月，第一届全国人民代表大会第一次会议通过的《中华人民共和国宪法》，确立了中华人民共和国的根本政治制度——人民代表大会制度，在中国这样一个有五千多年文明历史的国家开天辟地第一次确立了人民当家作主的新型政治制度。

2. 人民代表大会制度的基本内容

人民代表大会制度，是指中国各族人民在中国共产党领导下，

① 毛泽东．毛泽东选集：第 3 卷．2 版．北京：人民出版社，1991：1056，1057.
② 毛泽东．毛泽东选集：第 4 卷．2 版．北京：人民出版社，1991：1480.

依法定期选举产生出席各级人民代表大会的代表，组成全国人民代表大会和地方各级人民代表大会作为人民行使国家权力的机关，并由各级人民代表大会按照民主集中制的原则依法组织其他国家机关并监督其他国家机关的工作，依照法定程序行使国家权力，决定国家政治生活中的重大事项，从而实现对国家和社会管理的一种政治制度①。在我国确立这一根本政治制度，是中国共产党和中国人民在世界政治制度史上的伟大创举，是中国共产党推进中国政治制度变革的历史结果，是中国人民致力于掌握自己命运的主动作为和必然选择。新中国成立以来的实践充分证明，人民代表大会制度是符合我国国情、体现社会主义本质、保证人民当家作主、保障实现民族伟大复兴的好制度。

宪法作为国家根本大法，是国家意志的集中体现。新中国成立以来，我国宪法几经修改，但人民民主专政的国家制度、人民代表大会的根本政治制度、人民当家作主的地位始终没有变化。现行《宪法》第一条就开宗明义地规定："中华人民共和国是工人阶级领导的、以工农联盟为基础的人民民主专政的社会主义国家。""社会主义制度是中华人民共和国的根本制度。"第二条规定："中华人民共和国的一切权力属于人民。""人民行使国家权力的机关是全国人民代表大会和地方各级人民代表大会。"② 人民代表大会制度是按民主集中制原则建立起来的，根本目的是从政治权力上、组织机构上确保全体人民掌握国家权力，成为国家真正的主人。

3. 人民代表大会制度的显著优势

人民代表大会制度作为中国特色社会主义政治制度体系的重要内容，鲜明地体现了我国政治制度的本质特点和显著优势。习近平

---

① 赵剑英，房宁，等．中国政治制度．北京：中国社会科学出版社，2017：75.

② 中华人民共和国宪法．人民日报，2018－03－22（1）.

深刻指出，评价一个国家政治制度是不是民主的、有效的，主要看“八个能否”：国家领导层能否依法有序更替，全体人民能否依法管理国家事务和社会事务、管理经济和文化事业，人民群众能否畅通表达利益要求，社会各方面能否有效参与国家政治生活，国家决策能否实现科学化、民主化，各方面人才能否通过公平竞争进入国家领导和管理体系，执政党能否依照宪法法律规定实现对国家事务的领导，权力运用能否得到有效制约和监督[①]。经过新中国成立以来长期不懈的努力，特别是党的十八大以来党中央的谋篇布局和顶层设计，我们在解决这些重点问题上都取得了决定性进展，取得了历史性成就。譬如，我们废除了领导干部职务终身制，实行领导干部任期制，实现领导层和国家机关的有序更替；不断扩大人民有序政治参与，实现了内容广泛、层次丰富的人民当家作主；发展了最广泛的爱国统一战线，确立了独具特色的社会主义协商民主，有效凝聚了各方面的智慧和力量；努力建设了解民情、反映民意、集中民智、珍惜民力的决策机制，增强决策透明度和公众参与度，保证了决策符合人民利益和愿望；积极发展广纳群贤、充满活力的选人用人机制；坚持依法治国、依法执政、依法行政共同推进，全社会法治水平不断提高；建立健全多层次监督体系，保证党和国家领导机关和工作人员按照法定权限和程序行使权力；等等。

在当代中国，人民当家作主的权利具有真实性、广泛性和彻底性。我国《宪法》规定了人民的广泛权利，《宪法》第二章“公民的基本权利和义务”，包含以下十分丰富的内容：中华人民共和国公民在法律面前一律平等；国家尊重和保障人权；任何公民享有宪法和法律规定的权利；年满十八周岁的公民，不分民族、种族、性别、职业、家庭出身、宗教信仰、教育程度、财产状况、居住期限，都

① 习近平．在庆祝全国人民代表大会成立60周年大会上的讲话．北京：人民出版社，2014：16-17.

有选举权和被选举权；公民有言论、出版、集会、结社、游行、示威的自由；公民有宗教信仰自由；公民的人格尊严不受侵犯；公民的住宅不受侵犯；公民的通信自由和通信秘密受法律的保护。《宪法》还规定了公民劳动的权利，休息的权利，受教育的权利，进行科学研究、文学艺术创作和其他文化活动的自由，妇女在政治、经济、文化、社会和家庭生活等各方面享有同男子平等的权利，等等。我国《宪法》以根本大法的形式赋予广大人民广泛的、真实的、全面的权利和自由，充分体现了我国国家制度坚持人民当家作主的本质属性[①]。

人民代表大会制度这一根本制度安排，充分体现了社会主义制度人民当家作主的本质特征，具有强大生命力和显著优势。一是能够充分保障人民当家作主，保证人民依法实行民主选举、民主协商、民主决策、民主管理、民主监督，享有广泛的权利和自由，充分体现了民主的全面性、真实性。二是具有高度的动员和组织能力，能够全面动员各个阶层、各个民族、各个行业、各个地域的人民群众以国家主人翁的地位投身中国特色社会主义各项建设事业，群策群力、坚定不移地朝国家发展的宏伟目标前进。三是具有集中统一、高效运转的优势，通过实行民主集中制，能够有效保证国家机关高效运转，保证国家统一有效组织各项事业、开展各项工作。

三、中国共产党领导的多党合作和政治协商制度具有独特优势

政党制度是一个国家政治制度的重要支柱。一个国家实行什么样的政党制度，主要是由该国国情所决定的。中国共产党领导的多党合作和政治协商制度作为我国的一项基本政治制度，是在我国长

① 中华人民共和国宪法．人民日报，2018-03-22（1）.

期的革命、建设和改革的历史进程中逐步形成和发展起来的，是具有鲜明中国特色、现代特性、独特优势的崭新制度。

1. 中国共产党领导的多党合作和政治协商制度的形成发展脉络

1949年，中国人民政治协商会议第一届全体会议召开，标志着中国共产党领导的多党合作和政治协商制度正式确立。社会主义改造基本完成以后，我们党根据国内社会状况和阶级状况的深刻变化，提出了“长期共存、互相监督”的八字方针，明确提出共产党存在多久，民主党派就存在多久；共产党可以监督民主党派，民主党派也可以监督共产党。改革开放后，我们党提出了“长期共存、互相监督、肝胆相照、荣辱与共”的十六字方针，将“中国共产党领导的多党合作和政治协商制度将长期存在和发展”载入《宪法》，中国共产党领导的多党合作和政治协商制度成为中国特色社会主义制度体系的重要组成部分，并得到进一步规范化和程序化。党的十八大以来，以习近平同志为核心的党中央，做出一系列重大决策部署，加强对多党合作事业的全面领导，党的十九大把坚持和完善中国共产党领导的多党合作和政治协商制度作为我党长期坚持的基本方略之一。习近平就坚持和完善我国政党制度做出一系列重要论述，为新时代多党合作和政治协商事业指明了前进方向，提供了根本遵循。

2. 中国共产党领导的多党合作和政治协商制度的显著优势

中国共产党领导的多党合作和政治协商制度是多党合作和政治协商有机统一的中国特色政党制度，其主要内容表现在两个方面：一是在多党合作的制度层面，中国共产党是我国政治生活中的执政党，八个民主党派在接受中国共产党领导的前提下，具有参政议政地位。二是在政治协商制度层面，中国共产党同各民主党派、各人民团体、各少数民族和社会各界代表，就国家的大政方针以及政治、经济、文化和社会生活中的重要问题在决策之前和决策实施之中进行协商。中国共产党领导、多党合作和政治协商这三个方面相互联系、有机统一，其中，中国共产党的领导是前提和保证，多党合作和政治协商是两个具体政治制度，三者共同组成中国特色社会主义基本政治制度的基本框架。中国共产党领导的多党合作和政治协商制度与西方资产阶级的多党制或两党制具有本质区别，具有鲜明特色和独特优势①。

第一，它是马克思主义科学政党理论同我国具体实际相结合的产物，能够真实、全面、持久地代表和实现最广大人民的根本利益，有效避免旧式政党制度代表狭隘利益集团的弊端。西方的资产阶级政党制度奠基在生产资料私有制基础之上，无论是实行两党制还是多党制，哪个政党上台执政都代表少数资本家的利益；中国共产党则代表了中国最广大人民群众的根本利益。各民主党派和无党派人士，充分反映和代表各自所联系群众的具体利益与要求。中国共产党在同各民主党派和无党派人士合作中，始终注重照顾和体现同盟者的具体利益，通过制定大政方针政策、法律法规和各种政策措施，充分保障他们及所联系群众的利益，因而能够最大限度满足社会各方面的利益诉求，赢得各界的真诚支持、衷心拥护和积极参与。

第二，它能够把民主党派和无党派人士团结起来为共同目标奋斗，有效避免一党缺乏监督或多党恶性竞争的弊端。西方资产阶级的两党制或多党制代表着资产阶级内部不同的利益集团，彼此为了争权夺利和吸引选民互相倾轧。中国共产党同各民主党派和无党派人士的合作建立在共同思想政治基础之上，在今天，这个共同基础就是坚持和发展中国特色社会主义。各民主党派在同中国共产党团结奋斗的历程中，真切认识到只有坚持中国共产党的领导，中国才

① 坚持和完善中国共产党领导的多党合作和政治协商制度，人民日报，2019－11－25（6）.

能富强，民族才有前途，因而衷心拥戴和支持中国共产党领导，积极参与到党所领导的各项事业中去，并努力做出自己的应有贡献。

第三，它能够通过制度化、程序化、规范化的安排集中各方面意见建议，有效避免旧式政党制度囿于私利决策施政，导致社会撕裂的弊端。在西方资产阶级国家，各个政党往往成为不同利益集团的代言人。同时，片面追求选票最大化，往往导致前后任之间互相拆台，因此带来选民之间的矛盾和冲突，甚至带来社会的巨大撕裂。中国共产党领导的多党合作和政治协商制度，与我国人民民主专政的国体相适应，能够做到集中领导和发扬民主的有机统一，并且在实践中贯彻“有事好商量、众人的事情由众人商量”的原则，把协商民主贯穿于决策之前和决策实施之中，有利于广泛达成决策和工作的最大共识，广泛畅通各种利益诉求渠道，形成群众广泛参与管理治理的机制，广泛凝聚团结奋斗的智慧力量。

四、基层群众自治制度具有显著优势

基层群众自治制度是具有鲜明中国特色的基层社会治理制度，是中国特色社会主义政治制度体系的重要组成部分，是人民民主在我国基层社会的具体表现形式，对于深入贯彻落实人民当家作主、紧紧依靠人民推动国家发展具有重要意义。基层群众自治制度，是指人民群众在党的领导下对城市社区、农村村级公共事务和公益事业直接行使人民当家作主权利的制度和运行机制。我国基层社会实行城乡分治的治理体制，城市公民的自治称为居民自治，农村公民的自治称为村民自治。这种城乡分治体制是由我国的历史和现实情况决定的。

1. 城市基层居民自治制度的形成发展脉络及成效

鉴于我国城乡之间不同的情况，新中国成立后，我国在总结革命年代政权管理经验基础上，在城市实行居民委员会制度，贯彻人民当家作主的理念。1954 年，第一届全国人民代表大会常务委员会第四次全体会议通过了《城市居民委员会组织条例》，比较全面地规定了居民委员会的性质、任务、规模、机构设置以及与基层政府的关系等，全国城市开始普遍实行基层自治性质的居委会制度[①]。1980 年，全国人大重新颁布《城市居民委员会组织条例》，中国城市基层居民自治在经历了“文化大革命”混乱时期后，重新进入了法制化轨道，并随着形势发展不断改进和完善。1989 年，全国人大常委会通过并颁布了《城市居民委员会组织法》，自此，我国城市居民自治制度有了比较成熟的法律依据。1999 年，国家民政部针对新情况制定了《全国社区建设试验区工作实施方案》，提出了“社区建设”这一概念，并启动了社区建设的工程。此后，我国社区居民自治由点到面全面铺开，城市居民自治进入了快速发展阶段。2010 年，中共中央办公厅、国务院办公厅印发了《关于加强和改进城市社区居民委员会建设工作的意见》，进一步推动了城市社区居民自治在理论和实践上向纵深发展。

城市居民自治制度，是指我国城市居民在城市基层党组织和政府领导下，在居住地范围内，依托居民委员会，依法直接行使民主选举、民主决策、民主管理和民主监督等权利，办理与自身利益相关的公共事务，实行自我管理、自我服务、自我教育、自我监督的制度[②]。我国现行的城市居民自治组织体系主要由居民会议或居民代表会议、居民议事会和居民委员会构成。居民会议是城市居民群众实行民主管理的基本形式，是在社区党组织领导下，社区居民参与民主选举、民主决策、民主管理、民主监督，实现社区依法自治的

① 赵剑英，房宁，等．中国政治制度．北京：中国社会科学出版社，2017：246－247.

② 辛向阳，陈建波，等．中国特色社会主义政治制度研究．北京：经济科学出版社，2013：186.

最高权力机构，是城市居民行使当家作主权利的具体体现[1]。居民委员会是社区居民自我管理、自我教育、自我服务的基层群众性自治组织，是居民会议闭会期间的常设执行机构。居民委员会执行居民会议的决议以及居民议事会在授权范围内的决议，向居民会议和居民议事会负责，并接受居民会议和居民议事会的监督。居民委员会的主要任务是：宣传国家宪法、法律、法规和方针、政策，维护居民的合法权益，教育居民履行依法应尽的义务；办理本区域内的公共事务；调解居民纠纷；协助维护社会治安和社会稳定；等等[2]。

改革开放以来，我国城市居民自治制度不断发展和完善，取得了明显的成效。一是制度化的居民自治法治体系已经初步建立起来。二是建立了比较完整的社区居民自治组织体系。三是居民自治运行机制运转良好。这些成效充分说明了其优越性。

2. 农村基层村民自治制度的形成发展脉络及成效

我国农村在改革开放后逐步推行并健全了村民自治制度。1982年通过的《宪法》明确规定："城市和农村按居民居住地区设立的居民委员会或者村民委员会是基层群众性自治组织。居民委员会、村民委员会的主任、副主任和委员由居民选举。"这一规定为基层自治奠定了宪法基础。1983年，中共中央、国务院发出《关于实行政社分开、建立乡政府的通知》，正式宣告了人民公社体制的解体，为全国范围内建立村民委员会铺平了道路。1987年，全国人大常委会通过了《村民委员会组织法（试行）》，村民自治制度以法律形式确定下来，村民自治逐步进入制度化运作阶段。1998年，全国人大常委会通过了《村民委员会组织法》，以国家法律形式确定了村民自治制度框架的主要内容，即"民主选举、民主决策、民主管理、民主监

① 辛向阳，陈建波，等．中国特色社会主义政治制度研究．北京：经济科学出版社，2013：193.

② 同①195.

督”，村民自治在全国范围内进入普及时期，并在实践中继续得到丰富和发展。

我国自实行村民自治以来，取得了巨大成效。一是村民自治的法律制度体系初步建立起来。自 1982 年《宪法》确认村民委员会的法律地位以来，经过 30 多年的发展，相关的法律制度体系越来越完善，越来越符合我国农村改革发展的新形势、新任务，村民自治越来越朝着法律化、制度化的方向不断推进。二是村民自治的组织建设普遍得到加强。目前，我国绝大多数村委会设立了人民调解、治安保卫、公共卫生等下属委员会，村民议事组织和村务监督组织等普遍得到加强，并且积极培育和发展服务性、公益性、互助性社会组织，注重发挥它们在发展生产、提供服务、参与监督和建言献策等方面的作用。三是民主选举的规范化程度明显提高。伴随着我国农村改革开放的不断深入，村民委员会选举成为农村政治生活十分重要的一部分，选举也经历了从直接选举与间接选举相结合，到直接选举的转变，从局部范围选举向全国范围选举的转变，从选举不规范到比较规范的转变，民主化程度越来越高。近年来，一些地方实施了“村务大事村民公决”、农村“民主日”① 等新办法，有效保障村民群众的决策权和监督权。

3. 我国基层群众自治制度的鲜明特征和显著优势

在几十年的长期实践中，我国的基层群众自治制度积累了许多成功的经验，形成了自己的鲜明特色，为我国民主政治建设提供了丰厚的土壤和广泛的群众基础②。

第一，我国基层群众自治是在党的领导下进行的。党的领导主

---

① 辛向阳，陈建波，等．中国特色社会主义政治制度研究．北京：经济科学出版社，2013：209－210.

② 《中共中央关于坚持和完善中国特色社会主义制度　推进国家治理体系和治理能力现代化若干重大问题的决定》辅导读本．北京：人民出版社，2019：233－234.

要体现在三个方面：一是基层群众自治相关政策及法律是在党的领导下制定的，从而保证了基层群众自治的正确方向。二是典型经验的总结推广和政策措施的制定实施完善是在党领导下进行的，从而保证了基层群众自治按照党和人民的意愿来进行。三是基层群众自治活动的开展是在基层党组织直接领导和基层党员干部示范带动下进行的，从而保证了基层群众参与的积极性和热情，体现出蓬勃生机活力以及越来越明显的理性秩序。党对基层群众自治的坚强有效领导，有利于及时总结推广基层自治实践中的好经验好做法，有利于及时发现和解决实践中出现的矛盾和问题，有利于把党的领导、人民当家作主、依法治国有机统一于活生生的基层群众自治实践之中，推动基层群众自治不断走向深入。

第二，基层群众自治能够直接反映人民群众的利益诉求。主要体现在两个方面：一是基层群众自治内容与人民群众利益直接相关。比如村集体的经济发展和收益分配、公益事业开展、村干部报酬、困难救助人员确定等，都与群众的利益密切相关，群众参与的积极性主动性很高。二是行使基层自治权利的直接性。基层群众自治以人人参与为显著特点，年满十八周岁的居民不分民族、种族、性别、职业、家庭出身、宗教信仰、教育程度、财产状况、居住期限等，都有选举权和被选举权，都有参与权和申诉权。这种直接性特点，使广大基层群众能够通过参与自治活动，获得实实在在的利益，并依法保护自己权益，逐渐培养群众自治能力和法治意识。

第三，基层群众自治要与经济社会发展相互适应、相互促进。主要体现在：在工作部署上，要始终以促进和保障党的中心工作为目标，与基层经济社会发展相适应；在日常实践中，要紧紧围绕群众最关心最直接最现实的利益问题来展开；在工作节奏上，要使基层群众自治有机汇入中国特色社会主义政治发展道路，在我国社会主义民主政治的总体框架内健康发展，使基层群众自治制度伴随“五位一体”总体布局和“四个全面”战略布局的推进而不断发展完善。

第四，基层群众自治制度建设要循序渐进。多年实践表明：基层干部群众对基层自治规律的认识是逐步深化的，基层自治实践遵循着由点到面、由浅入深、由单领域向多领域渐次推进的逻辑进程，基层自治的法律法规和各项制度逐步得到发展健全，在此基础上人民群众当家作主的意识和能力在实践中逐步得到提高。事实证明，这种由低到高、循序渐进、逐步发展的办法是十分扎实有效的。

多年城乡基层群众自治的实践充分证明，基层群众自治制度在我国政治制度体系中具有十分独特的作用和显著优势①。

第一，全面展示了人民当家作主的广泛性和真实性。人民当家作主是我国社会主义国家的本质属性。通过城市居民委员会和农村村民委员会的制度设计和实践推行，广大基层群众在日常工作和生活中按照民主集中制原则实行直接民主，要办什么、不办什么，先办什么、后办什么，完全由群众自己依法决定，这是最广泛最深厚的民主实践。不仅如此，基层群众自治制度能够有效衔接人民代表大会制度、中国共产党领导的多党合作和政治协商制度、民族区域自治制度等，从而构筑起系统完整的人民当家作主制度体系，使人民当家作主不仅体现在政治、经济和文化层面，也体现在社会事务层面；不仅体现在代表制民主层面，也体现在直接民主层面，彰显了我国社会主义民主的特色和优势，展示了我国社会主义民主的广泛性和真实性。

第二，显著提升了基层社会治理的效能。我国幅员广大，城乡基层情况异常复杂，城乡基层治理面临着各种复杂矛盾和问题，而且往往牵一发动全身。无论是城市社区环境整治、房屋拆迁、公共卫生、社会治安、困难群众利益保障等事项，还是农民承包经营权获取、农

① 《中共中央关于坚持和完善中国特色社会主义制度　推进国家治理体系和治理能力现代化若干重大问题的决定》辅导读本．北京：人民出版社，2019：231－232.

房土地纠纷、公益事业兴办等，都与基层群众切身利益相关，这些问题若处理不当，往往会成为各种群体性事件的诱因。基层干部群众对其基本状况、问题症结、出路办法十分清楚，通过基层群众自治的路径和方法，不仅效率和效果比较理想，而且能够充分调动基层干部群众的积极性，不断推进基层治理体系和治理能力现代化。

第三，有力促进经济发展和社会和谐稳定。群众是真正的英雄。我国城乡经济社会的和谐发展，需要充分调动基层干部群众的积极性主动性创造性。伴随我国改革的日渐深入，我国城乡发展出现了一些矛盾和问题，许多地方通过健全基层选举、议事、公开、述职、问责等有效机制，发挥村（居）民委员会、村（居）民小组、村（居）民会议以及自治组织的作用，有效发挥市民公约、村规民约、村民自治章程等自治规范的作用，使矛盾和问题妥善解决在基层，有效维护了社会和谐稳定和经济社会长远发展。

我国基层群众自治制度的多年实践及其成功，是我国社会主义政治制度人民当家作主本质的又一具体体现，有力彰显了中国特色社会主义民主政治的人民性、先进性和优越性。

坚持全面依法治国

法治是中国共产党治国理政的基本方略。新中国成立七十年来，我们党领导人民不断探索实践，实现了从人治向法治的转变，实现了从依靠政策治国向依法治国的转变，实现了从法制向法治的转变，实现了从有法可依、有法必依、执法必严、违法必究向科学立法、严格执法、公正司法、全民守法的转变，实现了从依法治国向全面依法治国的转变，实现了从建设法治国家向建设法治中国的跨越，为当代中国发展进步提供了根本保障，使法治中国建设取得了历史性成就。新时代全面推进依法治国，必须坚持一切从实际出发，坚定不移走中国特色社会主义道路，不断推进在坚持和完善中国特色社会主义法治体系实践基础上的理论创新，深刻把握提高党依法治国、依法执政能力的规律条件，从而更好地引领良法善治的实践发展，切实保障社会公平正义和人民权利。

一、坚持以人民为中心的国家法律制度的形成和发展

一个国家选择什么样的法律制度，是国家主权的重要体现，是由这个国家的性质、历史文化传统、经济社会发展水平决定的，是由这个国家的人民最终选择的。中国特色社会主义法律制度是在长

期实践探索中形成的，是人类制度文明史上的伟大创造。建立什么样的国家制度，是近代以来中国人民面临的一个历史性课题。中国共产党自成立以来，团结带领人民，始终坚持把马克思主义基本原理同中国具体实际相结合，始终坚持民主建政、依法办事的路线方针政策，经过新民主主义革命时期、新中国民主建政时期、“文化大革命”时期、改革开放时期的探索实践，深刻总结国内外国家和法律制度建设的正反两方面经验，走上中国特色社会主义法治道路，形成中国特色社会主义法律制度和法律体系，加强和完善国家治理，助推中国特色社会主义事业取得历史性成就。

1. 古代和近现代中国的法律制度

人民是历史的创造者，也是国家政权建立和存续的根本。上古先贤留下了“民惟邦本，本固邦宁”（《尚书・夏书・五子之歌》）的古训。孟子亦告诫世人：“民为贵，社稷次之，君为轻。”他还指出：“桀纣之失天下也，失其民也；失其民者，失其心也。得天下有道：得其民，斯得天下矣；得其民有道：得其心，斯得民矣。”

传统中国的法律制度，是在周礼、法家思想、唐律等的基础上发展起来以礼为指导的“混合法”体系，各个朝代递相沿袭，形成了形式多样、内容完备的法律体系和家庭、学校、社会相结合的文化训育体系，延续数千年之久，影响遍及日本、朝鲜半岛、越南等整个东亚地区，通常也被称为“中华法系”。“礼”是以人伦道德为核心、倡导仁义礼智信与忠孝节义的价值观，是中国古代立法、司法的指导思想和原则，也是法律制度和其他一切制度规范维护的对象及精神的归依。礼的核心地位，植根于中国社会的土壤，在由下而上的生成过程中扎根于每一个生于斯、长于斯的中国人心中。礼或礼治在中国古代一旦遭到破坏，民众便会群起而维护之。因为得到了人们发自内心的认可，礼才具有创制、复制的能力。所谓“混合法”体系有两层含义：一是制定法与判例法相结合，折中立法与司法之间的矛盾，兼顾法律与法官的权威，既“以法行”，更“以类举”。二是法律规范和非法律规范相结合，平衡法律与道德、法律与风俗习惯等其他社会规范的关系。这种“礼法结合”法律文化的主要特点是：(1) 法律包容性大，体制稳定性强；(2) 礼刑相辅相成，儒法会通合流；(3) 强化伦理道德，维护宗法制度；(4) 皇帝总揽大权，行政干预司法；(5) 刑罚手段严酷，定罪讲究规格；(6) 争纷调处解决，以求息讼和睦。

鸦片战争以后，清朝统治者在内外压力之下，于20世纪初的十年间，逐渐对原有法律制度进行了不同程度的修改与变革。我们一般把这一时期的法律改革活动称为“清末修律”。它的主要特点有：立法指导思想上秉持“仿效外国资本主义法律形式，固守中国封建法制传统”的方针；内容上在坚持君主专制体制及封建伦理纲常不变的同时，大量引用西方法律理论、原则、制度和法律术语；法典编纂形式上，改变了传统的“诸法合体”形式，分别制定、颁行或起草了宪法、刑法、民法、商法、诉讼法、法院组织等方面的法典或法规，形成近代法律体系的雏形。随着修律过程中一系列新的法典法规的出现，中国封建法律制度的传统格局被打破。

传统的中华法系在1912年清朝和中华民国政权交替之际解体。尽管中华民国在法制指导思想、立法行宪、司法制度等方面存在南京临时政府、北洋政府、南京政府的阶段性差异，但其法律制度总体上具有双重性和过渡性特点。“双重性”是指继受法与固有法、洋与土的杂糅混合，这在立法与司法等方面都极为明显；“过渡性”是指资本主义民主法治思想与法律制度实践相互脱节，尽管确立了以五权宪法为法律指导思想和法规建设框架，规定了资产阶级共和国的主题，罗列了不少人民的自由权利，法制内容也比较完备，但人民群众并不能真正当家作主。加之长期的战乱，社会公平正义和人民权利有如镜花水月难以实现。

2. 中国共产党在革命根据地时期施行民主法制的尝试探索

从 1921 年建党到红色根据地建立，中国共产党人的民主法制思想逐步得以实践。1931 年 11 月，《中华苏维埃共和国宪法大纲》在江西瑞金由中华苏维埃第一次全国代表大会通过，这是中国第一部反映劳动人民当家作主、参与国家管理的宪法性文件，为后来建立革命政权和法制建设提供了经验。1941 年 11 月，《陕甘宁边区施政纲领》由陕甘宁边区第二届参议会通过，成为抗日战争时期陕甘宁边区的宪法性文件。1946 年 4 月，《陕甘宁边区宪法原则》由陕甘宁边区第三届参议会通过，成为解放战争时期指导陕甘宁边区政权建设的宪法性文件。在这些根本大法基础上，我们党和革命政权还颁布了大量有关土地、婚姻、契约、刑法以及司法制度等方面的法律文件，为建立和巩固新民主主义革命胜利成果奠定了牢固的制度基础。1948 年 9 月，华北人民政府成立，国民党的六法全书及一切反动法令悉被废除，取而代之的是华北人民政府在政治、经济、文化、民政、司法等方面制定的 170 余项相对完善的法律、法令、条例、训令等，多党合作制度初步建立，人民代表大会制度的内涵不断丰富，法律与司法制度逐渐完备，政府工作正规化和规范化开始形成。1949 年 9 月召开的中国人民政治协商会议通过的《中国人民政治协商会议共同纲领》（简称《共同纲领》），确立了新的国家政权与人民解放事业的伟大成果，是新民主主义革命法制建设经验的总结和反映。

3. 新中国成立七十年法律制度的形成和发展

1949—1956 年，党团结带领人民建立新中国，确立新型国体和政体，建立社会主义基本法律制度，为当代中国一切发展进步奠定根本政治前提和制度基础。

新中国成立初期，我们党在废除旧法的同时，积极运用新民主主义革命时期根据地法制建设的成功经验，以《共同纲领》为依据，先后制定和实施了有关惩治反革命罪、贪污罪等刑事法律法规，有关婚姻家庭、土地改革、公私合营、农业生产合作社等民事经济法律法规，有关法院、检察院和人民调解委员会组织条例，有关刑事拘留逮捕与审判程序的法律法规。新设了各类法学教育机构，培养新中国发展所需要的新型法律人才。1954 年 9 月，第一届全国人民代表大会第一次会议制定了《中华人民共和国宪法》《全国人民代表大会组织法》《国务院组织法》《人民法院组织法》《人民检察院组织法》《地方各级人民代表大会和地方各级人民委员会组织法》等一批基本法律和重要法令，确立了社会主义中国的基本政治制度、经济制度、立法体制、司法制度以及社会主义法制的基本原则。1956 年 9 月，中国共产党第八次全国代表大会强调，着手系统制定比较完备的法律，健全国家法制，这成为社会主义法治道路探索与实践的重要里程碑。

1956—1978 年，在探索适合国情的发展道路和国家法律制度过程中走了弯路，教训深刻。1957 年后，反右斗争扩大化，"文化大革命"爆发，党在指导思想上发生"左"的错误，使民主法制遭到彻底破坏。"无法无天""彻底砸烂公检法""造反有理、革命无罪"等成为这一时期民主法制状况的代名词。以大规模急风暴雨式的群众运动取代依法办事，肆意践踏人权、大搞个人崇拜和政治"一言堂"，其实质则是既无民主又无法制，付出了沉重代价，教训十分惨痛。

1978—2012 年，伴随着改革开放的逐步深入，民主法制恢复并快速发展，形成中国特色社会主义法律制度，为社会主义现代化建设打下坚实法治基础。

党的十一届三中全会提出发扬社会主义民主，健全社会主义法制，"有法可依、有法必依、执法必严、违法必究"成为新时期法制建设的基本方针，实现了从无产阶级专政向社会主义法制建设的第一次飞跃。邓小平提出："为了保障人民民主，必须加强社会主义法制，使民主制度化、法律化，使这种制度和法律具有稳定性、连续性和极大的权威。"[①] 1981年6月召开的党的十一届六中全会通过了《关于建国以来党的若干历史问题的决议》，强调要把逐步建设高度民主的社会主义政治制度作为社会主义革命的根本任务之一，根据民主集中制的原则加强各级国家机关的建设，使各级人民代表大会及其常设机构成为有权威的人民权力机关，在基层政权和基层社会生活中逐步实现人民的直接民主，完善国家的宪法和法律并使之成为任何人都必须严格遵守的不可侵犯的力量，使社会主义法制成为维护人民权利，保障生产秩序、工作秩序、生活秩序，制裁犯罪行为，打击阶级敌人破坏活动的强大武器。这个阶段，以制定1982年《宪法》《民法通则》《刑法》《刑事诉讼法》等一系列重要法律为标志，推进民主与法制进步，维护社会管理秩序，保障基本人权和民主，确定建立社会主义市场经济法律体系的战略取向，初步实现了社会治理的法律化、制度化。

1997年召开的党的十五大明确提出"依法治国，建设社会主义法治国家"的治国方略，这个治国方略后来载入1999年九届全国人大二次会议通过的宪法修正案中。2001年，我国加入世界贸易组织，开启了全球化条件下深层次的法治改革。法治的地位和作用获得空前重视，法律权威日益受到执政党和国家机关的维护和尊重，宪法权威、保障人权、限制公权、程序公正等法律原则在法律规范体系建构和法律实施中得到体现，法律宣传和普及水平日益提升，法学教育和法律研究日益繁荣，实现了从法制到法治的第二次飞跃。

2012年以来，党带领人民，把法律制度建设摆在更加突出和重要的位置，全面推进依法治国、加快建设法治中国，朝着建设中国

---

① 中共中央文献研究室．改革开放三十年重要文献选编：下．北京：中央文献出版社，2008：1426.

特色社会主义法治国家、法治体系目标快速迈进，国家治理现代化水平明显提高。

党的十八大做出全面推进依法治国的战略部署；十八届三中全会把“完善和发展中国特色社会主义制度，推进国家治理体系和治理能力现代化”作为全面深化改革的总目标，强调既要坚持人民当家作主的政治基础，又要通过持续的制度创新和法治进步提升社会主义制度优越性；十八届四中全会确立了“建设中国特色社会主义法治体系，建设社会主义法治国家”的战略目标，科学系统地提出全面推进依法治国的基本原则、工作布局和重点任务，这是当代中国社会主义法制建设史上的第三次重大突破。

党的十九大从理论和实践层面系统回答了新时代坚持和发展中国特色社会主义的总目标、总任务、总体布局、战略布局和发展方向、发展方式、发展动力、战略步骤、外部条件、政治保证等基本问题，创造性地提出习近平新时代中国特色社会主义思想，擘画了全面依法治国的时间表和路线图。党的十九届四中全会通过的《决定》指出，我国国家制度和国家治理体系具有坚持全面依法治国，建设社会主义法治国家，切实保障社会公平正义和人民权利的显著优势。强调要坚持和完善中国特色社会主义法治体系，提高党依法治国、依法执政能力。

二、中国特色社会主义法律制度的构成

1. 中国特色社会主义法律体系

中国特色社会主义法律体系，是以宪法为统帅，以法律为主干，以行政法规、地方性法规为重要组成部分，由宪法相关法、民商法、行政法、经济法、社会法、刑法、诉讼与非诉讼程序法等多种法律组成的有机统一整体。截至 2019 年 8 月底，现行有效法律 274 件，行政法规 600 多件，地方性法规 12 000 多件。

我国宪法是通过科学民主程序形成的国家根本法，确立了中国特色社会主义道路、中国特色社会主义理论体系和中国特色社会主义制度，反映了我国各族人民的共同意志和根本利益，是治国安邦的总章程，是党和人民意志的集中体现，具有最高的法律效力，一切法律、行政法规、地方性法规的制定都必须以宪法为依据，遵循宪法的基本原则，不得与宪法相抵触。在中国，各族人民、一切国家机关和武装力量、各政党和各社会团体、各企业事业组织，都必须以宪法为根本的活动准则，并负有维护宪法尊严、保证宪法实施的职责。“坚持依法治国首先要坚持依宪治国，坚持依法执政首先要坚持依宪执政。”①

1949 年以来，我国先后有以下几个宪法文件：1949 年起临时宪法作用的《共同纲领》。1954 年《宪法》确认了中华民族站起来的历史事实，引领了社会主义革命和建设的伟大历史进程。后来有 1975 年《宪法》和 1978 年《宪法》。我国现行《宪法》是根据党的十一届三中全会确定的路线方针政策，于 1982 年 12 月 4 日由五届全国人大五次会议通过并公布施行的。现行《宪法》总结中国革命、建设和改革的成功经验，确认了中国各族人民奋斗的成果，规定了国家的根本制度和根本任务、公民的基本权利和义务，以及国家生活的基本原则，体现了党的主张和人民意志的高度统一，是改革开放和社会主义现代化建设历史新时期党和国家的中心工作、基本原则、重大方针、重要政策在国家法制上的最高体现，是建设中国特色社会主义制度体系的法制保障。

1982 年《宪法》公布施行后，根据我国改革开放和社会主义现代化建设的实践和发展，在党中央领导下，全国人大于 1988 年、1993 年、1999 年、2004 年、2018 年先后 5 次对现行宪法的个别条

① 习近平．在庆祝全国人民代表大会成立 60 周年大会上的讲话．北京：人民出版社，2014：8.

款和部分内容做出必要的，也是十分重要的修正，共通过了 52 条宪法修正案。其中，1988 年修正案 2 条，1993 年修正案 9 条，1999 年修正案 6 条，2004 年修正案 14 条，2018 年修正案 21 条。特别是第 5 次修宪，确立了习近平新时代中国特色社会主义思想在国家政治和社会生活中的指导地位；调整充实了中国特色社会主义事业总体布局和第二个百年奋斗目标的内容，确保宪法确立的国家根本任务、发展道路、奋斗目标得到全面贯彻；完善依法治国和宪法实施举措；增加中国共产党领导是中国特色社会主义最本质特征的规定；增加有关监察委员会的各项规定。体现了党和人民在中国特色社会主义建设和改革实践中取得的重大理论创新、实践创新、制度创新成果，贯彻了我们党依宪执政、依宪治国的理念。

全国人大及其常委会制定的法律，是中国特色社会主义法律体系的主干，行政法规和地方性法规不得与全国人大及其常委会制定的法律相抵触。《立法法》规定了全国人大及其常委会的专属立法权。全国人民代表大会制定和修改刑事、民事、国家机构的和其他的基本法律；全国人民代表大会常务委员会制定和修改除应当由全国人民代表大会制定的法律以外的其他法律。行政法规是中国特色社会主义法律体系的重要组成部分，是将法律规定的相关制度具体化。国务院根据宪法和法律，制定行政法规。根据宪法和法律，省、自治区、直辖市和设区的市的人大及其常委会可以制定地方性法规。这是人民依法参与国家事务管理、促进地方经济社会发展的重要途径和形式。地方性法规可以就执行法律、行政法规的规定和属于地方性事务的事项做出规定，同时除只能由全国人大及其常委会制定法律的事项外，对其他事项国家尚未制定法律或者行政法规的，可以先制定地方性法规。经济特区所在地的省、市人大及其常委会根据全国人大的授权决定，可以根据经济特区的具体情况和实际需要，遵循宪法的规定以及法律、行政法规的基本原则制定法规，并在经济特区范围内实施。

中国特色社会主义法律体系的各项法律制度，涵盖了社会关系的各个方面，把国家各项工作、社会各个方面纳入了法治化轨道，为依法治国、建设社会主义法治国家提供了坚实的基础。有力坚持了中国共产党领导，有力保障了人民当家作主，有力促进了改革开放和社会主义现代化建设，有力推动了社会主义法治进程，有力维护了国家统一、民族团结、社会稳定。法律已经成为中国公民、法人和其他组织解决各种矛盾和纠纷的重要手段，也为中国各级人民法院维护公民、法人和其他组织的合法权益提供了重要依据，具有显著的优势、坚实的基础和强大的生命力。

2. 中国特色社会主义立法制度

法律是治国之重器，良法是善治之前提。习近平强调，要进一步加强和改进立法工作。他指出："要完善立法规划，突出立法重点，坚持立改废并举，提高立法科学化、民主化水平，提高法律的针对性、及时性、系统性。要完善立法工作机制和程序，扩大公众有序参与，充分听取各方面意见，使法律准确反映经济社会发展要求，更好协调利益关系，发挥立法的引领和推动作用。"[①] 必须"加快完善法律、行政法规、地方性法规体系，完善包括市民公约、乡规民约、行业规章、团体章程在内的社会规范体系，为全面推进依法治国提供基本遵循"[②]。完善中国特色社会主义立法制度，要加强党对立法工作的领导，发挥人大在立法工作中的主导作用，加强和改进政府立法制度建设，实现立法和改革相衔接；要深入推进科学立法、民主立法、依法立法；要加强重点领域立法，切实推进公民权利保障法治化，完善社会主义市场经济、民主政治、先进文化、民生与社会治理、生态文明法律制度。

---

① 习近平．习近平谈治国理政．北京：外文出版社，2014：144.

② 习近平．加快建设社会主义法治国家　坚定不移走中国特色社会主义法治道路．求是，2015（1）.

3. 中国特色社会主义行政法律制度

法治政府，是指在全面推进依法治国和国家现代化转型的历史维度下，代表国家依法进行经济调节、市场监管、社会管理和社会服务，有限有为、透明廉洁、诚信负责、便民高效的服务型政府和责任型政府。党的十八大提出，到2020年基本建成法治政府。党的十八届三中全会通过的《中共中央关于全面深化改革若干重大问题的决定》也要求："建设法治中国，必须坚持依法治国、依法执政、依法行政共同推进，坚持法治国家、法治政府、法治社会一体建设。"十八届四中全会通过的《中共中央关于全面推进依法治国若干重大问题的决定》进一步强调："各级政府必须坚持在党的领导下、在法治轨道上开展工作，创新执法体制，完善执法程序，推进综合执法，严格执法责任，建立权责统一、权威高效的依法行政体制，加快建设职能科学、权责法定、执法严明、公开公正、廉洁高效、守法诚信的法治政府。"党的十九大提出："全面依法治国是国家治理的一场深刻革命，……建设法治政府，推进依法行政，严格规范公正文明执法。"深入推进依法行政，加快建设法治政府，对于推进"四个全面"战略布局，促进国家治理体系和治理能力现代化，实现中华民族伟大复兴的中国梦具有重要意义。

4. 中国特色社会主义司法制度

建设公正高效权威的社会主义司法制度，是推进国家治理体系和治理能力现代化的重要举措，是促进社会公平正义的必然选择。习近平指出："我们要依法公正对待人民群众的诉求，努力让人民群众在每一个司法案件中都能感受到公平正义，决不能让不公正的审判伤害人民群众感情、损害人民群众权益。"① 党的十八大以来，以

---

① 习近平．在首都各界纪念现行宪法公布施行30周年大会上的讲话．北京：人民出版社，2012：10.

习近平同志为核心的党中央着力于破解影响司法公正、制约司法能力的深层次问题，对深化司法体制改革做出了一系列重要指示，提出了一系列新理念新思想新战略，明确了司法体制改革的正确政治方向、主要目标任务，对推进司法机构改革、司法权运行机制改革，全面深化公安改革、国家安全机关改革、司法行政改革提出明确要求，为全面深化司法体制改革提供了根本遵循。诸如深刻认识深化司法改革的重大意义和新时代司法改革的历史方位，确保依法独立公正行使审判权检察权，推进以审判为中心的诉讼制度改革，健全司法权运行机制，完善人权司法保障制度和司法职业制度等。这些新理念新思想新战略作为习近平新时代中国特色社会主义思想的有机组成部分，贯穿着深厚的人民立场、高超的政治智慧、科学的辩证思维、深邃的历史眼光、宽广的全球视野、强烈的创新精神，标志着我们党对司法体制改革规律性认识实现了新飞跃。

5. 中国特色社会主义监察制度

深化国家监察体制改革是一项事关全局的重大政治体制、监督体制改革，是强化党和国家自我监督的重大决策部署。2018 年十三届全国人大一次会议通过的《宪法修正案》在《宪法》第三章“国家机构”第六节后增加一节，作为第七节“监察委员会”，专门就监察委员会做出规定，以宪法的形式明确国家监察委员会和地方各级监察委员会的性质、地位、名称、人员组成、任期任届、监督方式、领导体制、工作机制等等，为监察委员会行使职权提供了宪法依据。这些规定，体现了中国特色社会主义政治发展道路和法治发展道路的一致性，为监察委员会履职尽责提供了依据和遵循，是国家治理体系的重大完善，也是国家治理能力现代化的重大进步①。

① 信春鹰．我国宪法修改的重点内容及其重大历史意义．浙江人大（公报版），2018（2）．

6. 中国特色社会主义法治社会和法治文化制度

相对于法治国家、法治政府，法治社会和法治文化建设着眼于社会文化层面的法治化，是社会主义法治体系建设的重要环节。首先，法治社会和法治文化是法治国家和法治政府的基础环境与根植土壤。只有文本上的法律体系，没有现实的法治社会，不是真正的法治；只有政府奉法依法，社会组织和普通公民置身法外，也不是真正的法治。其次，建设法治社会和法治文化是中国社会转型期和文明过渡期的基本诉求。建设法治社会既是对传统中国人情社会的反思重构，旨在改变认"人"不认制度、重感情不顾规则的法律虚无主义状态；同时也要求坚持依法治国和以德治国相结合，将社会主义核心价值观全面融入法治建设的各个环节，实现程序正义和实体正义的再统一，天理国法人情的再统一，社会主义法治文明与传统法治文明、西方法治文明的再统一。最后，建设法治社会和法治文化是中国经济社会发展到一定阶段后，对国家治理提出的崭新要求。经济不稳定因素增多、社会风险加大、生态环境失衡带来了日趋复杂的社会公共事务、日益多元的社会诉求、日趋紧张的人与自然界关系和心理焦虑，这一切都要求我们必须高度重视社会环境的法治化、文明样态的法治化，以社会稳态代替社会变态及不可知因素，以法治理性战胜恐怖主义、分裂主义、极端主义等。由此，弘扬法治精神，推进法治社会和法治文化相关制度建设，打造共建共治共享的社会治理格局，成为转型中国弥合社会系统、实现文明再造的核心共识。

7. 国内法治和国际法治并重

作为一个在国际格局中日益显著的大国，中国的法治建设、法治观念、法治理论都不能不考虑对外关系的问题，不能不讨论国际法的位置，不能不分析中国法治与国际法治的关系。统筹国内与国际两个法律体系建设大局，对准确认知和处理国际法治对法治中国建设的影响，扩大中国参与和引导国际法治话语权，都具有重大作用。习近平提出："国家不分大小、强弱、贫富，都是国际社会平等成员，都有平等参与国际事务的权利。"① "我们应该共同推动国际关系民主化。世界的命运必须由各国人民共同掌握，世界上的事情应该由各国政府和人民共同商量来办。"② "我们应该共同推动国际关系法治化。推动各方在国际关系中遵守国际法和公认的国际关系基本原则，用统一适用的规则来明是非、促和平、谋发展。"③ 由此，我们要持续完善和关注国内国际两个法治，对内坚定推进依法治国，对外坚定维护和积极推动国际关系法治化。

三、中国特色社会主义法治的基本经验

党的十八大以来，习近平关于中国特色社会主义法治的重要论述深刻回答了什么是法治，什么是社会主义法治，如何依法治国，如何建设社会主义法治国家和社会主义法治体系，如何在法治轨道上推进国家治理体系和治理能力现代化，如何协调推进全面建成小康社会、全面深化改革、全面依法治国、全面从严治党相辅相成、相互促进、相得益彰的局面等一系列战略性、基础性、普遍性、前沿性的重大问题。这些经验的精髓要义包括以下十个方面：

1. 坚持加强党对依法治国的领导

中国共产党的领导是中国特色社会主义最本质的特征，是社会主义法治最根本的保证。把党的领导贯彻到依法治国全过程和各方

① 习近平．弘扬传统友好　共谱合作新篇：在巴西国会的演讲．北京：人民出版社，2014：8.

②③ 习近平．弘扬和平共处五项原则建设合作共赢世界：在和平共处五项原则发表60周年纪念大会上的讲话．北京：人民出版社，2014：11.

面，是我国社会主义法治建设的一条基本经验。全面推进依法治国，必须始终不渝地坚持党的领导，不断加强和改进党对法治中国建设的领导，保证法治中国建设沿着正确的方向顺利推进。

2. 坚持人民主体地位

人民是全面依法治国的主体力量。坚持人民主体地位所要解决的是全面依法治国的治者与被治者之间的关系问题。坚持人民主体地位，就要始终坚持法治建设为了人民、依靠人民、造福人民、保护人民，以保障人民根本权益为出发点和落脚点，保证人民依法享有广泛的权利和自由，承担应尽的义务，维护社会公平正义，促进共同富裕；充分发扬民主，保证人民在党的领导下，依照法律规定，通过各种途径和形式管理国家事务，管理经济文化事业，管理社会事务，让法律为人民所掌握、所遵守、所运用。

3. 坚持中国特色社会主义法治道路

中国特色社会主义法治道路，是我国社会主义法治建设成就和经验的集中体现，是唯一正确的道路。在坚持和拓展中国特色社会主义法治道路这个根本问题上，我们要树立自信、保持定力。走好这条道路，必须从我国实际出发，同推进国家治理体系和治理能力现代化相适应，突出中国特色、实践特色、时代特色，既不能罔顾国情、超越阶段，也不能因循守旧、墨守成规。要学习借鉴世界上优秀的法治文明成果，但必须坚持以我为主、为我所用，认真鉴别、合理吸收，不能搞“全盘西化”，不能搞“全面移植”，不能搞照搬照抄。

4. 坚持建设中国特色社会主义法治体系

全面推进依法治国，总目标是建设中国特色社会主义法治体系，建设社会主义法治国家。中国特色社会主义法治体系通过系统化的制度构建，提供了全面推进依法治国总揽全局、牵引各方的基本路径。“建设中国特色社会主义法治体系”的科学论断，是对过去提出的法治建设目标——“法律体系”“法制体系”的升华和发展，标志着中国特色社会主义法治建设进入全面发展的新时期。中国特色社会主义法治体系是一个内容丰富的有机整体，是我国法治建设的“纲”，是国家治理体系的骨干工程。

5. 坚持依法治国、依法执政、依法行政共同推进，法治国家、法治政府、法治社会一体建设

建设社会主义法治国家，要求将全面依法治国作为一个系统工程来进行整体谋划和协调推进，充分实现“共同推进”和“一体建设”的有机结合，高度重视整合力量，发挥各方面的积极性和主动性。习近平指出：“准确把握全面推进依法治国工作布局，坚持依法治国、依法执政、依法行政共同推进，坚持法治国家、法治政府、法治社会一体建设。全面推进依法治国是一项庞大的系统工程，必须统筹兼顾、把握重点、整体谋划，在共同推进上着力，在一体建设上用劲。”①

6. 坚持依宪治国、依宪执政

中国的依宪治国、依宪执政和西方的宪政有着本质的区别。首先，制度基础不同。西方的宪政是建立在三权分立和代议制基础之上的，而中国的依宪治国、依宪执政是建立在人民民主专政和人民代表大会制度基础之上的。其次，领导力量不同。西方的宪政是由西方资产阶级政党领导和推动的，是资产阶级政党彼此斗争和博弈的工具。而中国的依宪治国、依宪执政是由中国共产党领导和推动的，是中国共产党治国理政和管党治国的重要方式。最后，所依据

① 习近平．习近平谈治国理政：第2卷．北京：外文出版社，2017：119.

的宪法不同。西方的宪政所依据的宪法是体现资产阶级意志的资本主义宪法，中国依宪治国、依宪执政所依据的是《中华人民共和国宪法》，是体现全体中国人民意志的社会主义宪法。

7. 坚持全面推进科学立法、严格执法、公正司法、全民守法

“科学立法、严格执法、公正司法、全民守法”作为目前及今后一个时期法治工作的基本格局，是对“有法可依、有法必依、执法必严、违法必究”十六字方针的新发展和新突破，明确了全面依法治国的重点环节和主要任务，具有十分重大的历史和现实意义。其中，科学立法是全面依法治国的前提，严格执法是全面依法治国的关键，公正司法是全面依法治国的保障，全民守法是全面依法治国的基础。

8. 坚持处理好全面从严治党与全面依法治国的辩证关系

从历史进程来看，中国的法治现代化进程正是我们党从革命党发展成为马克思主义执政党的过程。从逻辑关系来看，发展社会主义法治必须坚持党的领导，坚持全面从严治党；坚持党的领导必须依靠社会主义法治，推进全面依法治国。从发展归宿来看，全面从严治党与全面依法治国追求的目标高度一致，它们共同服务于实现“两个一百年”奋斗目标和中华民族伟大复兴中国梦，共同指向中华民族伟大复兴的历史使命。二者的历史同程性、辩证统一性、目标一致性，充分彰显了以习近平同志为核心的党中央在治国理政上的理论认识境界和现实驾驭能力。

9. 坚持建设德才兼备的高素质法治工作队伍

全面推进依法治国，必须大力提高法治工作队伍思想政治素质、业务工作能力、职业道德水准，要着力建设一支忠于党、忠于国家、忠于人民、忠于法律的社会主义法治工作队伍，为加快建设社会主

义法治国家提供强有力的组织和人才保障。

10. 坚持抓住领导干部这个“关键少数”

抓住领导干部这个全面依法治国的“关键少数”，把法治观念强不强、法治素养好不好作为衡量干部德才的重要标准，把能不能遵守法律、依法办事作为考察干部的重要内容，把严守党纪、恪守国法的干部用起来。对特权思想严重、法治观念淡薄的干部要批评教育、督促整改，问题严重或违法违纪的，依法依纪严肃处理。带头守法，应当是党员领导干部这个“关键少数”做好表率。党员领导干部要做尊法模范，带头尊崇法治、敬畏法律；做学法的模范，带头了解法律、掌握法律；做守法的模范，带头遵纪守法、捍卫法治；做用法的模范，带头厉行法治、依法办事。

四、中国特色社会主义法治的崭新实践和显著优势

1. 中国特色社会主义法治体系是全面依法治国的施工蓝图

习近平指出：“法治体系是国家治理体系的骨干工程。落实全会部署，必须加快形成完备的法律规范体系、高效的法治实施体系、严密的法治监督体系、有力的法治保障体系，形成完善的党内法规体系。”[①] 这五个方面是中国特色社会主义法治体系的五大支柱，是一个有机的整体，既相对独立又紧密联系、相辅相成、缺一不可。

完备的法律规范体系是法治体系建设的第一要义。正所谓“小智治事，中智治人，大智立法”[②]。从法学理论角度看，法律体系的概念相对宽泛，即指一国现行有效的法律规范的总和；法律规范体

---

① 习近平．加快建设社会主义法治国家　坚定不移走中国特色社会主义法治道路．求是，2015（1）．

② 习近平．习近平关于全面依法治国论述摘编．北京：中央文献出版社，2015：12.

系则相对具体明确。法律规范作为法律的基本组成单位，必须清晰明确地规定法律主体的权利义务范围、权力行使边界以及归责原则等具体事项，通常是由假定、处理、后果三要素构成的逻辑规范。其中，假定是适用法律规范的前提，只有符合法定条件，法律规范才能适用。如果法律规范对其适用条件或场合规定不明确、设计不科学，势必导致随意适用法律规范处理问题的情形，有悖于法治的确定性、明晰性、逻辑性。处理是指对法律规范调整的行为进行高度抽象而归纳出来的行为模式，分为可以做什么、应当做什么和不得做什么三大类型。后果则是依照或违反法律规范设定的行为模式而行为所产生的法律上的后果，包括奖励、授权等肯定式后果和惩罚、制裁等否定式后果。

高效的法治实施体系是法治体系建设的主要内容。“法律的生命力在于实施。如果有了法律而不实施，或者实施不力，搞得有法不依、执法不严、违法不究，那制定再多法律也无济于事。”① 中国特色社会主义法律体系的形成，从总体上解决了有法可依的问题，但把这个法律体系以及新制定的法律实施到位，永远没有完成时，法治建设永远在路上。习近平指出：“在充分肯定成绩的同时，我们也要看到存在的不足，主要表现在：保证宪法实施的监督机制和具体制度还不健全，有法不依、执法不严、违法不究现象在一些地方和部门依然存在；关系人民群众切身利益的执法司法问题还比较突出；一些公职人员滥用职权、失职渎职、执法犯法甚至徇私枉法严重损害国家法制权威；公民包括一些领导干部的宪法意识还有待进一步提高。对这些问题，我们必须高度重视，切实加以解决。”② 如果这些问题长期存在而得不到有效解决，不仅会破坏社会主义法治的权

① 习近平．习近平关于全面依法治国论述摘编．北京：中央文献出版社，2015：57.

② 习近平．在首都各界纪念现行宪法公布施行30周年大会上的讲话．北京：人民出版社，2012：5.

威性，更会侵犯人民群众合法权益，危害社会主义制度和党的执政根基。为此，在完善各项法律制度的同时，要积极采取措施，切实保障宪法法律的有效实施。首先，要树立宪法权威，加强宪法实施。其次，确保各级政府依法全面履行职能，坚持法定职责必须为、法无授权不可为，做到严格规范文明执法。再次，推进司法改革、释放司法效能，坚持公开透明高效，努力让人民群众在每一个司法案件中感受到公平正义。最后，法治实施离不开全社会的共同参与，只有全社会形成尊法、学法、守法、用法的良好氛围，法治实施才算真正取得成效。

严密的法治监督体系是法治体系建设的关键环节。一方面，无论是党的执政权，还是立法权、执法权和司法权，每一种权力缺乏监督都可能导致腐败。要将权力关进制度的笼子，让权力不能任性，必须以规范和约束公权力为重点，加大监督力度，做到有权必有责、用权受监督、违法必追究，坚决纠正有法不依、执法不严、违法不究的行为。另一方面，无论是立法、执法、司法还是公民守法，每一个法治环节都可能出现权力（权利）滥用或违法犯罪现象。为此，习近平提出建立由党内监督、人大监督、民主监督、行政监督、司法监督、审计监督、社会监督、舆论监督构成的科学有效的权力运行和监督体系，织就疏而不漏的法治监督之网，形成强大的监督合力，不留死角，实现对法治活动的全程和全面监督，增强监督实效。同时，要着力推进监督工作规范化、程序化、制度化，督促科学立法、严格执法、公正司法、全民守法的实现，确保党和国家机关及其工作人员按照法定权限和程序正确行使权力，真正做到法定职责必须为、法无授权不可为。

法治保障体系是法治体系建设的保障措施。狭义的法治保障体系包括三点：一是体制保障，二是队伍保障，三是物质和经费保障。广义的法治保障体系是由政治保障、思想保障、组织保障、人才保障、体制保障和履职保障以及实践运行保障构成的统一体。其中，坚持中国特色社会主义法治道路是确保法治建设的政治保障，中国特色社会主义法治理论体系是思想理论保障，中国共产党的领导是组织保障，切实提高领导干部、公务人员、法律实务工作者的法治思维水平和依法办事能力是人才和能力保障，立法、司法、行政执法体制机制改革与完善是体制保障，建立科学的法治建设指标体系和考核标准并督促落实是运行保障。此外，法治运行过程中必要的人财物等“硬件”和法治文化、法治精神、法治理念等“软件”也至关重要。

完善的党内法规体系是法治体系建设的重要支撑。依法执政、依法治国，不仅要有完善的国家法律体系，而且必须有健全的党内法规体系，特别是中央层面的党内法规体系。“党内法规”是党的全国代表大会、中央委员会以及中央纪律检查委员会、中央各部门和省、自治区、直辖市党委制定的规范党组织的工作、活动和党员行为的规章制度的总称。习近平强调，加强党内法规制度建设是全面从严治党的长远之策、根本之策。他指出：“党内法规既是管党治党的重要依据，也是建设社会主义法治国家的有力保障。党章是最根本的党内法规，全党必须一体严格遵行。完善党内法规制定体制机制，加大党内法规备案审查和解释力度，形成配套完备的党内法规制度体系。注重党内法规同国家法律的衔接和协调，提高党内法规执行力，运用党内法规把党要管党、从严治党落到实处，促进党员、干部带头遵守国家法律法规。”① 当前，要按照党的十八大、十九大及历次中央全会部署，认真贯彻落实《中共中央关于加强党内法规制度建设的意见》，以改革创新精神加快补齐党建方面的法规制度短板，力争到建党 100 周年时形成比较完善的，内容科学、程序严密、配套完备、运行有效的党内法规制度体系，为提高党的执政能力和领导水平，推进国家治理体系和治理能力现代化，实现中华民族伟

---

① 中共中央文献研究室．十八大以来重要文献选编：中．北京：中央文献出版社，2016：178.

大复兴中国梦提供有力的制度保障。

2. 大力发展人民民主，依靠人民推动国家发展是全面依法治国的本质要求

以人民为中心是新时代坚持和发展中国特色社会主义的根本立场。习近平在党的十九大报告中指出："人民是历史的创造者，是决定党和国家前途命运的根本力量。必须坚持人民主体地位，坚持立党为公、执政为民，践行全心全意为人民服务的根本宗旨，把党的群众路线贯彻到治国理政全部活动之中，把人民对美好生活的向往作为奋斗目标，依靠人民创造历史伟业。"① 依靠人民创造历史伟业，关键是在思想上牢固树立人民群众的主体地位。

民主政治是全人类的共同追求，但不同国家（地区）的制度内容和实现形式亦不同。中国共产党人不仅重视民主，而且有自己的创造。抗日战争胜利前夕，黄炎培应邀访问延安，与毛泽东进行了一场如何跳出"兴浡亡忽"历史周期率的"延安窑洞对"。毛泽东满怀信心地回答："我们已经找到新路，我们能跳出这周期率。这条新路就是民主；只有让人民来监督政府，政府才不敢松懈；只有人人起来负责，才不会人亡政息。"习近平指出："人民通过选举、投票行使权利和人民内部各方面在重大决策之前进行充分协商，尽可能就共同性问题取得一致意见，是中国社会主义民主的两种重要形式。"选举民主和协商民主这两种民主形式相结合，正是中国特色社会主义民主的"特色"之所在。

人民民主是得到宪法充分尊重和保障的民主。习近平指出："改革开放以来，我们党团结带领人民在发展社会主义民主政治方面取得了重大进展，成功开辟和坚持了中国特色社会主义政治发展道路，

---

① 习近平．决胜全面建成小康社会　夺取新时代中国特色社会主义伟大胜利：在中国共产党第十九次全国代表大会上的报告．北京：人民出版社，2017：21.

为实现最广泛的人民民主确立了正确方向。这一政治发展道路的核心思想、主体内容、基本要求，都在宪法中得到了确认和体现，其精神实质是紧密联系、相互贯通、相互促进的。……这些宪法确立的制度和原则，我们必须长期坚持、全面贯彻、不断发展。”① 我国现行宪法是在党的领导下，在深刻总结我国社会主义革命、建设、改革实践经验基础上制定和不断完善的，实现了党的主张和人民意志的高度统一，具有强大生命力。

宪法要全面实施，必须坚持人民主体地位。人民代表大会制度使十几亿人民把国家的、民族的命运掌握在自己手中，这是维护人民根本利益的可靠保证。人大根据党的主张和人民的意愿，通过制定法律、做出决议，决定国家大政方针，并监督和支持“一府两院一委”依法行政、公正司法，保障各国家机关协调有效地开展工作，把人民赋予的权力真正用来为人民谋利益。宪法要全面实施，必须坚持促进我国人权事业和各项社会事业的发展。宪法只有充分尊重和保障人权，保证人民依法享有广泛的权利和自由，才能深入人心，成为公民的一种生活方式，宪法实施才能真正成为全体人民的自觉行动。我们根据宪法制定了一系列保护公民基本权利的法律，签署了一批保护公民权利的国际公约，尊重和保护人权，建立和健全社会保障体系，动员全社会的力量扶助困难群众，推动我国人权事业取得了显著进展。宪法要全面实施，必须切实保障公民享有权利和履行义务。我国宪法对公民的基本权利和义务做了全面的规定，这既是总纲关于人民民主专政的国家制度和社会主义的社会制度原理的延伸，也为广大人民群众充分享有民主权利，在国家生活中发挥积极性、主动性、创造性提供了可靠的法律保障。按照公民在法律面前一律平等、权利和义务统一、公民行使权利自由时负有相应责

① 习近平．在首都各界纪念现行宪法公布施行30周年大会上的讲话．北京：人民出版社，2012：6-7.

任的原则要求，宪法不仅确认了公民享有广泛的权利和自由，而且规定了保障和维护公民权利和自由实现的原则、政策、措施。宪法的上述规定，对于保障最广大人民的根本利益，保障所有公民的合法的权利和自由，无疑是完全必要的。

就人民民主的广泛性而言，不仅我国人民享有广泛的民主权利，国家乃至各级国家机关的名称也都冠以“人民”，体现了中国社会主义政权、国家制度的根本性质和基本定位。人民民主既包括政治选举和被选举的特定时刻，又包括经济、文化、社会等诸多领域。工人、农民、知识分子、党员干部、解放军和其他社会主义劳动者、社会主义建设者、拥护社会主义的爱国者、拥护祖国统一的爱国者等都是人民民主的主体。中国共产党始终代表最广大人民根本利益，保证人民当家作主，体现人民共同意志，维护人民合法权益，是我国国家制度和国家治理体系的本质属性，也是我国国家制度和国家治理体系有效运行、充满活力的根本所在。

就人民民主的真实性而言，宪法法律从实体和程序两方面切实保障人民群众所享有的各项权利与自由。人民群众能够自己管理自己，并随着社会经济的发展和科技的进步享有更多的权利与利益。确保人民通过各种途径参与管理国家事务，管理经济、文化和社会事务。充分调动人民的积极性、主动性、创造性，广泛动员和有效组织全体人民以主人翁的姿态投入社会主义各项建设事业中去。

就人民民主的过程性而言，我们党制定任何一项政策，推进任何一项改革，出台任何一项法律法规，都要倾听人民呼声，汲取人民智慧，尊重人民群众的首创精神，最大限度地激发人民的创造热情，反复研究论证，经常进行局部试验，看看存在什么问题、群众反应如何，如此之后再逐步推开。坚持由人民群众评判，把人民群众满意作为检验工作的第一标准，使党和人民事业始终体现群众意愿，经得起实践、人民和历史的检验。

从共和国七十年伟大实践来看，我们的人民民主能够最大限度地调动人民群众的积极性，发挥集中力量办大事的制度优势，正所谓“人心齐，泰山移”，由于“上下同欲”、艰苦奋斗，最终走出一条从胜利走向新的胜利的道路；我们的人民民主能够最大限度地凝神聚力，让人民群众的主动性和创造力得到了充分发挥和施展；我们的人民民主制度能够通过协商民主，避免西方政党间的恶斗，实现选贤任能和社会主义伟大事业的连续性；我们的人民民主有利于凝聚共识，使所有相关主体通过有效整合而形成合力，形成人人有责、人人尽责的社会治理共同体，为实现良法善治与和谐文明，继而为实现中华民族伟大复兴中国梦奠定坚实的基础。

3. 推进伟大斗争、伟大工程、伟大事业、伟大梦想是全面依法治国的重要内涵

实现伟大梦想，必须坚持习近平全面依法治国新理念新思想新战略的指导，法治作为党领导人民治国理政的基本方式，必然成为党领导人民进行伟大斗争的基本方式。党领导人民唯有以法治思维和法治方式进行伟大斗争，方能有效地应对重大挑战，抵御重大风险，克服重大困难和解决重大矛盾。作为在社会主义发展中大国执政的马克思主义政党，党的建设的新的伟大工程，应当将依法治国与依规治党统一于中国特色社会主义伟大事业中。实现治党与治国的统一，最佳设计是将二者统一起来，实现依法治国与依规治党的统一。实现维护中央政权机关权威地位与维护党中央权威地位的统一，保证国家统一、法制统一、政令统一、市场统一，切实维护党中央的权威地位，在思想上政治上行动上与党中央保持高度一致。实现依法治国与以德治国相结合原则和依规治党与以德治党相结合原则的统一。依法治国应坚持依法治国与以德治国相结合的原则。必须一手抓法治，一手抓德治，既重视发挥法律的规范作用，又重视发挥道德的教化作用，以法律体现道德理念、强化法律对道德建设的促进作用，以道德滋养法治精神，强化道德对法治文化的支撑

作用，实现法律和道德相辅相成、法治和德治相得益彰；相应地，依规治党应坚持依规治党与以德治党相结合的原则。这是全面从严治党的必然要求，是坚持高标准与守底线相结合的重要体现。

4. 推进国家治理体系和治理能力现代化，是全面依法治国的方向目标

我们党自成立之日起就致力于建设人民当家作主的新社会，提出了关于未来国家制度的主张，并领导人民为之进行斗争。新中国成立后，我们党创造性地运用马克思主义国家学说，为建设社会主义国家制度进行了不懈努力，逐步确立并巩固了我们国家的国体、政体、根本政治制度、基本政治制度、基本经济制度和各方面的重要制度，中国特色社会主义制度不断完善，中国特色社会主义法律体系也不断健全。习近平指出，中国特色社会主义国家制度和法律制度是一套行得通、真管用、有效率的制度体系，这是我们坚定“四个自信”的一个基本依据。它植根于中华民族五千多年文明史所积淀的深厚历史文化传统，吸收借鉴了人类制度文明有益成果，经过了长期实践检验。其主要内容包括：一是坚持党的集中统一领导的优势。七十年来，正是因为始终在党的领导下，集中力量办大事，国家统一有效组织各项事业、开展各项工作，才能成功应对一系列重大风险挑战、克服无数艰难险阻，始终沿着正确方向稳步前进。二是保证人民当家作主的优势。我国国家制度深深植根于人民之中，能够有效体现人民意志，保障人民权益，激发人民创造力。三是坚持全面依法治国的优势。坚持依法治国，坚持法治国家、法治政府、法治社会一体建设，为解放和增强社会活力、促进社会公平正义、维护社会和谐稳定、确保党和国家长治久安发挥重要作用。四是实行民主集中制的优势。在党的领导下，各国家机关是一个统一的整体，既合理分工，又密切协作；既充分发扬民主，又有效进行集中。

我们要在坚持好、巩固好已经建立起来并经过实践检验的国家根本制度、基本制度、重要制度的前提下，坚持从我国国情出发，继续加快建设法治中国，推进制度创新，健全国家治理急需的各项制度、满足人民日益增长的美好生活需要必备的制度，按照中央全面依法治国委员会现在或未来安排的各项任务，及时总结法治实践中的好经验好做法，总结已经上升为法律和制度的内在逻辑，为中国特色社会主义法治理论体系提供丰富的内涵。这样的法治理论体系，必然要体现中国特色社会主义的本质要求，体现改革开放和现代化建设的时代要求，体现结构内在统一而又多层次的国情要求，体现继承中华优秀传统法制文化和借鉴人类法制文明成果的文化要求，体现动态、开放、与时俱进的发展要求，体现巩固国家长治久安、实现国家治理体系和治理能力现代化的必然要求。

坚持全国一盘棋

党的十九届四中全会从十三个方面系统总结了我国国家制度和国家治理体系的显著优势，其中一个重要方面就是“坚持全国一盘棋，调动各方面积极性，集中力量办大事的显著优势”。我国集中力量办大事的优势在社会主义建设和改革中得到充分展现。我国能够集中力量办大事的内在原因是自觉坚持人民立场，有效地实现全国一盘棋，充分调动各方面积极性。在新时代，发挥集中力量办大事的优势需要坚定维护党中央权威和集中统一领导，完善集中力量办大事的经济政治制度和治理体系，构建社会主义市场经济条件下关键核心技术攻关新型举国体制，提高中国特色社会主义国家治理体系和治理能力现代化水平。

一、我国集中力量办大事的优势在社会主义建设和改革中得到充分展现

七十年来，中国人民白手起家，自力更生，艰苦奋斗，干出了一片新天地。从 1952 年到 2018 年，我国 GDP 从 679.1 亿元跃升至 90.03 万亿元，实际增长 174 倍；人均 GDP 从 119 元提高到 6.46 万

元，实际增长70倍①。特别是党的十八大以来，以习近平同志为核心的党中央团结带领人民推动党和国家事业发生了全方位、开创性、深层次、根本性的历史性变革，办成了“过去想办而没有办成的大事”。习近平在党的十九大报告中指出：“我们党以巨大的政治勇气和强烈的责任担当，提出一系列新理念新思想新战略，出台一系列重大方针政策，推出一系列重大举措，推进一系列重大工作，解决了许多长期想解决而没有解决的难题，办成了许多过去想办而没有办成的大事，推动党和国家事业发生历史性变革。”② 2019年，我国GDP为99.086 5万亿元，比上年增长6.1%；按年平均汇率折算，人均GDP突破1万美元大关，达到10 276美元，全年全国农村贫困人口减少1 109万人③。

我国社会主义现代化事业发展的历史充分证明，集中力量办大事是中国特色社会主义制度优势的突出特征，是我们战胜各种重大风险和挑战的不二法宝，是中华民族实现从站起来、富起来到强起来历史性飞跃的强大动力，具有无可比拟的优越性。

1. 集中攻关，实现科学技术的飞越发展

1949年以前，我国科技事业的发展十分落后。1928年至1949年，总共才培养出18万名大学毕业生，相关科研院所以及科研人员更是寥寥无几。1956年，我党向全国人民发出了“向科学进军”的号召。在周恩来的主持下，国务院成立了科学规划委员会，调集有关专家学者共同起草制定了《1956—1967年全国科学技术发展远景规划》。该规划确定了“重点发展，迎头赶上”的方针，提出了57

---

① 中华人民共和国国务院新闻办公室．新时代的中国与世界（2019年9月）．北京：人民出版社，2019.

② 习近平．决胜全面建成小康社会　夺取新时代中国特色社会主义伟大胜利：在中国共产党第十九次全国代表大会上的报告．北京：人民出版社，2017：8.

③ 2019年我国GDP近百万亿元，增长6.1%：人均1万美元，了不起．人民日报，2020－01－18（4）．

项重大科技任务和616个中心问题，并对数学、力学、天文学、物理学、化学、生物学、地质学、地理学8个基础学科做出了系统的规划。这是新中国历史上第一个科技发展规划，为发挥我国社会主义制度优势提供了重要保证。

“两弹一星”事业的巨大成功是社会主义制度能够集中力量办大事的优势的生动体现。20世纪50年代中期，以毛泽东同志为主要代表的中国共产党人根据当时的国际形势，为了保卫国家安全、维护世界和平，高瞻远瞩，果断地做出了独立自主研制“两弹一星”的战略决策。1960年11月5日，中国仿制的第一枚导弹发射成功。1964年10月16日15时中国第一颗原子弹爆炸成功，使中国成为第五个有原子弹的国家。1967年6月17日，中国第一颗氢弹空爆试验成功。1970年4月24日，中国第一颗人造地球卫星发射成功，使中国成为第五个发射人造卫星的国家。中国的“两弹一星”是20世纪下半叶中华民族创建的辉煌伟业。“两弹一星”的成功，是中国大国地位的奠基石。邓小平指出：“如果六十年代以来中国没有原子弹、氢弹，没有发射卫星，中国就不能叫有重要影响的大国，就没有现在这样的国际地位。这些东西反映一个民族的能力，也是一个民族、一个国家兴旺发达的标志。”① 同时，“两弹一星”也为我国集中力量发展科技事业提供了经验。习近平指出：“在不长的时间里，我国社会就发生了翻天覆地的变化，建立起独立的比较完整的工业体系和国民经济体系，独立研制出‘两弹一星’，成为在世界上有重要影响的大国，积累起在中国这样一个社会生产力水平十分落后的东方大国进行社会主义建设的重要经验。”②

改革开放以来，我国在科技领域继续发挥集中力量办大事的制度优势。1978年，党中央召开全国科学大会，邓小平在大会上做出

---

① 邓小平．邓小平文选：第3卷．北京：人民出版社，1993：279.

② 习近平．在纪念毛泽东同志诞辰120周年座谈会上的讲话．北京：人民出版社，2013：8.

科学技术是生产力的重要论断，我国迎来“科学的春天”。1995 年，党中央、国务院召开全国科学技术大会，江泽民发表重要讲话，号召大力实施科教兴国战略，形成实施科教兴国战略热潮。2006 年，党中央、国务院再次召开全国科学技术大会，胡锦涛发表重要讲话，部署实施《国家中长期科学和技术发展规划纲要（2006—2020 年）》，动员全党全社会为建设创新型国家而努力奋斗。2012 年，党中央、国务院召开全国科技创新大会，号召我国科技界奋力创新，为全面建成小康社会提供有力科技支撑。2016 年 5 月 30 日，党中央、国务院召开全国科技创新大会，在我国发展新的历史起点上，把科技创新摆在更加重要位置，吹响建设世界科技强国的号角。

近年来，中国一系列重大科技成果相继问世。习近平指出，“我们最大的优势是我国社会主义制度能够集中力量办大事。这是我们成就事业的重要法宝。过去我们取得重大科技突破依靠这一法宝，今天我们推进科技创新跨越也要依靠这一法宝”①。

2. 建成了对我国社会经济发展具有战略意义的重大工程

新中国成立初期，在资本、技术、人才等条件极为艰难的情况下，以毛泽东同志为主要代表的中国共产党人做出了把有限的资本、技术、人才力量等资源整合到办工业化这一国家大事上的重大战略部署。我国石油工业基础十分薄弱。1949 年，我国石油产量仅有 12 万吨，对于百废待兴的新中国来说，无疑是杯水车薪。1959 年 9 月 26 日，黑龙江省大同镇松基三井喜喷工业油流，发现了大油田，即大庆油田。在极其困难的条件下，我党领导全国人民自力更生、艰苦奋斗，充分发挥社会主义制度优势，仅用 3 年时间，就成功开发建设了大庆这个世界级特大油田。到 1963 年底，大庆油田累计生产原油 1 155 万吨，我国石油因此实现基本自给，一举甩掉了中国“贫

① 习近平．习近平谈治国理政：第 2 卷．北京：外文出版社，2017：273.

油”的帽子。大庆油田的建成为我国集中力量办大事提供了重要经验。1964 年 1 月 11 日，邓小平指出：“有了大庆的经验，就使我们的工业、交通，找到了一条好的建设道路。”①

改革开放以来，我们党始终重视发挥集中力量办大事这一优良传统，相继建成三峡水利枢纽、青藏铁路、载人航天、高速公路网、高速铁路网、西气东输、南水北调、特高压电网等许多国家重大工程，在新时期展示了集中力量办大事的巨大优越性。2003 年 10 月 15 日，我国“神舟五号”发射成功，这是我国首次实现载人航天飞行。这标志着我国成为继苏联、美国后第三个进入太空的国家。这是中国人民在攀登世界科技高峰的征程上完成的又一个伟大壮举，是我国航天发展史上耸立的又一座里程碑，是我们在推进中国特色社会主义事业的进程中取得的又一个辉煌成就，也是中国人民为世界航天事业做出的又一个重要贡献。2003 年 11 月 7 日，胡锦涛在庆祝我国首次载人航天飞行圆满成功大会上指出：“载人航天是规模宏大、高度集成的系统工程，全国一百一十多个研究院所、三千多个协作配套单位和几十万工作人员承担了研制、建设、试验任务。这项空前复杂的工程之所以能在比较短的时间里取得历史性突破，靠的是党的集中统一领导，靠的是社会主义大协作，靠的是发挥我国社会主义制度能够集中力量办大事的政治优势。”②

党的十八大以来，凭借集中力量办大事的制度优势，我国在国产大飞机、港珠澳大桥、“蓝鲸 1 号”钻井平台、北斗系统、超级计算机、“天眼”探空、川藏铁路等一大批重大创新工程上取得了突破。川藏铁路克服了山岭重丘、高原高寒、风沙荒漠、雷雨雪霜等多种极端地理环境和气候条件，跨 14 条大江大河、21 座海拔 4 000 米以上的雪山，被称为“最难建的铁路”。民国时期，孙中山提出川

① 邓小平．邓小平文集（一九四九～一九七四年）：下卷．北京：人民出版社，2014：175.

② 胡锦涛．胡锦涛文选：第 2 卷．北京：人民出版社，2016：113.

藏铁路事关中国国家安危存亡。2018 年 10 月 10 日，习近平在中央财经委员会第三次会议上强调："规划建设川藏铁路，对国家长治久安和西藏经济社会发展具有重大而深远的意义，一定把这件大事办成办好。"2018 年 12 月 28 日，川藏铁路成雅段（原成雅铁路）开通运营。

3. 集中力量办好人民群众的"小事"

在旧中国，我国绝大多数人民处于饥寒交迫、水深火热的凄苦境况。1957 年，毛泽东在《关于正确处理人民内部矛盾的问题》中指出："由于我国被帝国主义者和他们的代理人压迫剥削了一百多年，变成一个很穷的国家，不但农民的生活水平低，工人和知识分子的生活水平也都还低。要有几十年时间，经过艰苦的努力，才能将全体人民的生活水平逐步提高起来。"① 中国共产党始终坚持人民利益高于一切，集中力量不断提高人民生活水平。毛泽东要求全党必须全心全意为人民服务。邓小平要求我们做工作必须考虑群众拥护不拥护、赞成不赞成、高兴不高兴、答应不答应。江泽民提出我们党要始终代表最广大人民的根本利益。胡锦涛提出必须把实现好、维护好、发展好最广大人民根本利益作为一切工作的出发点和落脚点。以习近平同志为核心的党中央提出人民对美好生活的向往就是我们的奋斗目标。党的十九大报告指出："我们要坚持把人民群众的小事当作自己的大事，从人民群众关心的事情做起，从让人民群众满意的事情做起，带领人民不断创造美好生活！"

经过中国共产党和全国人民的不断努力，人民群众的生活水平不断提高。从新中国成立之初到 2018 年，城镇和农村居民年人均可支配收入分别从不足 100 元、50 元增加到 39 251 元、14 617 元，城镇和农村居民家庭恩格尔系数分别下降到 27.7%和 30.1%。我们告

---

① 毛泽东．毛泽东文集：第 7 卷．北京：人民出版社，1999：221.

别了商品短缺，扔掉了各种票证，消费结构迅速从生存型向发展型进而向享受型转变，就业、教育、医疗、住房、养老、社保等民生福祉持续改善，人均预期寿命快速提高（2018 年达到 77 岁），人民的获得感、幸福感显著增强。

全面建成小康社会，是我们向实现中华民族伟大复兴中国梦迈出的至关重要一步，具有里程碑意义。全面建成小康社会，最艰巨最繁重的任务在农村，特别是在贫困地区。没有农村的小康，特别是没有贫困地区的小康，就没有全面建成小康社会。2015 年 1 月 19 日至 21 日，习近平会见云南贡山独龙族怒族自治县干部群众代表时指出："独龙族和其他一些少数民族的沧桑巨变，证明了中国特色社会主义制度的优越性。前面的任务还很艰巨，我们要继续发挥我国制度的优越性，继续把工作做好、事情办好。全面实现小康，一个民族都不能少。"到 2018 年，7 亿多农村贫困人口摆脱贫困，贫困发生率从 1978 年的 97.5%下降至 1.7%，创造了人类减贫史上的奇迹。党的十八届五中全会提出 2020 年我国现行标准下农村贫困人口实现脱贫、贫困县全部摘帽的目标。党的十九大把精准脱贫攻坚战作为要坚决打好的三大攻坚战之一，迄今已经取得了具有历史意义的成绩。党的十八大以来，全国农村贫困人口累计减少 9 348 万，也就是说，2012—2019 年，中国平均每年脱贫人数都超过 1 000 万。2020 年的任务是实现余下的 551 万农村贫困人口脱贫。

4. 有效应对自然灾害和疫情

我国是世界上自然灾害影响最严重的国家之一。从 1998 年抗洪抢险、2003 年抗击"非典"，到 2008 年汶川抗震救灾，再到 2020 年防控新型冠状病毒肺炎疫情，一次又一次考验练就了中国人民不惧任何风险的定力、战胜任何考验的能力。党和政府高度重视自然灾害防治，发挥我国社会主义制度能够集中力量办大事的政治优势，防灾减灾救灾成效举世公认。2018 年 10 月 10 日，习近平在中央财经委员会第三次会议上强调，加强自然灾害防治关系国计民生，要建立高效科学的自然灾害防治体系，提高全社会自然灾害防治能力，为保护人民群众生命财产安全和国家安全提供有力保障。

2002 年 11 月，广东省暴发了“非典”疫情，并扩散至我国的其他一些地区和东南亚乃至全球，直至 2003 年年中才逐渐被消灭。2003 年 7 月 28 日，胡锦涛在全国防治非典工作会议上强调：“要坚持和发扬我们在社会动员方面长期形成的好传统、好做法，同时要大力创新社会动员方式方法，综合利用经济、政治、法律等手段，建立健全组织和动员人民群众参与应对突发事件的有效机制，建立健全调动全社会人力、物力、财力应对突发事件的有效机制，努力使我国社会主义制度能够集中力量办大事的优越性进一步制度化。”[①] 面对这次疫情，我党团结一致，采取坚决果断的措施，组织动员全国人民，万众一心、众志成城，依靠科学抗击“非典”，终于有效地遏制了疫情，取得了抗击“非典”的胜利。

2008 年 5 月 12 日，四川汶川发生特大地震。四川汶川特大地震是新中国成立以来破坏性最强、波及范围最广、救灾难度最大的一次地震，震级达里氏 8 级，最大烈度达 11 度，余震 3 万多次，涉及四川、甘肃、陕西、重庆等 10 个省区市 417 个县（市、区）、4 667 个乡（镇）、48 810 个村庄。灾区总面积约 50 万平方公里，受灾群众 4 625 万多人，其中极重灾区、重灾区面积 13 万平方公里，造成 69 227 名同胞遇难、17 923 名同胞失踪，需要紧急转移安置受灾群众 1 510 万人，房屋大量倒塌损坏，基础设施大面积损毁，工农业生产遭受重大损失，生态环境遭到严重破坏，直接经济损失达 8 523 亿多元，引发的崩塌、滑坡、泥石流、堰塞湖等次生灾害举世罕见。党和政府组织开展了我国历史上救援速度最快、动员范围最广、投入力量最大的抗震救灾斗争，最大限度地挽救了受灾群众生命，最

① 胡锦涛．胡锦涛文选：第 2 卷．北京：人民出版社，2016：71.

大限度地减低了灾害造成的损失。84 017 名群众被从废墟中抢救出来，149 万名被困群众得到解救，430 多万名伤病员得到及时救治，其中 1 万多名重伤员被快速转送全国 20 个省区市的 375 家医院。我们党领导全国人民千方百计安置受灾群众生活，1 510 万名紧急转移安置受灾群众基本生活得到妥善安排，881 万名灾区困难群众得到救助①。2008 年 10 月 8 日，胡锦涛在全国抗震救灾总结表彰大会上指出："抗震救灾斗争再一次证明，社会主义中国具有强大发展活力。这场抗震救灾斗争充分显示了我国社会主义制度能够集中力量办大事的政治优势。"②

2020 年初，湖北武汉市等地陆续发生新型冠状病毒肺炎疫情，并向全国蔓延。在与新型冠状病毒肺炎疫情进行的斗争中，集中力量办大事的优势进一步得到展现。2020 年 1 月 28 日，习近平在会见世界卫生组织总干事谭德塞时指出："在中国共产党的坚强领导下，充分发挥中国特色社会主义制度优势，紧紧依靠人民群众，坚定信心、同舟共济、科学防治、精准施策，我们完全有信心、有能力打赢这场疫情防控阻击战。"谭德塞指出，中国的行动速度之快、规模之大，世所罕见，展现出中国速度、中国规模、中国效率。这是中国制度的优势，有关经验值得其他国家借鉴③。

二、我国社会主义制度能够集中力量办大事的内在原因

英国《经济学人》曾指出一个事实：中国用 10 年使国民人均实际收入增加一倍，而英国用了 58 年，美国用了 47 年，日本用了 34 年。作为发展中国家的中国，何以在远落后于发达国家而陷于劣势、困境的情况下，反而实现跨越发展，用几十年时间就走完发达国家几

① 胡锦涛．胡锦涛文选：第 3 卷．北京：人民出版社，2016：121－122.
② 同①128.
③ 习近平会见世界卫生组织总干事谭德塞．新华网，2020－01－28.

百年走过的工业化历程？集中力量办大事，就是中国成功破解绝大多数发展中国家难以突破的劣势困境的独特经验，是中国仅用了几十年的时间就走完发达国家几百年走过的工业化历程这一跨越发展的法宝。

孙中山先生在从事紧张的革命活动的过程中，一直思考着建设中国的问题。1917年到1919年，他写出《建国方略》一书，构想了中国建设的宏伟蓝图，其中提出要修建约16万公里的铁路，把中国沿海、内地、边疆连接起来；修建160万公里的公路，形成遍布全国的公路网，并进入青藏高原；开凿和整修全国水道和运河，建设三峡大坝，发展内河交通和水利、电力事业；在中国北部、中部、南部沿海各修建一个世界水平的大海港；大力发展农业、制造业、矿业；等等。孙中山先生擘画的这个蓝图，显示了他对中国发展的卓越见解和强烈期盼。当时，有的外国记者认为孙中山先生的这些设想完全是一种空想，是不可能实现的。的确，在旧中国的政治经济社会条件下，孙中山先生的这些宏大构想是难以实现的。“今天，在中国共产党领导下，在全国各族人民顽强奋斗下，孙中山先生当年描绘的这个蓝图早已实现，中国人民创造的许多成就远远超出了孙中山先生的设想。祖国大地上，铁路进青藏，公路密成网，高峡出平湖，港口连五洋，产业门类齐，稻麦遍地香，神舟遨太空，国防更坚强。孙中山先生致力于建设的独立、民主、富强的国家早已巍然屹立在世界东方。”①

不管是我国和西方国家相比，还是我国社会主义制度建立之后与之前相比，我国社会主义制度能够集中力量办大事的优势都充分体现出来。我国社会主义制度之所以具有集中力量办大事的优势，在于它能够实现人民立场、全国一盘棋和调动各方面积极性三者的有机统一。

① 习近平．在纪念孙中山先生诞辰150周年大会上的讲话．北京：人民出版社，2016：11-12.

1. 我国社会主义制度始终坚持以人民为中心的立场

以人民为中心是社会主义的核心理念。习近平深刻指出，“人民对美好生活的向往，就是我们的奋斗目标”①。可见，中国共产党把人民的位置放在了最高处，以最广大人民的切身利益为根本，一切工作的出发点、落脚点都是为了人民的生活更加幸福美满。

人民性是马克思主义最鲜明的品格。始终同人民在一起，为人民利益而奋斗，是马克思主义政党同其他政党的根本区别。中国共产党作为马克思主义政党，党性和人民性从来都是一致的、统一的，除了国家、民族、人民的利益，没有任何自己的特殊利益。不谋私利才能谋根本、谋大利，才能从党的性质和根本宗旨出发，从人民根本利益出发，全心全意为人民服务。纵观历史，我们党干革命、搞建设、抓改革，都是为人民谋利益，让人民过上好日子。党领导人民打土豪、分田地，是为人民根本利益而斗争；领导人民开展抗日战争、赶走日本侵略者，是为人民根本利益而斗争；领导人民推翻三座大山、建立新中国，是为人民根本利益而斗争；领导人民开展社会主义革命和建设，改变一穷二白的国家面貌，是为人民根本利益而斗争；领导人民实行改革开放，推进社会主义现代化，实现中华民族伟大复兴，同样是为人民根本利益而斗争。在人民群众的积极支持和广泛参与下，我们在经济建设中发挥集中力量办大事的优势，取得了举世瞩目的伟大成就，成为世界第二大经济体，人均GDP达到中等收入国家水平，就业、住房、教育、医疗、养老等重要民生问题得到根本改善，中国成为全世界脱贫人口数量最多的国家，人民群众成为集中力量办大事的最大受益者。

以人民为中心是集中力量办大事的根本立场。习近平指出：“我们必须坚持发展为了人民、发展依靠人民、发展成果由人民共享，

① 习近平．习近平谈治国理政：第1卷．2版．北京：外文出版社，2018：4.

作出更有效的制度安排，使全体人民朝着共同富裕方向稳步前进，绝不能出现‘富者累巨万，而贫者食糟糠’的现象。”[①] 集中力量办大事正是以人民为中心发展思想的集中体现。我国人口多，底子薄，发展不平衡不充分，仍处于社会主义初级阶段。人民群众迫切要求加快发展，过好日子，集中力量办大事是实现经济快速发展、改善人民生活的重要手段，体现了人民群众的愿望。

2018 年 1 月 5 日，习近平在学习贯彻党的十九大精神研讨班开班式上指出：“时代是出卷人，我们是答卷人，人民是阅卷人。”人民是我们党的工作的最高裁决者和最终评判者。党的执政水平和执政成效都不是由自己说了算，必须而且只能由人民来评判，最终都要看人民是否真正得到了实惠、人民生活是否真正得到了改善、人民权益是否真正得到了保障。在新时代，我们面临的挑战和问题依然严峻复杂，党面临的“赶考”远未结束。要坚持把人民拥护不拥护、赞成不赞成、高兴不高兴、答应不答应作为衡量一切工作得失的根本标准，努力向历史、向人民交出新的更加优异的答卷。

实现共同富裕，反映了社会主义的本质要求，体现了以人民为中心的根本立场。共同富裕，是马克思主义的一个基本目标。按照马克思、恩格斯的构想，共产主义社会将彻底消除阶级之间、城乡之间、脑力劳动和体力劳动之间的对立和差别，实行各尽所能、按需分配，真正实现社会共享，实现每个人自由而全面的发展。到那时，“生产将以所有的人富裕为目的”[②]，“所有人共同享受大家创造出来的福利”[③]。我们党始终带领人民为创造美好生活、实现共同富裕而不懈奋斗。毛泽东在新中国成立之初就提出了我国发展富强的目标，指出“这个富，是共同的富，这个强，是共同的强，大家都

① 习近平．习近平谈治国理政：第 2 卷．北京：外文出版社，2017：200.

② 马克思，恩格斯．马克思恩格斯文集：第 8 卷．北京：人民出版社，2009：200.

③ 马克思，恩格斯．马克思恩格斯文集：第 1 卷．北京：人民出版社，2009：689.

有份”[1]。邓小平多次强调共同富裕，指出：“社会主义不是少数人富起来、大多数人穷，不是那个样子。社会主义最大的优越性就是共同富裕，这是体现社会主义本质的一个东西。”[2] 江泽民强调：“实现共同富裕是社会主义的根本原则和本质特征，绝不能动摇。”[3] 胡锦涛也要求“使全体人民共享改革发展成果，使全体人民朝着共同富裕的方向稳步前进”[4]。进入新时代，我们走上了创造美好生活、逐步实现全体人民共同富裕的新征程。习近平指出，共同富裕是中国特色社会主义的根本原则，实现共同富裕是我们党的重要使命。2015 年 8 月 21 日，他在就《〈中共中央关于制定国民经济和社会发展第十三个五年规划〉的建议》听取各民主党派中央、全国工商联领导人和无党派人士的意见时强调，“我们追求的发展是造福人民的发展，我们追求的富裕是全体人民共同富裕”，要让发展成果更多更公平惠及全体人民，不断促进人的全面发展，朝着实现全体人民共同富裕不断迈进。

2. 我国社会主义制度能够有效地实现全国一盘棋

在中国这样一个人口多、底子薄、地域辽阔的发展中大国，要把十几亿人的思想统一起来、力量凝聚起来，办成一件件大事，实现中华民族伟大复兴，必须坚持全国一盘棋。否则，就会出现一盘散沙、四分五裂的局面，不仅现代化建设搞不起来，而且容易陷入混乱动荡之中。1961 年 1 月，中共中央在批转财政部党组的报告中指出：“认真实行‘全国一盘棋’，坚决纠正财权过于分散的现象。”[5] 20 世纪 80 年代初，我国电子工业正处于新兴时期，各地区各部门都

① 毛泽东．毛泽东文集：第 6 卷．北京：人民出版社，1999：495.
② 邓小平．邓小平文选：第 3 卷．北京：人民出版社，1993：364.
③ 江泽民．江泽民文选：第 1 卷．北京：人民出版社，2006：466.
④ 胡锦涛．胡锦涛文选：第 2 卷．北京：人民出版社，2016：291.
⑤ 中共中央文献研究室．建国以来重要文献选编：第 14 册．北京：中央文献出版社，1997：47.

在积极发展，但是，往往对投资少、见效快、市场紧俏的某些项目（如彩色电视机、收录机、微型计算机等的装配生产）争相上马，对基础产品和投资多、难度大以及应用量少面窄的一些重要项目则缺乏积极性。因此，江泽民提出："树立全国一盘棋思想，统筹规划，加强行业管理。"[①] 2008 年 5 月 12 日，我国发生了汶川特大地震，我党领导全国各族人民众志成城、迎难而上，夺取抗震救灾斗争重大胜利。胡锦涛在全国抗震救灾总结表彰大会上指出："各地区各部门大力发扬全国一盘棋思想，一方有难、八方支援，一切为了灾区，全力支援灾区，在调集人员、支援物资、收治伤员、安置移民、建造临时和过渡住所等方面做了大量工作。"[②] 党的十八大以来，以习近平同志为核心的党中央以强烈的历史责任感，大力推进党风廉政建设和反腐败斗争。2014 年 10 月，习近平针对干部异地提拔，把自己的乡亲、亲属、利益链都提拔上去的现象，指出："反腐要全国联动、全国一盘棋。"[③] 2020 年 2 月 3 日，针对出现的新型冠状病毒肺炎疫情，习近平在中共中央政治局常务委员会上指出："疫情防控要坚持全国一盘棋。各级党委和政府必须坚决服从党中央统一指挥、统一协调、统一调度，做到令行禁止。"[④]

坚持全国一盘棋与党的集中统一领导是一致的。一个国家要办成大事，就得有一个坚强领导核心，把人民的力量凝聚起来。换句话说，中国要谋求发展，中华民族要实现伟大复兴，如果没有中国共产党这样一个具有高度觉悟、严明纪律、自我革命精神、真正代表最广大人民根本利益的政党来领导，是根本不可能实现的。新中国七十年来的历史告诉我们，正是因为始终坚持党的集中统一领

① 江泽民．江泽民文选：第 1 卷．北京：人民出版社，2006：9.

② 胡锦涛．胡锦涛文选：第 3 卷．北京：人民出版社，2016：123.

③ 习近平．习近平关于党风廉政建设和反腐败斗争论述摘编．北京：中国方正出版社，2015：117.

④ 习近平．在中央政治局常委会会议研究应对新型冠状病毒肺炎疫情工作时的讲话．求是，2020（4）.

导，中国人民干事创业有了主心骨，才能把近代历史上曾经一盘散沙的中国组织起来，集中力量办大事；才能确立社会主义基本制度，成功实现中国历史上最伟大最深刻的社会变革；才能实现伟大历史转折，开启改革开放新时期和中华民族伟大复兴新征程；才能成功应对一系列重大风险挑战，克服无数艰难险阻，有力应变局、平风波、战洪水、防“非典”、抗地震、化危机。正是因为始终坚持党的集中统一领导，我们的国家、我们的民族才能取得今天这样的成就。

办成大事要靠领导核心，而这个领导核心必须是坚强有力的，具有强大的执政能力和高超的领导水平，能把各方面力量有效组织起来。中国共产党是按照马克思主义建党原则建立起来的先进政党，形成了包括中央组织、地方组织、基层组织在内的严密组织体系，党内集聚了数量众多的先进分子，集聚了各个领域德才兼备的优秀人才，具有强大的执政能力和高超的领导水平。中国共产党作为领导核心，始终总揽全局、协调各方。习近平对党的领导核心作用做了十分生动的阐述：“我国社会主义政治制度优越性的一个突出特点是党总揽全局、协调各方的领导核心作用，形象地说是‘众星捧月’，这个‘月’就是中国共产党。”①

3. 我国社会主义制度能够充分调动各方面积极性

改革开放四十多年光辉历程是一个不断革除体制机制积弊、激发社会创造活力的过程。进入新时代，从提出“使市场在资源配置中起决定性作用和更好发挥政府作用”，更好处理政府和市场关系，到深入推进简政放权，给予地方更大的发展自主权，再到建立权力清单、负面清单，持续优化营商环境等一系列改革举措，正是为了

① 习近平．习近平关于全面建成小康社会论述摘编．北京：中央文献出版社，2016：96.

调动各方面积极性，激发蕴藏于广大人民群众中的创造活力。党的十九届四中全会在《决定》中明确指出，“健全充分发挥中央和地方两个积极性体制机制”。让一切创新的活力充分涌流，让一切创造的动力竞相迸发，才能不断推动经济社会持续健康发展。防控疫情同样需要调动各方面积极性。2020 年 2 月 3 日，习近平在中共中央政治局常务委员会上指出：“各党政军群机关和企事业单位等紧急行动、全力奋战，广大医务人员无私奉献、英勇奋战，广大人民群众众志成城、团结奋战，打响了疫情防控的人民战争，打响了疫情防控的总体战，全国形成了全面动员、全面部署、全面加强疫情防控工作的局面。”①

调动各方面积极性与党的群众路线是一脉相承的。群众路线是我们党始终坚持的根本工作方法。党的领导工作的正确方法，就是将群众意见集中起来形成正确的决策，又到群众中宣传解释，将决策化为群众的行动，并在群众实践中检验这些决策是否正确。坚持群众路线，核心的问题是党要始终保持同人民群众的血肉联系，一刻也不脱离群众。密切联系群众，是党的性质和宗旨的体现。我们党是在同人民群众的密切联系中成长、发展、壮大起来的，是靠宣传群众、组织群众、依靠群众起家，从胜利走向胜利的。党的最大政治优势是密切联系群众，党执政后的最大危险是脱离群众。能否保持党同人民群众的血肉联系，决定着党的事业的成败。

我国之所以能够集中力量办大事，就是因为我们党长期坚持群众路线。习近平指出：“群众路线是我们党的生命线和根本工作路线，是我们党永葆青春活力和战斗力的重要传家宝。”② 不论过去还

---

① 习近平．在中央政治局常委会会议研究应对新型冠状病毒肺炎疫情工作时的讲话．求是，2020（4）.

② 习近平．习近平关于全面从严治党论述摘编．北京：中央文献出版社，2016：156.

是现在，我们党都坚持一切为了群众，一切依靠群众，从群众中来，到群众中去，把党的正确主张变为群众的自觉行动，把群众路线贯彻到治国理政全部活动之中。始终坚持人民至上，切实尊重人民主体地位和首创精神，是中国共产党执政理念的集中体现，也是新时代不断推进中国特色社会主义伟大事业的根本保证。我们党在长期的群众工作中形成了“一切为了群众，一切依靠群众，从群众中来，到群众中去”的群众路线，确立了密切联系群众的最大政治优势。

坚持全国一盘棋与调动各方面积极性是相辅相成、内在统一的。坚持全国一盘棋，就是要把东西南北中、党政军民学，当前与长远，中央与地方，地方与地方，集体与个人等各方面放在系统的框架中统筹协调、共同推进。在全国一盘棋的基础上，如果各方面陷入不当竞争、纠缠、内耗之中，就会降低总体能级、总体效用。只有调动各方面积极性，消除各方面由于不当竞争、纠缠、内耗带来的损失，才能扬长避短，发挥各自优势。在调动各方面积极性的基础上，如果遇到涉及全局性、总体性、长远性、战略性的大事，仅仅调动一方面或者几方面力量和积极性是不够的，这时就需要集中各方面力量，拧成一股绳，形成合力。早在 1959 年 2 月，邓小平就指出：“全国一盘棋和发挥积极性。不能把全局和部分对立起来。实现国家的计划要有最高的积极性，各行各业、各地区都如此。在保证实现国家计划的范围内，可以充分发挥自己的能动性。积极性是有充分发挥余地的，但要服从全国一盘棋。”① 后来，胡锦涛指出：“要充分发挥各地和各方面的比较优势和创造活力，坚持科学决策、区别对待、分类指导，引导好、保护好、发挥好各地各方面推动发展的积极性，形成全国一盘棋的良好局面。”②

---

① 邓小平．邓小平文集（一九四九～一九七四年）：下卷．北京：人民出版社，2014：20.

② 胡锦涛．胡锦涛文选：第 3 卷．北京：人民出版社，2016：454.

三、新时代发挥好集中力量办大事的优势

中国特色社会主义进入新时代。新时代是全面建成小康社会，进而全面建设社会主义现代化强国，朝着中华民族伟大复兴中国梦奋勇前进的时代。习近平指出："我们比历史上任何时期都更接近实现中华民族伟大复兴的目标，比历史上任何时期都更有信心、更有能力实现这个目标。我们要抓住这一历史机遇，同时我们要牢记，中华民族伟大复兴绝不是轻轻松松就能实现的。"[①] 在新时代，我国面临外部环境的不确定性因素增加，国际形势更为严峻复杂，国内改革进入深水区、无人区，利益矛盾日益复杂化。可以说，那种在国家各方面资源严重短缺情况下搞建设的经验，尤其是发挥集中力量办大事的制度优势，不仅在新中国成立之初具有重大意义，而且在当今全面深化改革条件下同样重要，仍然值得我们认真学习和借鉴。面对新时代新使命新要求，集中力量办大事依然是我们攻坚克难的重要法宝。

在中华民族伟大复兴征程中，面对经济社会发展各方面的风险挑战，推动综合国力和经济社会发展水平迈上新台阶，我们依然需要充分发挥集中力量办大事的优势。当今世界正面临百年未有之大变局，新一轮科技革命和产业变革孕育兴起，全球化和国际形势更为严峻复杂，国内经济高质量发展和全面深化改革进入深水区，全局性、总体性、长远性、战略性的大事越来越多。这些大事的办成与否深刻地影响着中国特色社会主义建设的各个方面。只有坚持集中力量办大事，才能超越局部利益、短期效益的纷争，办成、办好这些大事，为国家安全、长远利益谋篇布局、蓄积势能，从而抢占

① 习近平．为建设世界科技强国而奋斗：在全国科技创新大会、两院院士大会、中国科协第九次全国代表大会上的讲话．北京：人民出版社，2016：5.

发展高地，赢得国际竞争。

2020年初，针对湖北省武汉市等地陆续发生新型冠状病毒肺炎疫情，习近平强调："疫情就是命令，防控就是责任。"打赢疫情防控阻击战，同样需要充分发挥集中力量办大事的优势。

1. 坚持党的集中统一领导，维护党中央权威，切实贯彻群众路线

发挥集中力量办大事的优势必须坚持党的集中统一领导。我们党是按照民主集中制组织起来的统一整体。早在革命战争年代，毛泽东就反复强调党的统一领导问题，提出要把党建设成为"全国范围的、广大群众性的、思想上政治上组织上完全巩固的、布尔什维克化的中国共产党"①。新中国成立后，毛泽东指出："为了建设一个强大的社会主义国家，必须有中央的强有力的统一领导，必须有全国的统一计划和统一纪律，破坏这种必要的统一，是不允许的。"②在党的八大上，邓小平也鲜明指出："党是一个战斗的组织，没有集中统一的指挥，是不可能取得任何战斗胜利的，一切发展党内民主的措施都不是为了削弱党的必需的集中，而是为了给它以强大的生气勃勃的基础。"③ 2020年1月25日，习近平在中共中央政治局常务委员会上指出，面对新型冠状病毒肺炎疫情加快蔓延的严重形势，必须加强党中央集中统一领导，各级党委和政府要增强"四个意识"、坚定"四个自信"、做到"两个维护"，深刻认识做好新型冠状病毒肺炎疫情防控的重要性和紧迫性，加强统一领导、统一指挥，坚定不移把党中央各项决策部署落到实处。

集中力量办大事是全国一盘棋和调动各方面积极性的内在统一，坚持党的集中统一领导也应做到维护党中央权威和贯彻群众路线的

---

① 毛泽东．毛泽东选集：第2卷．2版．北京：人民出版社，1991：652.

② 毛泽东．毛泽东文集：第7卷．北京：人民出版社，1999：32.

③ 邓小平．邓小平文选：第1卷．2版．北京：人民出版社，1994：233.

内在统一。

维护党中央权威和党的集中统一领导，是一个成熟的马克思主义政党必须始终坚持、任何时候任何情况下都不能含糊和动摇的重大原则。马克思、恩格斯在创建和领导无产阶级政党的过程中，坚决反对无政府主义倾向，对巴枯宁所主张的“支部自治、各自治小组的自由联合、反权威主义、无政府状态”等观点进行了严厉批判，明确提出无产阶级政党必须凝聚自己的所有力量，强调如果每一个支部、每一个人都各行其是，党就只能陷入瓦解，就不能成为坚强统一的组织。中国共产党领导是中国特色社会主义最本质的特征，是中国特色社会主义制度的最大优势。这个最本质特征和最大优势，核心就在于坚定维护党中央权威。2015 年 2 月 2 日，习近平在省部级主要领导干部学习贯彻党的十八届四中全会精神全面推进依法治国专题研讨班上指出：“在国家治理体系的大棋局中，党中央是坐镇中军帐的‘帅’，车马炮各展其长，一盘棋大局分明。”①

群众路线是我们党始终坚持的根本工作方法。坚持走群众路线，绝不是喊喊口号走走过场，而是要诚心诚意、实打实做。要善于通过提出并贯彻正确的理论和路线方针政策带领人民前进，善于从人民的实践创造和发展要求中完善政策主张，善于从群众中寻找解决问题的方案和办法，使做出的决策和决策的执行充分体现民心民意。深入研究新形势下群众工作的规律和特点，把党的优良传统和新技术新手段结合起来，学会通过网络走群众路线，提高做好群众工作的本领。

2. 完善集中力量办大事的经济政治制度和治理体系

为了充分发挥集中力量办大事的制度优势，亟须在坚持的同时

① 习近平．习近平关于全面建成小康社会论述摘编．北京：中央文献出版社，2016：96.

发展和完善中国特色社会主义制度。党的十九届四中全会要求：坚持和完善党的领导制度体系，坚持和完善人民当家作主制度体系，坚持和完善中国特色社会主义法治体系，坚持和完善中国特色社会主义行政体制，坚持和完善社会主义基本经济制度，坚持和完善统筹城乡的民生保障制度，等等。这些制度的坚持和完善，都从不同方面加强和巩固了包括集中力量办大事的中国特色社会主义制度优势。

充分认识和高度评价我们的制度优势，坚定制度自信，并不表示我们的制度已经至善完美，不再需要改革、发展和完善。邓小平曾指出："党和国家现行的一些具体制度中，还存在不少的弊端，妨碍甚至严重妨碍社会主义优越性的发挥。"① 经过四十多年改革开放，我们的制度仍需继续改革、发展和完善。习近平强调："中国特色社会主义制度是特色鲜明、富有效率的，但还不是尽善尽美、成熟定型的。""制度自信不是自视清高、自我满足，更不是裹足不前、固步自封，而是要把坚定制度自信和不断改革创新统一起来，在坚持根本政治制度、基本政治制度的基础上，不断推进制度体系完善和发展。"② 党的十八大以来，以习近平同志为核心的党中央深刻总结历史经验，继续全面深化改革，并把完善和发展中国特色社会主义制度、推进国家治理体系和治理能力现代化作为全面深化改革的总目标。党的十九届四中全会再次把坚持和完善中国特色社会主义制度、推进国家治理体系和治理能力现代化作为全党的一项重大战略任务，把制度建设和治理体系提升到更加突出的地位。

集中力量办大事作为一种政治优势和制度优势，其基础是我国社会主义基本经济制度。党的十九届四中全会提出公有制为主体、多种所有制经济共同发展，按劳分配为主体、多种分配方式并存，

---

① 邓小平．邓小平文选：第2卷．2版．北京：人民出版社，1994：327.

② 习近平．习近平谈治国理政：第2卷．北京：外文出版社，2017：289.

社会主义市场经济体制等社会主义基本经济制度是党和人民的伟大创造。我国实行公有制为主体、多种所有制经济共同发展的基本经济制度，这是中国特色社会主义制度的重要支柱。公有制为主体决定了我国的社会主义性质，是巩固党的执政地位的重要保证，是全国各族人民共享改革发展成果的重要保证，也是我们能够集中力量办大事的经济基础。在社会主义条件下发展市场经济，是我们党的一个伟大创举。使市场在资源配置中起决定性作用，更好发挥政府作用，把政府和市场“两只手”的作用都发挥好，这是我国社会主义市场经济体制的重要优势，使我们在社会主义市场经济条件下能够集中力量办大事。我们既不能因为搞社会主义市场经济就放弃集中力量办大事的优势，也不能脱离社会主义市场经济搞集中力量办大事，回到计划经济和行政命令的老路上去。

发挥社会主义制度集中力量办大事的优势，要注重进一步完善统筹全局利益、统筹各方资源的体制机制。习近平在党的十八届三中全会上强调，“正确处理中央和地方、全局和局部、当前和长远的关系，正确对待利益格局调整”①。党的十九届四中全会把“健全充分发挥中央和地方两个积极性体制机制”作为推进国家治理体系和治理能力现代化的重要内容并做出部署。发挥中央和地方两个积极性，首先要坚决维护中央统一领导，同时也要充分考虑各地千差万别的实际情况，使二者统一于中国特色社会主义的伟大实践。新中国成立后，党中央高度重视发挥中央和地方两个积极性。毛泽东在1956年发表的《论十大关系》中指出，“我们的国家这样大，人口这样多，情况这样复杂，有中央和地方两个积极性，比只有一个积极性好得多”，“应当在巩固中央统一领导的前提下，扩大一点地方的权力，给地方更多的独立性，让地方办更多的事情”②。要按照权责

---

① 中共中央文献研究室．十八大以来重要文献选编：上．北京：中央文献出版社，2014：544.

② 毛泽东．毛泽东文集：第7卷．北京：人民出版社，1999：31.

一致原则，规范垂直管理体制和地方分级管理体制。党的十九届四中全会通过的《决定》提出：“适当加强中央在知识产权保护、养老保险、跨区域生态环境保护等方面事权，减少并规范中央和地方共同事权。”

同时，一个国家的治理体系必须注重历史和现实的有机统一，既要满足现实要求，又不能脱离历史文化传统。当代中国的国家治理汲取了中国历史上国家治理的智慧，并立足社会主义制度不断创新发展。正如习近平指出的：“我国今天的国家治理体系，是在我国历史传承、文化传统、经济社会发展的基础上长期发展、渐进改进、内生性演化的结果。”① 中国具有集中力量办大事的悠久历史传统。在几千年历史长河中，中国人民团结一心、同舟共济，建立了统一的多民族国家，形成了守望相助的中华民族大家庭，也形成了集中力量办大事的国家治理特色。长期以来，中国在政治上形成了中央统一领导的国家体制，在改造自然中形成了“人心齐，泰山移”的统筹机制，在抵御外侮中形成了万众一心、同仇敌忾的动员机制，在自然灾害面前形成了一方有难、八方支援的援助机制。

3. 构建关键核心技术攻关新型举国体制

科学技术从来没有像今天这样深刻影响着国家前途命运，从来没有像今天这样深刻影响着人民生活福祉。2014 年 6 月，习近平指出：“当前，全党全国各族人民正在为全面建成小康社会、实现中华民族伟大复兴的中国梦而团结奋斗。我们比以往任何时候都更加需要强大的科技创新力量。”② 关键核心技术是现代化国家综合实力的重要基础。习近平在 2014 年两院院士大会上曾强调：“只有把核心技术掌握在自己手中，才能真正掌握竞争和发展的主动权，才能从

① 习近平．习近平谈治国理政．北京：外文出版社，2014：105.

② 习近平．在中国科学院第十七次院士大会、中国工程院第十二次院士大会上的讲话．北京：人民出版社，2014：5.

根本上保障国家经济安全、国防安全和其他安全。”① 党的十八大以来，以习近平同志为核心的党中央把科技创新摆在国家战略发展全局的核心位置，坚持走中国特色自主创新道路，坚定实施创新驱动发展战略，使我国在关键核心技术领域取得重大突破。同时也必须看到，我国科技发展水平特别是关键核心技术创新能力同国际先进水平相比还有很大差距，离“两个一百年”奋斗目标还有很长的距离。

关键核心技术是要不来、买不来、讨不来的。那么如何实现我国科学技术的重大突破呢？2013 年 3 月，习近平指出，我们最大的优势，“就是我国社会主义制度能够集中力量办大事，这是我们成就事业的重要法宝，过去我们搞‘两弹一星’等靠的是这一法宝，今后我们推进创新跨越也要靠这一法宝”②。2015 年 10 月，习近平在《关于〈中共中央关于制定国民经济和社会发展第十三个五年规划的建议〉的说明》中指出：“落实创新驱动发展战略，必须把重要领域的科技创新摆在更加突出的地位，实施一批关系国家全局和长远的重大科技项目。”③ 科技创新的战略导向，是明确方向、抓住重点的指南。2016 年，党中央颁布了《国家创新驱动发展战略纲要》，明确提出我国科技事业发展的目标是，到 2020 年时使我国进入创新型国家行列，到 2030 年时使我国进入创新型国家前列，到新中国成立 100 年时使我国成为世界科技强国。

在科技领域，举国体制是社会主义集中力量办大事制度优势的集中体现，是我国科技创新实现历史性转变、取得历史性成就的重要法宝。2019 年 2 月，习近平在会见探月工程嫦娥四号任务参研参试人员代表时再次强调，嫦娥四号任务圆满成功，是“探索建立新型举国体制的又一生动实践”。党的十九届四中全会指出：“弘扬科

① 习近平．习近平关于科技创新论述摘编．北京：中央文献出版社，2016：36.

② 同①35.

③ 同①101.

学精神和工匠精神，加快建设创新型国家，强化国家战略科技力量，健全国家实验室体系，构建社会主义市场经济条件下关键核心技术攻关新型举国体制。”

当然，我国构建关键核心技术攻关新型举国体制并不是高度集中的计划经济的延续或翻版，也不是只能采用市场手段，而是应当综合运用政府宏观调控和市场调节等手段。2016 年 5 月 30 日，习近平在全国科技创新大会、两院院士大会、中国科协第九次全国代表大会上指出，要“形成社会主义市场经济条件下集中力量办大事的新机制”①。

① 习近平．习近平谈治国理政：第 2 卷．北京：外文出版社，2017：273.

铸牢中华民族共同体意识

新中国成立和民族区域自治制度确立七十年来，中国共产党领导全国各族人民“创造了世所罕见的经济快速发展和社会长期稳定奇迹，中华民族迎来了从站起来、富起来到强起来的伟大飞跃”①，特别是在国内国际各种复杂问题日益凸显、相互交织的当下，我国各族人民依然保持着平等团结互助和谐的关系，无论是汉族地区还是少数民族地区整体上依然呈现政治稳定、经济发展、文化繁荣的景象，与世界上一些国家因民族分裂而出现严重社会动荡的现象形成了鲜明对比。党的十九届四中全会首次描绘了中国特色社会主义制度图谱，明确了我们的制度优势，与民族区域自治制度这一基本政治制度相对应的显著优势为“坚持各民族一律平等，铸牢中华民族共同体意识以及实现共同团结奋斗、共同繁荣发展”②。这一显著优势作为民族区域自治制度的价值原则、思想基础和现实目标，根植于我国的历史文化传统，源于马克思主义民族理论，形成于中国共产党的艰辛探索，着眼于做好新时代民族工作，彰显了历史和现实、理论和实践的统一，正是揭秘中国现如今民族之“治”局面的制度密码，必须在新时代予以发扬光大，使其在发展民族关系、凝

①② 中共中央关于坚持和完善中国特色社会主义制度 推进国家治理体系和治理能力现代化若干重大问题的决定．人民日报，2019-11-06（1）.

聚民族认同、实现民族复兴等方面更好地转化为治理效能。

一、民族区域自治制度及其显著优势的历史溯源

任何制度的形成都不是一个孤立和偶然的现象，都以本国过去的整个发展为基础并且立足于当时的历史条件。在我国历史上，不同朝代的统治者对处于周边地区的少数民族采取了不同的民族治理制度和政策，虽名目繁多，但其核心基本上可以概括为在“天下”观念主导下的“因俗而治”。随着历史的车轮滚滚驶进 19 世纪中叶，面对外来侵略危机，中国人对“自我”和“他者”的观念格局在残酷的现实面前被迫修改，开始由“天下”走向世界，“夏”与“夷”之分被中华民族与世界民族之别所取代。在此民族危亡的关键时刻，中国共产党登上了历史舞台，开始对中国未来的民族治理之路展开探索。民族区域自治制度及其显著优势孕育于中国 20 世纪前后特定的历史背景之中，是在中华民族危机日益深重、中西方文化交织碰撞、无产阶级力量发展壮大等多种因素合力作用下逐渐形成和发展起来的。因此，要揭晓民族区域自治制度及其显著优势缘何是中国现如今民族之“治”局面的密码，探讨其体现在什么地方又如何在新时代更好地发挥作用，离不开对我国历史文化传统的考察，离不开对马克思主义民族理论的探究，离不开对中国共产党探索历程的把握。

1. 根植于我国的历史文化传统

正如英国历史学家汤因比所说，“中国-东亚文明的最大特点在于稳定性和安定性，这是一种绝无仅有的、令人惊叹的伟大统一力”[①]。中华文明历经五千多年从未中断，在人类文明史中一以贯之地保持着相对独立性，较为完整地保留了民族的历史文化传统，并且具有一脉

① 汤因比．展望二十一世纪．北京：国际文化出版公司，1989：38.

相承的延续性，因而能够为追溯民族区域自治制度及其显著优势的历史脉络提供包括基本条件、精神底色以及制度参考等多方面的历史底蕴。

第一，多元一体的民族格局。

中华民族作为自在的民族实体形成于一个长期自然的历史过程，中国地理因素的多样推动了多元民族的形成，其地理单元的独立又造就了一体的格局，从而表现出你中有我、我中有你的特点。但其由自在走向自觉的转变，则是在近代西方文明的冲击下完成的，这种具有更高层次认同的“一体”，不是多元民族自然交往发展的结果，而是面临整体生存危机的产物。在外来强压下升华而出的共存亡、共命运的情感道义促成了民族意识的觉醒，从思想上铸牢了多元一体的民族格局。这种历史演进与精神传承的交相辉映，熔铸成我国多元一体的民族格局，一体是主线和方向，多元是要素和动力。该格局的形成不是56个民族的简单相加，而是自在民族实体和自觉民族意识的统一，也是民族区域自治制度及其显著优势确立并发展的基本条件。

第二，兼容并蓄的文化特质。

中国具有悠久的文化传统，这些文化是各族人民在长期的生产生活中逐渐形成的集体智慧结晶，其兼容并蓄的包容性特质是中华文明之所以源远流长的重要原因之一。纵观我国的恢宏历史，从战国时期赵武灵王胡服骑射到北魏孝文帝汉化改革，都无不表现出北方游牧文化与南方农耕文化乃至域外文化的交流融合，越是强盛的历史时期，中华文化心态越是开放。这一包容的气度和风范使得民族之间的文化差异并未成为民族交流融合的障碍，反而既彰显出各自的显著特色，又大大丰富了中华文化的内容，为其注入了新鲜血液，增添了新鲜元素，完善了表现形式，使其变得更加丰满、更为广博，从而促进了中华民族整体认同感的形成，赋予民族区域自治制度及其显著优势之精神底色。

第三，统一集中的国家建制。

民族问题是国家社会政治总问题的一部分，国家结构形式问题是其在国家制度层面的具体反映。中国自秦以来，统一集中的国家结构占据了历史的主流。虽然历史上各民族间的关系错综复杂，有相互依存的一面，也有争战冲突的一面，但战争的目的并不是建立民族国家，而是争夺中央政权，其焦点不在分裂，而在易主，可以说，统一集中的国家结构形式是我国各个民族共同认可的选择，即使在魏晋南北朝、五代十国时期，各民族都以建立统一的国家为重要政治目标。与此同时，统一集中的国家建制也为民族之间的交流交往交融提供了稳定的社会架构支撑，奠定了中国古代处理民族问题的基本原则，即为了维护封建国家的统一，中央政府在处理民族问题时基本上采用和亲、委任等方式，基于其自身历史文化风俗而实行特殊统治和管理。由此可见，统一集中的国家建制为民族区域自治制度及其显著优势在政治目标的树立、政治原则的选择以及政治策略的实行等方面提供了制度参考。

2. 源于马克思主义民族理论

中国共产党成立后，马克思主义民族理论方面的著作得到了大量的翻译和出版，其基本原理为中国共产党所接受和继承并进一步用来指导民族革命的实践，为追溯民族区域自治制度及其显著优势的历史脉络提供了包括基本立场、重要内容和贯穿主题等多个维度的理论来源。

第一，作为基本立场的民族平等观。

“民族平等”概念由一般的平等原则引申而来，该原则可以见诸古希腊时代著名思想家柏拉图、亚里士多德等人的思考之中，针对的是当时人与人之间因地位、出身、财产等不同而受到不平等对待的社会现象；其作为一个政治口号，由西方资产阶级在反对封建专制的斗争中首先提出，并迅速成为资产阶级创建民族国家的有力思想武器。但该口号在实质上是为资产阶级夺取政权、确立资本主义制度而服务的，因而也是不彻底的。一旦资产阶级掌握政权，这一主张便被抛弃，甚至反过来成为资产阶级欺骗民众、维护其阶级利益的罪恶工具。马克思主义产生后，民族平等才被赋予真实含义，其作为马克思主义民族理论的基本立场，既主张民族不分大小、强弱在政治、法律上享有平等权利，其虽有先进与落后、大与小之别，但绝无优劣和贵贱之分，又主张各民族在实际生活的各方面的完全平等，即“平等应当不仅仅是表面的，不仅仅在国家的领域中实行，它还应当是实际的，还应当在社会的、经济的领域中实行”①，还主张民族平等不应局限于一国范围内，在世界范围内，全世界所有民族也应一律平等。而要实现真正的民族平等，就必须铲除民族不平等的根源，消灭阶级，实行社会主义。作为马克思主义民族理论基本立场的平等观在与中国实际相结合的过程中，为中国共产党所吸收和采用，从而为确立、坚持和发展我国民族区域自治制度及其显著优势特别是坚持各民族一律平等提供了理论依据。

第二，作为重要内容的民族意识观。

马克思主义认为，存在决定意识，具体到民族意识也不例外，其也是被意识到了的民族存在，但相较于社会意识，民族意识也有自身的特殊性。首先，它集中反映了包括共同语言、经济活动、文化生活等在内的民族间互相区别的标志，是对自身民族特征、特点的认识。其次，民族自身的历史文化传统，是民族过去存在的证明、现时存在的土壤和未来存在的支撑。民族意识一方面反映这种传统，另一方面也不断形成自己的历史文化积淀，赋予自身历史文化传统。最后，它不仅是对民族自身生存和发展条件的认识，同时也是对自身民族与其他民族交往环境的反映。必须要指出的是，民族意识

① 马克思，恩格斯．马克思恩格斯选集：第3卷．3版．北京：人民出版社，2012：484.

的产生固然要以民族存在为前提，但有了民族存在并不意味着民族意识就一定立刻产生，只有在与其他民族产生联系而划分出“我”与“他”的区别，并且认识到自身的特殊性、追求共同利益的实现时，民族意识才会由浅入深地逐步形成。作为马克思主义民族理论重要内容的民族意识观为确立、坚持和发展我国民族区域自治制度及其显著优势特别是铸牢中华民族共同体意识提供了理论支撑。

第三，作为贯穿主题的民族发展观。

马克思主义民族理论认为，生产力在民族发展中具有决定性的作用，是民族发展的根本动力，即民族并不是本来就有的，而是生产力发展到一定阶段的产物，民族之间的交往范围也随着生产力的不断发展而由小到大，各个民族在这个过程中交汇融合，其共同因素逐渐增多从而消弭了民族之间的差异，正是在这种意义上，民族发展的最终结果就是民族的消失。生产力的发展还决定着民族社会分工和民族生产关系的变化，由单一民族内部到多个民族之间进而彻底打破民族界限的社会分工变化，从原始公有制到奴隶制、封建制、资本主义、社会主义的生产关系变革，从根本上说都是生产力发展的结果。马克思、恩格斯基于辩证唯物主义和历史唯物主义基本原理，对民族发展问题进行了探索，但在当时并没有进行深入研究。列宁和斯大林面对无产阶级革命运动斗争的残酷性和民族团结发展的必要性，在他们的基础之上对马克思主义民族理论中的民族发展观倾注了更多的精力，主张先进民族对落后民族的帮助，以此消除民族事实上的不平等，从而消除民族间不平衡的发展状态来实现民族的真正发展——各民族的共同繁荣。作为涵盖民族产生与终结、贯穿马克思主义民族理论始终的主题，民族发展观为确立、坚持和发展我国民族区域自治制度及其显著优势特别是实现共同团结奋斗、共同繁荣发展奠定了理论根基。

3. 形成于中国共产党的艰辛探索

中国共产党成立以后，一方面继承了马克思主义民族理论，另一方面又在领导中国革命的具体实践中，将其中的基本原理同中国民族问题的实际结合起来，积极探索符合中国国情的民族问题解决之路，从而为追溯民族区域自治制度及其显著优势的历史脉络提供了包括确定制度载体、巩固思想基础、明晰现实目标等多个范畴的实践经验。

第一，确定解决我国民族问题的制度载体。

中国共产党自创立之日就非常重视民族问题，主张将民族平等、反对民族压迫作为解决民族问题的价值原则。这一坚持表明了中国共产党在民族问题上秉持鲜明的无产阶级立场，此后，中国共产党在长期探索和反复比较之后，最终将民族区域自治制度与作为其价值原则的民族平等一起写入了起临时宪法作用的《共同纲领》，为解决我国民族问题确定了制度载体。该选择“把民族平等作为立国的根本原则之一，确立了民族区域自治制度，各族人民在历史上第一次真正获得了平等的政治权利、共同当家做了主人，终结了旧中国民族压迫、纷争的痛苦历史”①，“更加符合中国的实际情况，在统一的国家内实行民族区域自治，更有利于民族平等原则的实现”②。

第二，巩固坚持党的统一领导的思想基础。

民族区域自治制度的设计、实施和不断完善，是在党的统一领导下进行的，中华人民共和国成立之后，民族区域自治和各项民族工作、民族政策的实行，也都是在党的统一领导下展开的。无论是民族识别、大力培养少数民族干部还是建立和发展对民族上层人士的统一战线等，都要求在工作开展和政策落实的过程中既能够掌握

---

① 习近平．在全国民族团结进步表彰大会上的讲话．人民日报，2019－09－28（2）．

② 王希恩．20世纪的中国民族问题．北京：中国社会科学出版社，2012：315．

主要矛盾、正确处理两类不同性质的矛盾，又能够慎重稳进、科学分析解决民族问题的条件，既善于商量办事、尊重少数民族群众和干部的意愿，又注重防微杜渐、广泛持久地进行民族政策宣传教育，这些要求对于民族政策的正确执行，对于少数民族地区各项事业的健康发展，尤其对于民族感情的不断增进具有重要意义，其落脚点都在于不断巩固各族人民坚持党的统一领导的思想基础，不断增强对中华民族这一更高层次共同体的整体认同。

第三，明晰共同建设社会主义的现实目标。

党和国家领导人在新中国建立之初明确提出了民族工作的主要任务，即促进各民族的政治、经济、文化发展，消灭历史上遗留下来的民族事实上的不平等，使落后民族得以跻身先进民族的行列，从而共同过渡到社会主义，同时也指明了确立民族区域自治制度的现实目标，即通过为民族合作、民族互助提供制度保障来适应社会主义的建设需要，以求得共同的发展、共同的繁荣。在民族区域自治制度的具体实施中，也处处体现了这样的政策现实导向。例如在广西壮族自治区设立问题上，党中央就从利于自治区经济发展的角度出发，没有采取仅在壮族集中的桂西建立自治区的做法，因为这种划分方式使得自治区“在交通上，铁路要和广西汉族地区分割；经济上，把东边的农业和西边的工矿业分开。这是很不利于共同发展的，而合起来就很方便了”①。诸如此类的制度具体安排，以促进各民族自治地方的经济社会发展为出发点，使各民族共同建设社会主义的现实目标在实践中愈发明晰了起来，而不是仅局限于顶层设计。

民族区域自治制度是中国共产党根据马克思主义民族理论以及国家学说，结合中国独特的历史文化传统，在不断探索民族工作的实践中制定的一项解决我国民族问题的基本政治制度。历史证明，

① 王希恩．20世纪的中国民族问题．北京：中国社会科学出版社，2012：332.

该制度具有强大生命力，在坚持各民族一律平等、铸牢中华民族共同体意识以及实现共同团结奋斗、共同繁荣发展三个方面展现出了显著优势，是中国共产党在探索中国特色社会主义民族道路的过程中对马克思主义的又一伟大贡献。

二、崇高的价值原则：坚持各民族一律平等

坚持各民族一律平等，指的是各民族在党和政府的领导下，依法在国家的政治经济和社会生活的各领域以及在各民族相互交往中处于平等的地位，享有同样的权利也必须履行相同的义务，任何民族不能享有特权。这种平等“包括政治上的平等权利，发展经济文化的平等权利，语言文字的平等地位。还包括尊重各民族的宗教信仰和风俗习惯等”①，既是法律地位和现实地位的统一，也是权利和义务的统一，不仅表明了我国民族平等主体的普遍性，还体现了民族平等权利的广泛性以及民族平等内容的真实性。这是马克思主义解决民族问题的基本立场，也是我国民族区域自治制度的崇高价值原则。因此，在我国新的历史方位下，把握坚持各民族平等的价值意蕴，围绕“保证民族自治地方依法行使自治权，保障少数民族合法权益，巩固和发展平等团结互助和谐的社会主义民族关系”② 来明晰其实践路径，是推动民族区域自治制度更加成熟定型、更好地把制度优势转化为治理效能的逻辑起点。

1. 坚持各民族一律平等的价值意蕴

第一，尊重了历史上各个民族所做出的不懈努力。

---

① 国家民族事务委员会，中共中央文献研究室．民族工作文献选编．北京：中央文献出版社，2003：2.

② 中共中央关于坚持和完善中国特色社会主义制度　推进国家治理体系和治理能力现代化若干重大问题的决定．人民日报，2019－11－06（1）.

我国宪法中明确指出中华人民共和国是全国各族人民共同缔造的、统一的、多民族国家，这高度肯定了历史上各族人民为国家的统一和繁荣所做出的贡献。我国辽阔的疆域是各民族共同开拓的，各民族你中有我、我中有你，胼手胝足、披荆斩棘，共同开发和造就了今天中华民族生存发展的美丽家园。我们灿烂的文化是各民族共同创造的，从“洛阳家家学胡乐”到“万里羌人尽汉歌”，无一不生动展现了各民族文化的互鉴融通，为我们的文化自信提供了取之不尽用之不竭的宝贵源泉。我们伟大的精神是各民族共同培育的，幅员辽阔的国土在多样的民族中孕育出了气质丰富的中华文明，其不仅有着农耕文明的勤劳质朴、崇礼亲仁，而且兼具草原文明的热烈奔放、勇猛刚健，同时具备海洋文明的海纳百川、敢拼会赢，这些中华民族的特质和禀赋在近代空前的民族危机中以爱国主义为核心熔铸进了民族血脉和灵魂，成为推动中国发展进步的强大精神动力。一部中国史，就是一部各民族交融汇聚成多元一体中华民族的历史；一部中国革命史，就是一部各民族在中国共产党的领导下团结奋斗的历史。坚持各民族一律平等，就是不仅在政治和法律上承认和尊重了各民族在历史上所做出的不懈努力，而且会采取各项措施将这份尊重落实到事实中，它不仅仅是价值原则，而且是中国共产党对全国各族人民的庄严承诺。

第二，把握了当今解决好民族问题的基本前提。

民族问题是个世界性的问题，不同国家解决民族问题的方式有所差别，新中国成立以来，党的历代领导人坚持把马克思主义民族理论同中国民族问题的具体实际相结合，开创了中国特色解决民族问题的正确道路，事实证明党的民族理论和政策是正确的，适合中国国情，具有强大的生命力。当然，在新时代，我们的民族工作还面临着许多问题。例如民族地区经济发展势头加快的同时发展水平较其他地区仍然较低；国家对民族地区支持力度持续加大的同时，民族地区基本公共服务能力建设仍然薄弱；各民族交往交流交融趋势增强的同时，涉及民族因素的矛盾纠纷仍然存在；反对民族分裂活动、宗教极端分子、暴力恐怖斗争成效显著的同时，局部地区仍然有不稳定因素产生。这些问题的产生既有历史根源也有现实因素，但民族间事实上的不平等是其根源之一。由于历史和现实的差距，我国各民族在社会发展阶段和水平方面还存在着不小的差距，这种客观存在的现实问题阻碍了某些民族平等权利的实现，与此同时，在国家对某些民族地方的治理过程中还存在权利和义务失衡的情形，表现为只在享受权利上追求平等，而不履行维护民族团结和国家统一的平等义务。只有找到症结才能对症下药，坚持各民族一律平等，就意味着要根除民族间事实上的不平等，就是把握了当今解决好这些民族问题的基本前提。

第三，遵循了无产阶级完成历史使命的必然要求。

无产阶级的阶级本质和历史使命决定了必须要坚持民族平等。在资本主义社会里，无产阶级处在最底层，受到的剥削和压迫最为深重，统治阶级不仅压迫剥削本民族的无产阶级，而且还千方百计地欺压和掠夺其他弱小民族。因此，无产阶级要解放全人类，实现自己的奋斗目标、完成自己的历史使命，就必须在全世界范围内消灭任何形式的剥削和压迫，包括民族剥削和压迫。只有一切民族在国内和国际完全平等，既消灭民族内的压迫，也消灭民族间的压迫，才能消灭一切人压迫人的现象，在全世界实现共产主义。社会主义从空想到科学，从理论到实践，从一国到多国，已经历经了500年岁月的洗礼，科学社会主义以《共产党宣言》为标志诞生也已有170多年，虽然社会主义在苏联解体之后一度处于低潮，“社会主义失败论”“历史终结论”“中国崩溃论”等也曾狂躁一时，但对于坚定的马克思主义者来说，社会主义必将最终胜利，共产主义必将最终实现，现如今中国之治与西方之乱的对比更能够坚定信心。坚持各民族一律平等作为成效显著的民族区域自治制度的优势，遵循了无产阶级完成历史使命的必然要求，为世界民族平等事业的推进开出了中国处方，是科学社会主义在21世纪的中国焕发出强大生机活力的鲜明体现，也正是在这个意义上，它才有理由被称为中国在民族事务治理上的制度密码之一。

第四，符合了人类社会进步普遍认可的价值标准。

人类的文明演化与社会进步使民族平等逐渐成为人类社会普遍的价值追求之一。第二次世界大战前和战争过程中，德意日法西斯的种族主义暴行给人类带来了空前浩劫。第二次世界大战结束以来，基于对战争的深刻反思，反对种族主义、防范种族主义与极端民族主义悲剧重演成为战后国际社会的共识。联合国、各主权国家及国际组织都出台了一系列文件承认文化多样性和各民族平等权利，例如《联合国宪章》《非洲人权和民族权宪章》《欧洲关于指导与会国间关系原则的宣言》《伊斯兰世界人权宣言》等，都反映了国际社会对于民族平等的追求，期望以此建立国家之间、民族之间、种族之间最基本的信任和合作关系。随着当代世界政治多极化和经济全球化的发展，各民族之间的联系更加密切。民族不平等从一国范围内来讲，会对社会公共秩序埋下隐患，进而威胁国家安全，冲击国家政权；从世界范围来说，其也已成为影响国际社会关系格局变化的关键因素之一，对地区稳定和地区间的合作与发展形成极大挑战。因此，坚持民族平等，积极引导世界民族关系向着平等方向发展，是维护国际政治经济秩序安定的关键，这不仅是各族人民的共同期待和努力方向，而且也已经成为国际社会的一个普遍价值追求。

2. 坚持各民族一律平等的实践路径

第一，坚持政治上一律平等，肃清陈腐观念。

随着全国各族人民在中国共产党领导下取得了革命胜利，建立了中华人民共和国，确立了社会主义制度，阶级压迫剥削的基础便被消灭，产生民族不平等的根源也被铲除，各民族在政治上的平等得以实现。但阶级社会遗留的以大汉族主义和狭隘民族主义为代表的腐朽观念却不可能随着社会主义制度的建立就立刻消失，而是还会在相当长的时期内存在于各民族一些成员的思想意识之中，成为破坏民族平等的重要阻碍。现如今随着互联网的深入发展，这些错误思想的传播范围更广、破坏力更甚，如果对其在思想领域的危害性置之不理，就有可能会对社会主义制度这一民族平等的政治根基产生冲击和威胁。正如习近平所指出的，“一个政权的瓦解往往是从思想领域开始的，政治动荡、政权更迭可能在一夜之间发生，但思想演化是个长期过程，思想防线被攻破了其他防线就很难守住”①。因此，要坚持各民族一律平等，就必须坚决与大汉族主义和狭隘民族主义做斗争，既要力图明辨是非，敢抓敢管、敢于亮剑，又要以正面宣传引导为主，旨在鼓足干劲、成风化人，在双管齐下中从正反两方面彻底肃清这些陈腐观念。

第二，保证法律上完全平等，杜绝民族特权。

中华人民共和国各民族一律平等是我国宪法总纲中的重要内容，规定了各民族在法律上具有平等的主体地位，即享有相同的权利，也承担相同的义务，这就意味着必须要杜绝民族特权。一方面，任何民族不得自恃力量强大而具有优越感，不承认弱小民族的存在，歧视弱小民族的文化；另一方面，历史上被压迫的民族或是弱小民族不得以自己的民族利益为首而在国家正常的帮扶政策之外提出损害国家整体利益的过分要求。总而言之，“我们反对压迫民族的特权和暴力，同时丝毫也不纵容被压迫民族谋求特权”②。需要指出的是，在社会主义条件下，一些少数民族享有国家所赋予的一些权利，例如，少数民族有自主管理本民族事务的权利、自由使用和发展本民族语言文字的权利、自愿保持或改革本民族风俗习惯的权利等，但是，这不是民族特权，而是国家在充分考虑少数民族属于少数，其

① 中共中央文献研究室．十八大以来重要文献选编：上．北京：中央文献出版社，2014：465.

② 马克思，恩格斯．列宁全集：第25卷．2版增订版．北京：人民出版社，2017：243.

权益容易被忽视或否认之特点的基础上制定的民族政策。依法保障少数民族的这些权利，恰恰是落实坚持各民族一律民族平等原则的重要体现。

第三，实现事实上基本平等，缩小发展差距。

虽然民族平等关涉政治、经济、社会生活的很多个场域，但其所追求的标准是一样的，那就是彼此在地位上、权力享有上、机会获得上及经济利益上不能存在歧视并要处于平等的状态①。然而不可否认的是，民族平等这一价值原则在地理位置、环境资源、开放程度等多种因素的复杂作用下，于现实中并未完全得到实现，发展落后的民族地区在实际生活中不能平等地享受应有的同等的权利，这就是民族间事实上的不平等。对此，习近平指出要突出事实层面的民族平等，从而赋予了这一原则更多切合时代需求的新内涵，抓住了消灭民族间事实上不平等的核心——从当地实情出发，结合自身特色加快民族地区经济发展、弥补落后民族地区发展差距。这就既需要看到民族地区地域广大、资源丰富的优势，充分挖掘潜力和优势，转变经济发展方式，发展民族特色经济，又需要认识到民族地区的局限性，从国家政策层面给予财政、技术和人力等方面的特殊支持，依据实际情况建立精准扶贫工作机制，确立精准脱贫方略和目标定位，同时要将精准扶贫成效纳入党政领导政绩考核评价体系，形成激励、惩治机制。最为重要的是，民族地区要抓住全面深化改革这一伟大的战略机会来发展自己，发挥主观能动性来创新发展思路，主动向改革要动力和活力。

三、牢固的思想基础：铸牢中华民族共同体意识

党的十九大报告指出，“要全面贯彻党的民族政策，深化民族团

① 金炳镐．民族理论通论．北京：中央民族大学出版社，2007：480.

结进步教育，铸牢中华民族共同体意识”[①]。中华民族共同体意识的本质是各民族成员对共有身份“中华民族”的认同意识，包括认知、情感和行为三个维度。认知维度指的是各民族成员既能认识到自己属于中华民族的一员并且了解中华民族的历史与文化，也能认识到中华民族“多元一体”这个特征；情感维度即各民族成员对中华民族这个集体身份的归属感；行为维度即传承中华民族文化、弘扬中华民族精神，以及维护中华民族大团结的实践倾向[②]。具体来看，其内容又可划分为“共建”“共担”“共享”三个方面，是推动国家治理的社会基础，是坚定文化自信的精神源泉，是以人民为中心执政理念的鲜明体现，是实现中华民族伟大复兴的思想基石。因此，在我国新的历史方位下，掌握铸牢中华民族共同体意识的时代作用，围绕“坚持不懈开展马克思主义祖国观、民族观、文化观、历史观宣传教育，打牢中华民族共同体思想基础，全面深入持久开展民族团结进步创建，加强各民族交往交流交融”[③] 来打通其实现渠道，是推动民族区域自治制度更加成熟定型、更好地把制度优势转化为治理效能的逻辑支点。

1. 铸牢中华民族共同体意识的时代作用

第一，为推动国家治理巩固基础。

国家治理现代化的议题是为了适应我国社会主要矛盾变化，统揽伟大斗争、伟大工程、伟大事业、伟大梦想，不断满足人民对美好生活的新期待，战胜前进道路上的各种风险挑战而提出的，本就包含着主权的独立、民族的兴盛、社会的稳定以及综合国力的强大等内容，而这些内容的实现都与以中华民族共同体意识为根基的中

---

① 习近平．决胜全面建成小康社会　夺取新时代中国特色社会主义伟大胜利：在中国共产党第十九次全国代表大会上的报告．北京：人民出版社，2017：40.

② 高承海．中华民族共同体意识：内涵、意义与铸牢策略．西南民族大学学报（人文社科版），2019，40（12）：24－30.

③ 中共中央关于坚持和完善中国特色社会主义制度　推进国家治理体系和治理能力现代化若干重大问题的决定．人民日报，2019－11－06（1）.

华民族的自身结构、凝聚状况、整合能力、建设机制等直接相关，受到中华民族共同体意识中包括凝聚状况、族际关系等关键要素的深刻影响，依托于中华民族共同体意识对国民整体性的有效塑造。中华民族共同体意识作为社会意识基础，承载着中国的悠久历史与灿烂文明，是现代中国国民之统一心理、观念、认识与记忆等身份认同的集合，支撑和决定着作为上层建筑的国家治理体系，并在社会生活的方方面面影响着国家治理效能的发挥，与国家治理在目标导向上完全一致，在制度体系上彼此支撑，在政治整合与社会治理的功能发挥上互相连通。因此，铸牢中华民族共同体意识，就是为推动国家治理巩固基础。

第二，为坚定文化自信指明方向。

中华民族共同体意识的实质是民族认同，而一方面，文化认同是民族认同的来源。“在 5 000 多年文明发展中孕育的中华优秀传统文化，在党和人民伟大斗争中孕育的革命文化和社会主义先进文化，积淀着中华民族最深层的精神追求，代表着中华民族独特的精神标识”①，具有守正创新的强大内聚力与创造力，使中华民族在长期的历史发展中保持了生生不息的自我修复能力，孕育了包含着共同的情感和理念、共同的梦想和精神的中华民族共同体意识。另一方面，也以形成和巩固民族认同为目标导向。在全球化飞速发展的今天，各个国家、各个地域、各个民族的文化不断交流碰撞，民族认同面临着国内国民信仰缺失带来的挑战和国外西方意识形态冲击带来的威胁，有可能会遭到一定程度的消解，从而产生以洋为尊、以洋为美、唯洋是从的趋向，出现去中国化、去历史化、去主流化的倾向。坚定文化自信，大力弘扬中华优秀传统文化、大力发展社会主义先进文化，为的就是坚守文化立场，增强文化认同，不断增强各族人民共同的精神力量，从而能够抵御思想文化领域内的多种风险，铸

① 习近平．习近平谈治国理政：第 2 卷．北京：人民出版社，2017：36.

牢和提升中华民族共同体意识。从这个意义上来说，铸牢中华民族共同体意识，就是为坚定文化自信指明方向。

第三，为开展民族工作肃清障碍。

团结稳定是福，分裂动乱是祸。一旦社会上出现不稳定因素，祖国统一和民族团结面临挑战，各方面工作都会受到不良影响。当前我们比历史上任何时期都更加接近中华民族伟大复兴的目标，但民族分裂活动、宗教极端活动和暴力恐怖活动依然存在。“中华民族与各民族的关系，是一个大家庭与家庭成员的关系；各民族之间的关系，是一个大家庭里不同成员间的关系。”① 这一认识是中华民族共同体意识的重要内容，它是历史的产物，历史以不争的事实证明，中华各民族都是大家庭中的成员，只有手足相亲、守望相助、并肩相伴才能捍卫祖国的统一和发展，才能使民族分裂、宗教极端和暴力恐怖分子在民族团结的力量下无处容身，任何民族间的隔阂与误解都有可能助长分裂势力和敌对分子的气焰。铸牢中华民族共同体意识，就是为开展民族工作肃清障碍。

第四，为实现民族复兴筑牢基石。

实现中华民族的伟大复兴是近代以来中华民族最伟大的梦想，正如习近平所强调的，“实现中华民族伟大复兴的中国梦是各民族大家的梦，也是我们各民族自己的梦”②，绝不是轻轻松松、敲锣打鼓就能实现，而是需要整个中华民族在相当长的时间内同心同德、齐心协力、团结奋斗、奋力拼搏才能完成的大业。毫无疑问，在这个过程中，我们不仅需要依靠物质力量迎接挑战、攻坚克难，我们还需要以更为强大的精神力量凝心聚力、迎难而上，中华民族共同体意识就是这样的力量。尤其是当中华民族在当前复杂的国内国际形势下面临道德和政治危机时，唯有民族共同体意识才能启发民族情

---

① 国家民族事务委员会．中央民族工作会议精神学习辅导读本．北京：民族出版社，2015：29.

② 习近平．中华民族一家亲　同心共筑中国梦．人民日报，2015-10-01（1）.

感、召唤民族理想，战胜为个人私利所扭曲的道德观，净化被金钱至上所污染的价值观。若没有中华民族共同体意识在“多元一体”的民族格局中充分激发各族人民共同建设社会主义事业的积极性和创造性，各民族团结奋斗的功能目标就会变模糊，理论支撑就会不稳固，实践指引就会偏方向，中华民族的伟大复兴就会成为无根之木、无源之水、无米之炊。可以说，铸牢中华民族共同体意识，就是为实现民族复兴筑牢基石。

2. 铸牢中华民族共同体意识的实现渠道

第一，以共同身份认同强化“共建”意识。

中华民族共同体意识中的“共建”意识，既形成于又作用于中华民族从“自在”走向“自觉”的历史过程中；既在现实维度中推进了作为客观自在的中华民族共同体的发展演进，又在意识维度上书写了作为主观自觉的中华民族共同体的文化图谱。这种意识由血缘传承和文化同质互构塑造，通过历史沿革和文化传统，强调了具有共同的民族情感、共同的利益交融和共同的文化意蕴之民族成员的血脉联系。其以中华民族命运相连、休戚与共的心理认知为群体归属，展示了“我们”与“他们”之间的历史和价值区分，天然地具有使异质民族难以渗入的身份识别功能，在现实中具象为各民族成员对共同身份的认同，是中华民族共同体意识生成的依托。要铸牢中华民族共同体意识，以共同身份认同强化“共建”意识是应有之义。这就需要我们切实增强对伟大祖国、中华民族和中国共产党的认同，既要怀揣着对伟大祖国之峥嵘岁月和光辉成就的认同，积极投身于国家经济、政治、文化、社会、生态文明建设中去，承担起维护国家统一、领土完整和民族团结的光荣使命，又要饱含着对中华民族饱经沧桑而又自强不息的认同，牢固树立正确的民族观，认清“多元”与“一体”的关系，自觉维护中华民族大团结，更要满含着对中国共产党历经曲折而又与时俱进的认同，全心全意地支持中国共产党做好民族工作。

第二，以共同民族梦想坚定“共担”意识。

中华民族共同体意识中的“共担”意识，来源于中华民族守望相助的历史传统和同舟共济、祸福与共的责任传承，集中体现在近代以来面临外来侵略时各个民族投身于救亡图存的行动之中，既反映了中华民族历史文化传承的精神基因，又突显了各民族成员担当起历史重任的思想自觉，在现实中表现为助益于中华民族伟大复兴中国梦的使命意识和责任意识，是中华民族共同体意识发展的动力。要铸牢中华民族共同体意识，以共同民族梦想坚定“共担”意识是必经之路。这就需要我们“把各族人民智慧和力量最大限度凝聚起来，同心同德为实现‘两个一百年’奋斗目标、实现中华民族伟大复兴的中国梦而奋斗”①。既要结合各民族地区的实际情况，大力加强民族团结宣传教育工作，使中华民族伟大复兴的中国梦深深扎根在各族人民心中，又要广泛开展民族团结进步创建活动，充分挖掘历史上和现实中各民族一起面对各种危机和挑战、共同投身中华民族伟大复兴中国梦的案例资源，表彰做出突出贡献的模范典型并广泛宣传其先进事迹，从而形成示范效应。更要能够妥善应对日益复杂的国际局势，善于打好网络主动仗，坚决同各种分裂势力做斗争，保证中华民族伟大复兴之“稳定与发展”的主旋律不被干扰。

第三，以共有精神家园厚植“共享”意识。

中华民族共同体意识中的“共享”意识，生发于长期的历史进程所形成的客观事实——当前我们所创造的一切物质文明和精神文明成果都是由中华民族成员共同开发和累积的，其不仅集中反映了各民族共同的劳动成果和智慧结晶，而且包含着民族成员对中华文化的深刻认同和高度自信，因而是基于民族整体发展基础之上的共

① 中央民族工作会议暨国务院第六次全国民族团结进步表彰大会在北京举行．人民日报，2014－09－30（1）．

有与分享。虽然其在现实中反映为对物质和文化两个方面的认同和追求，聚焦于对中华民族精神财富和物质财富的双重共享，但因为“一个没有精神力量的民族难以自立自强，一项没有文化支撑的事业难以持续长久”[①]，对历史文化记忆和现实文化形式所塑造的共有精神家园之共享意愿处于更深层、更根本、更具有决定性的地位。民族成员共同遵循的价值共识作为使各民族团结一心的精神纽带为各民族共享发展成果找准了利益契合点，这是中华民族共同体意识巩固的关键。要铸牢中华民族共同体意识，以共有精神家园厚植“共享”意识是必然选择。这就要求我们既要从丰富多彩、博大精深的各民族文化中汲取营养，深入挖掘、阐发传统的民本、仁爱、正义、诚信、求同等思想观念，建设社会主义核心价值体系并坚持以社会主义核心价值观引领思想方向，又要传承和保护各民族优秀传统文化，一方面加大对少数民族文化产业和事业的扶持力度，另一方面立足中华民族共有文化，坚持社会主义先进文化的发展方向，增强中华文化的凝聚力和吸引力，更要大力弘扬以爱国主义为核心的民族精神和以改革创新为核心的时代精神，引导各族人民把爱国情、强国志化为报国行，把中国精神凝为中国力量，从而在国家的发展和民族的兴盛中“共同享有人生出彩的机会，共同享有梦想成真的机会，共同享有同祖国和时代一起成长与进步的机会”[②]。

四、明确的现实目标：实现共同团结奋斗、共同繁荣发展

在长期的革命、建设和改革的伟大实践中，中国共产党将马克

① 中共中央文献研究室．十八大以来重要文献选编：上．北京：中央文献出版社，2014：280.

② 习近平．在第十二届全国人民代表大会第一次会议上的讲话．北京：人民出版社，2013：5.

思主义民族理论与中国民族问题的具体实际相结合，形成了具有中国特色的认识和处理民族问题的基本观点，认为民族问题的实质是发展问题，各民族应当共同团结奋斗、共同繁荣发展，这是当前中国共产党开展民族工作应着重把握的主题。其中共同团结奋斗是共同繁荣发展的路径和前提，共同繁荣发展是共同团结奋斗的导向和落点。通过共同团结奋斗所实现的共同繁荣发展包括四个方面的含义："一是各个民族的经济、政治、科技、教育、文化、卫生等事业高度发展。二是各个民族的优秀传统文化得到充分发扬。三是各个民族的身体素质、政治素质、道德素质、文化素质等达到现代文明的标准。四是各个民族之间的发展差距逐步缩小，实现全国性的协调发展。"① 因此，在我国新的历史方位下，理解实现共同团结奋斗、共同繁荣发展的重要意义，围绕"支持和帮助民族地区加快发展，不断提高各族群众生活水平"② 来明确其主要途径，是推动民族区域自治制度更加成熟定型、更好地把制度优势转化为治理效能的逻辑落脚点。

1. 实现共同团结奋斗、繁荣发展的重要意义

第一，符合民族自身发展的客观规律。

在马克思主义民族理论视域下，民族作为一种历史社会现象，会从产生到发展直至最终消亡，即全世界所有民族经过融合使得民族共同体作为客观事物不复存在，但这必须建立在世界上各个民族在长期交往中由于互相学习、取长补短而使民族特征和民族差别逐渐消失的前提之下，建立在各个民族实现充分发展而使所有人类融合成为一个没有民族界限的整体的基础之上。我国现如今仍处在并将长期处在社会主义初级阶段，虽然社会主义制度消除了民族间和

---

① 龚学增．民族宗教基本问题读本．成都：四川人民出版社，1999：105.

② 中共中央关于坚持和完善中国特色社会主义制度　推进国家治理体系和治理能力现代化若干重大问题的决定．人民日报，2019－11－06（1）.

民族内部的压迫和剥削，民族区域自治和其他的国家政治制度的实施赋予各族人民充分管理自身事务和国家事务的权利，但各民族之间的差距仍旧存在，并且还远未实现充分发展。因此，将实现各民族共同团结奋斗、共同繁荣发展作为当前民族工作的主题，符合民族自身发展的客观规律。

第二，解决民族问题挑战的必经之路。

古今中外之道，治国平天下在安民，安民之道在富民。“现阶段，我国的民族问题，比较集中地表现在少数民族和民族地区迫切要求加快经济文化的发展”①，也就是说，解决民族问题挑战的核心在于经由各民族共同团结奋斗实现共同繁荣发展，这不仅仅是一个经济问题，更是一个相当重要的政治问题。若发展落后的民族地区的状况长期得不到改变，必然会对党和国家的民族政策有所质疑，甚至会对社会主义的发展前景感到失望，对党的领导产生不信任的心理。此种失衡心理必然会反映到现实行动之中，影响民族团结，激化民族矛盾，给西方敌对势力以及境外民族分裂势力以可乘之机，对社会稳定、国家安全和祖国统一带来巨大的隐患。因此，将实现各民族共同团结奋斗、共同繁荣发展作为当前民族工作的主题，是解决民族问题挑战的必经之路。

第三，体现以人民为中心的内在要求。

“增进人民福祉、促进人的全面发展是我们党立党为公、执政为民的本质要求。”② 中国共产党自执政以来，就从全国各族人民群众的根本利益出发来谋发展、促繁荣，不断满足各族人民群众日益增长的物质文化生活需要，切实保障各民族人民群众的全方位权益，旨在让发展的成果惠及全国各族人民。习近平指出，“发展经济的根

---

① 国家民族事务委员会，中共中央文献研究室．民族工作文献选编．北京：中央文献出版社，2003：31.

② 中共中央关于坚持和完善中国特色社会主义制度　推进国家治理体系和治理能力现代化若干重大问题的决定．人民日报，2019－11－06（1).

本目的就是要让各族群众过上好日子”[①]，“全面实现小康，一个民族都不能少”[②]，这突出体现在党对提升民族素质和培养人才等教育事业的重视上，尤其是将教育经费向民族、边疆地区倾斜，改善办学条件，强化师资队伍，鼓励优秀人才投身民族地区的教育事业，为社会主义事业培养建设者和接班人。这是因为“民族的发展本质上是民族生存和演进的质量的提高，其中最根本的内容是民族素质的提高和优化”[③]。百年大计，教育为本，教育是推动民族地区发展的基础性工作，也是保障和改善民生、彰显以人为本发展思想的关键性工作，改变民族地区的面貌，根本上要靠教育。只有全国各个民族特别是少数民族的人民素质得到大幅改善，人才才可以不断涌现，才能从根本上提升落后民族地区的自我发展潜力，缩小各个民族之间的发展差距，为民族共同繁荣发展注入源源不断的活力。因此，将实现各民族共同团结奋斗、共同繁荣发展作为当前民族工作的主题，体现了以人民为中心的内在要求。

第四，彰显社会主义本质的必然选择。

能否经由各民族共同团结奋斗实现共同繁荣发展，是社会主义区别于资本主义以及其他社会形态的一个根本标志。在社会主义制度下，全体劳动者共同占有生产资料，在资本主义制度下，不从事劳动的少数人占有生产资料，这种生产资料占有形式的差别决定了社会主义的本质是解放生产力、发展生产力，消灭剥削，消除两极分化，最终达到共同富裕，这是建设社会主义的出发点和最终目的，其范围必然涵盖了全国各族人民，延伸至经济文化社会生活等方方面面。从根本上来看，各民族共同繁荣正是社会主义共同富裕这一本质在我国

---

① 中央民族工作会议暨国务院第六次全国民族团结进步表彰大会在北京举行．人民日报，2014-09-30 (1).

② 李斌，李自良．“全面实现小康，一个民族都不能少”：习近平总书记会见贡山独龙族怒族自治县干部群众代表侧记．光明日报，2015-01-23 (1).

③ 金炳镐．民族理论通论．北京：中央民族大学出版社，1994：134.

民族关系上的集中反映。但与共同富裕一样，我们不能将各民族共同繁荣理解为同步繁荣或同等繁荣，而是必将经历由一部分民族地区先繁荣起来而后经过互帮互助最终逐步缩小发展差距的动态历程，需要经过长时间的努力。因此，将实现各民族共同团结奋斗、共同繁荣发展作为当前民族工作的主题，是彰显社会主义本质的必然选择。

2. 实现共同团结奋斗、繁荣发展的主要途径

第一，统筹重大关系，促进民族地区良性发展。

“我国仍处于发展的重要战略机遇期，但面临的国际形势日趋错综复杂。我们要清醒认识国际国内各种不利因素的长期性、复杂性，妥善做好应对各种困难局面的准备。最重要的还是做好我们自己的事情，统筹研究部署，协同推进改革发展稳定各项工作，谋定而后动，厚积而薄发。”① 习近平对中部地区的这一判断同样适用于少数民族地区，在改革开放全面深化的新时代，要实现各民族共同团结奋斗、共同繁荣发展，就“必须坚持辩证唯物主义和历史唯物主义世界观和方法论，正确处理改革发展稳定关系”②，在三者的协调互动、全面统筹中促进民族地区的健康良性发展。2014 年 5 月，习近平在第二次中央新疆工作座谈会上强调，“社会稳定和长治久安是新疆工作的总目标”③，不局限于新疆，维护民族地区的稳定是当前中国民族工作的首要任务，必须“从制度、机制、政策、工作上积极推动社会矛盾预防化解工作”④，预防和减少社会矛盾、利益冲突的产生，维护社会总体上的和谐稳定。在稳定的基础之上，还应把改

① 习近平．贯彻新发展理念推动高质量发展　奋力开创中部地区崛起新局面．人民日报，2019－05－23（1）.

② 习近平．在庆祝改革开放 40 周年大会上的讲话．北京：人民出版社，2018：36.

③ 习近平．坚持依法治疆团结稳疆长期建疆　团结各族人民建设社会主义新疆．人民日报，2014－05－30（1）.

④ 习近平．切实维护国家安全和社会安定　为实现奋斗目标营造良好社会环境．人民日报，2014－04－27（1）.

革开放作为发展繁荣的动力和长期稳定的保障，抓住经济建设这个发展中心点，继续支持民族地区经济社会发展，确保如期全面建成小康社会。必须“以提高基本公共服务水平、改善民生为首要任务，以扶贫攻坚为重点，以教育、就业、产业结构调整、基础设施建设和生态环境保护为着力点”[①]，发挥中央、发达地区和民族地区三个积极性，统筹考虑社会发育程度、改革开放的深度、经济发展的速度等多个因素，走出一条健康良性的各民族共同发展繁荣之路。

第二，发挥特色优势，推动民族地区跨越发展。

习近平在2014年中央民族工作会议上指出，新中国成立以来，少数民族和民族地区得到了很大发展，但一些民族地区困难多，同全国一起实现全面建设小康社会的难度较大，因此需要加快发展，实现跨越发展，即民族地区在生产力落后的状态下借鉴和吸收生产力发达地区的先进经验和优秀成果，从而跨越或加速走完经济发展常规阶段，最终实现经济发展水平的整体跃升。虽然我国各民族的社会发展程度高低各异，现代化起点不尽相同，但少数民族地区在资源禀赋、地理环境、风土人情等方面具有天然的优势，是实现跨越式发展的有利因素，必须充分加以利用。这就要求我们既要基于地方的资源特色和产业基础发展特色产业，使之成为促进民族地区经济发展的重要支柱产业，以此来培育新的经济增长点，形成新的发展动能，又要充分依托特殊政策优势，降低民族地区经济发展的交易成本和要素成本，更要吸收先进地区互联网＋、大数据等技术革新经验，积极发展生物医药、特色旅游等第三产业，不断推进产业结构调整和升级。只有坚持将发挥特色和吸收经验结合起来，将国家扶持与自力更生统一起来，落后民族地区才能不断缩小发展差距，完成跨越式发展，最终实现各民族共同繁荣发展。

---

① 中共中央文献研究室．十八大以来重要文献选编：中．北京：中央文献出版社，2016：106.

第三，落实科学理念，确保民族地区持续发展。

在促进少数民族和民族地区跨越式发展中，我们必须认识到，跨越式发展是一项长期而又持久的任务，其不是竭泽而渔，不是拆东墙补西墙，更不是拿“绿水青山”换“金山银山”，而是在合乎发展客观规律的前提下充分发挥人的主观能动性作用，是以最小的代价换取最大的发展效果，以最先进的技术注入最有活力的发展动力，以最俭省的途径获得最醒目的发展结果。要实现这样的发展，就必须落实好诸如创新、协调、绿色等科学发展理念，在其指引下结合民族地区实际情况因地制宜地开展民族工作，否则就是在错误的方向上越走越远，势必会影响到民族地区的持续发展，损害各民族共同团结奋斗的热情，阻碍各民族共同繁荣发展的实现。在落实创新发展理念时，我们既要依托资源优势和地理区位积极进行原创科技成果研发，用科技为民族地区发展注入活力，也要考虑到现实因素，可以采取先引进发达地区先进经验、设备、技术和产品再加强对民族地区科研人员的培训和培养的做法，以此来节约研发成本和时间。在落实协调发展理念时，我们既要在促进民族地区总体发展的前提下，突出强调广大农村的发展，又要在推动民族地区物质文明建设的同时，抓好民族地区的精神文明建设。在落实绿色发展理念时，既要发挥优美自然环境优势，打造民族地区旅游品牌，大力发展旅游业，又要注重生态治理和保护，以当地的环境承载力为基础，以遵循自然规律的方式去推动生产力的发展，而不是走先污染再治理的老路。

不断解放和发展社会生产力

基本经济制度是经济制度体系中具有长期性和稳定性的部分，对经济制度属性和经济发展方式具有决定性影响。党的十九届四中全会审议通过的《决定》明确指出，公有制为主体、多种所有制经济共同发展，按劳分配为主体、多种分配方式并存，社会主义市场经济体制等社会主义基本经济制度，既体现了社会主义制度优越性，又同我国社会主义初级阶段的社会生产力发展水平相适应，是党和人民的伟大创造。《决定》将社会主义分配制度与社会主义市场经济体制上升为基本经济制度，是我们党的重大理论创新，是对社会主义基本经济制度内涵做出的重要发展和深化，为推动我国经济高质量发展提供了更加成熟、更加稳定的制度支撑。

马克思认为，所有制反映的是人类从事生产活动中历史地形成的经济关系，是整个生产关系体系的基础和核心。不同的生产资料所有制决定了不同要素所有者在生产中的地位和相互关系，进而决定了他们之间的分配方式和分配关系。同时，马克思也非常重视分析所有制与商品交换的关系，强调作为市场主体的人在商品经济（其发达形态是市场经济）中的重要作用。《决定》对社会主义基本经济制度所做出的新概括，是对马克思主义理论的继承与创新，是改革开放理论与实践创新的重要成果，是新时代经济改革发展的根本遵循。在社会主义初级阶段，坚持公有制为主体、多种所有制经济共同发展，坚持按劳分配为主体、多种分配方式并存，把社会主义制度和市场经济有机结合起来，不断解放和发展社会生产力，既符合新时代我国经济社会不断向前稳步发展的内在要求，也符合我国社会主义基本经济制度发展完善的内在要求。

一、我国社会主义基本经济制度的发展历程

1. 我国社会主义所有制的发展历程

（1）建立国营经济领导下的新型经济制度。

新中国成立之前，以毛泽东同志为主要代表的中国共产党人就已经开始了对社会主义所有制的早期探索。毛泽东在1945年的《论联合政府》中提出新民主主义国家制度在经济领域的总体架构，指出："在现阶段上，中国的经济，必须是由国家经营、私人经营和合作社经营三者组成的……在新民主主义的国家制度下，除了国家自己的经济、劳动人民的个体经济和合作社经济之外，一定要让私人资本主义经济在不能操纵国民生计的范围内获得发展的便利，才能有益于社会的向前发展。"① 在1949年3月召开的党的七届二中全会上，毛泽东明确地提出对私人资本主义经济实行"利用"和"限制"的政策；同时认为，对资本主义要"采取恰如其分的有伸缩性的限制政策"②。随着新民主主义经济建设纲领和方针政策的全面实施，我国初步建立了国营经济领导下的合作社经济、个体经济、私人资本主义经济和国家资本主义经济五种经济成分并存的经济制度，实现了所有制关系的第一次历史性飞跃，使当时国内的工农业生产得到迅速恢复和发展。

---

① 毛泽东．毛泽东选集：第3卷．2版．北京：人民出版社，1991：1058-1061.

② 毛泽东．毛泽东选集：第4卷．2版．北京：人民出版社，1991：1431.

（2）确立公有制为基础的社会主义经济制度。

1956年以后，随着我国国民经济的恢复发展和社会主义三大改造的基本完成，在我国国民经济体系中，全民所有制和集体所有制经济开始占据主体地位，原有的五种经济成分逐步转变成单一的公有制经济成分。受当时历史条件下党对于社会主义经济建设基本规律的认识以及苏联模式的影响，“由目前复杂的经济结构的社会过渡到单一的社会主义经济结构的社会”① 被认为是实现社会主义的正确道路，在整个社会实行集中统一的计划经济被认为是社会主义区别于资本主义的根本属性和特征。高度集中的计划经济体制在特定的历史环境下曾经发挥过显著优势，但是在具体实践中也随之出现了在经济上管得过多、统得过死的问题。在中共八大上，陈云提出“三个主体、三个补充”的思想，即：在工商业经营方面，国家经营和集体经营是主体，个体经营是补充；在生产计划方面，计划生产是主体，自由生产是补充；在社会主义的统一市场里，国家市场是主体，国家领导下的自由市场是补充。1956年12月7日，毛泽东在《同民建和工商联负责人的谈话》中针对当时社会主义改造基本完成后存在的一些问题指出，“现在社会物资还不充足”，因此“可以搞国营，也可以搞私营”，可以实行“消灭了资本主义，又搞资本主义”的“新经济政策”②。但是，这些思想或主张都没能融入国家长期性的经济制度设计中，故没能发挥真正的作用。一直到改革开放前，全民所有制经济在我国占主导地位，国有资产长期处于粗放的分布状态，生产组织形式单一，国有企业经营僵化，生产效率普遍低下，社会主义公有制经济缺乏发展动力。

（3）所有制改革不断走向深化。

改革开放以来，我国以马克思主义所有制理论为基础，打破原

① 刘少奇．刘少奇选集：下卷．北京：人民出版社，1985：142.
② 毛泽东．毛泽东文集：第7卷．北京：人民出版社，1999：170.

来的单一所有制结构，构建起与社会主义初级阶段生产力发展水平相适应的基本经济制度，深化了对公有制经济与非公有制经济二者关系的认识。党的十一届三中全会后，我们党在指导思想上实行拨乱反正，破除了所有制问题上的传统观念束缚，制定了以公有制为主体、多种经济成分共同发展的方针。党的十二大基于我国生产力发展水平总体比较低又很不平衡的现实判断，提出在很长时期内需要各种经济形式同时并存，并将个体经济确认为公有制经济的补充。党的十三大则进一步确认私营经济、中外合资合作企业和外商独资企业等非公有制经济都是公有制经济必要的和有益的补充。非公有制经济在这一时期作为补充性要素逐渐被吸纳到我国经济体制改革的主线中来。

1997 年，党的十五大将“公有制为主体、多种所有制经济共同发展”正式确立为我国的基本经济制度。1999 年的《中华人民共和国宪法修正案》明确了“国家在社会主义初级阶段，坚持公有制为主体、多种所有制经济共同发展的基本经济制度”[①]。党的十六大首次提出“两个毫不动摇”，即“毫不动摇地巩固和发展公有制经济，毫不动摇地鼓励、支持和引导个体、私营等非公有制经济发展”[②]。这一时期我国的所有制改革侧重对公有制经济的结构优化和非公有制经济的鼓励、支持和引导，公有制经济和非公有制经济都逐渐呈现出繁荣有序的发展面貌。

党的十七大以后，我国对社会主义所有制改革的重心转移到政策和法律层面来，主要着力解决公有制经济与非公有制经济在要素使用、市场竞争和法律保护等方面的平等性问题。党的十七大强调，要“坚持平等保护物权，形成各种所有制经济平等竞争、

---

① 中共中央文献研究室．十五大以来重要文献选编：上．北京：人民出版社，2000：808.

② 中共中央文献研究室．十六大以来重要文献选编：上．北京：人民出版社，2005：183.

相互促进新格局”[①]。党的十八大进一步明确“推动国有资本更多投向关系国家安全和国民经济命脉的重要行业和关键领域，不断增强国有经济活力、控制力、影响力”，同时要“保证各种所有制经济依法平等使用生产要素、公平参与市场竞争、同等受到法律保护”[②]。

党的十八届三中全会提出了“两个都是”和“两个不可”，即“公有制经济和非公有制经济都是社会主义市场经济的重要组成部分，都是我国经济社会发展的重要基础”，以及“公有制经济财产权不可侵犯，非公有制经济财产权同样不可侵犯”[③]。此外，还强调要“积极发展混合所有制经济”，首次提出“国有资本、集体资本、非公有资本等交叉持股、相互融合的混合所有制经济，是基本经济制度的重要实现形式”[④]。党的十八届四中全会强调“健全以公平为核心原则的产权保护制度，加强对各种所有制经济组织和自然人财产权的保护”[⑤]，强调在市场竞争中消弭所有制歧视，充分发挥各种所有制经济的活力。党的十九大重申了“两个毫不动摇”原则，做出了“深化国有企业改革，发展混合所有制经济”和“支持民营企业发展，激发各类市场主体活力”[⑥] 的重大论断，推动公有制经济与非公有制经济相互融合发展。党的十九届四中全会进一步提出，要“探索公有制的多种实现形式”，“发展混合所有制经济”，“做强做优做大国有资本”；同时也要“促进非公有制经济健康发展”，为各种所有制经济营造“平等使用资源要素、公开公平公正参与竞争、同

① 中共中央文献研究室．十七大以来重要文献选编：上．北京：人民出版社，2009：20.

② 中共中央文献研究室．十八大以来重要文献选编：上．北京：人民出版社，2014：16.

③ 同②515.

④ 同②500.

⑤ 中国共产党第十八届中央委员会第四次全体会议文件汇编．北京：人民出版社，2014：31.

⑥ 中国共产党第十九次全国代表大会文件汇编．北京：人民出版社，2017：27.

等受到法律保护的市场环境”[①]。全会对坚持和完善公有制为主体、多种所有制经济共同发展提出了更加明确的要求。

改革开放以来，随着对社会主义初级阶段理论及所有制理论认识的逐步深入，公有制经济含义和主体地位以及实现形式日渐明晰，公有制经济经过“放权让利”“承包责任制”“股份制”等一系列改革，实现了从绝对垄断到合理布局的战略性调整，非公有制经济则逐步获得了更加广阔的成长空间，在我国社会主义经济建设中发挥着越来越重要的作用。在总体认识上，我国经历了一个为什么选择以公有制为主体、多种经济成分共同发展到怎样实现公有制为主体，多种所有制经济共同发展的过程；在实践上，我国经历了一个从宏观体制建构到微观机制优化的过程。公有制经济和非公有制经济之间在机理上相互协调，在功能上相互补充，构成了我国社会主义所有制结构变迁的生动图景。

2. 我国社会主义分配制度的发展历程

（1）初步探索：建立按劳分配为主的分配制度。

在社会主义改造时期，分配制度改革的主要任务是改造资本主义，均衡分配比例，改变原有的分配格局。当时，一方面，通过工人自产自赎，逐步削减资本这一生产要素在收入分配中的占有比例，提高国家和个人的分配比例；另一方面，还采取了公私合营、全部出原料收产品的加工订货和只收大部产品等国家资本主义的形式进行赎买，来调节分配比例。这些举措推动了由原来的按资分配逐步向按劳分配与按资分配并举的分配方式转变，不断削减了资本在收入分配中的占有比例，最终建立起按劳分配为主的社会主义分配制度。

---

① 中共中央关于坚持和完善中国特色社会主义制度 推进国家治理体系和治理能力现代化若干重大问题的决定．人民日报，2019－11－06（1）．

社会主义改造完成后，我国逐步形成了高度集中的计划经济体制。这一时期，我国分配制度的主要特点是工人工资等级化、农民收入工分化，平均主义分配制度在城市和农村逐渐盛行。当时，在大部分全民所有制经济企业中实行八级工资制。工资等级、工资标准、工资水平均由国家制定，同一部门、产业、行业的工资等级、工资标准基本上都一样。企业职工的工资完全由工资等级决定，只要工资级别相同，无论经济效益如何，都拿同样的工资。在农村，随着人民公社的建立，劳动成果分配工分化成为衡量农民劳动贡献的重要方式。在农村集体经济组织（生产队或生产大队）中，农民按工分取得劳动报酬，工分的衡量方式则主要取决于劳动时间而不是劳动效率。在既定的时间下，劳动效率的大小对农民的收入水平不产生影响。“文化大革命”时期，极左思潮更加助长了分配领域中平均主义的泛滥。绝对平均化的分配制度，违背了生产关系要适应生产力发展的客观规律，阻碍了生产力的发展，遏制了生产要素的积极性，导致生产效率低下；过于压抑的经济建设环境也造成大量技术和管理人才的流失。

（2）日渐成熟：分配制度革新与改革开放相适应。

改革开放以后，针对计划经济时期“吃大锅饭、搞平均主义”的分配方式导致劳动者缺乏劳动积极性、生产效率低下的状况，我国分配制度改革率先以农村为突破口，按照劳动的数量和质量计算劳动报酬，多劳多得，少劳少得，不劳动者不得食，从而克服平均主义。党的十一届三中全会后，家庭联产承包责任制在我国农村普遍推开，农业经营体制根本转变，形成了新的“交够国家的，留足集体的，剩下的都是自己的”分配方式。在城市分配制度改革方面，党的十二届三中全会提出了建立责权利相结合、国家集体个人利益相统一、职工劳动所得同劳动成果相联系的以承包为主的多种形式的经济责任制，为我国多种收入分配方式的形成创造了条件。党的十二届三中全会以后，随着改革的深入，中央在国有企业工资管理体制、机关事业单位的工资制度、开征个人收入调节税等三个方面，采取一系列重大举措，打破单一的按劳分配方式，个体劳动收入、利息收入、股份分红收入及其他非劳动收入的出现提供了便利。在党的十三大提出社会主义初级阶段基本路线和以按劳分配为主体、其他分配方式为补充的分配原则后，合法的非劳动收入及体现效率前提下兼顾公平的政策主张在社会上得到普遍认可。

随着党的十四大对我国建立社会主义市场经济体制改革目标的确立，我国分配制度改革也由此进入一个新的发展阶段，即建立同社会主义市场经济体制相协调的分配方式及分配原则。党的十四大明确提出，“在分配制度上，以按劳分配为主体，其他分配方式为补充，兼顾效率与公平”[①]。同时，党的十四大还把深化分配制度改革作为加速改革开放、推动经济社会协调发展与全面进步必须努力实现的事关全局的重要任务之一，要求逐步建立起符合企事业单位和机关特点的工资制度和正常的工资增长机制，加快推进工资制度改革。为了贯彻落实这些改革任务，党的十四届三中全会明确提出了“个人收入分配要坚持以按劳分配为主体、多种分配方式并存的制度，体现效率优先、兼顾公平的原则”[②]。党的十五大发展了十四届三中全会提出的“允许属于个人的资本等生产要素参与收益分配”的思想，把其他分配方式科学地概括为“按生产要素分配”，解决了其他生产要素能否参与收入分配的问题，明确指出要把按劳分配与按生产要素分配相结合。党的十六大在经济建设和经济体制改革层面明确提出了劳动、资本、技术和管理等生产要素按其贡献大小参与分配，从根本上回答了生产要素参与收入分配的问题，进一步完善了按劳分配为主体、多种分配方式并存的分配制度，同时提出我国分配制度改革要以共同富裕为目标，扩大中等收入

① 江泽民．江泽民文选：第1卷．北京：人民出版社，2006：227.

② 中共中央文献研究室．十四大以来重要文献选编：上．北京：人民出版社，1996：534.

者的比重，提高低收入者的收入水平，明确了我国收入分配格局的调整方向。

（3）调整深化：构建合理有序的分配格局。

按生产要素分配的实践，虽然极大地促进了效率，但同时也导致了公平严重失衡的问题。对此，党的十七大从初次分配、再次分配两个层面，有针对性地提出了解决收入差距过大的思路和政策要点、着力点，进一步深化收入分配制度改革，“初次分配和再分配都要处理好效率和公平的关系，再分配要更加注重公平”①。党的十七届五中全会在十七大的基础上又进一步指出，要努力提高居民收入在国民收入分配中的比重、劳动报酬在初次分配中的比重，合理调整收入分配关系。分配制度的深化改革，一方面巩固了我国分配制度建立的成果，同时更加完善了分配制度框架下实施的各项政策，对人民生活水平的提高具有积极的促进作用。

党的十八届三中全会为进一步加快推进收入分配制度改革进行了顶层设计与战略部署，明确提出我国收入分配改革的目标就是构建合理有序的收入分配格局。一是形成市场化机制和效率导向的初次分配格局，二是形成政府调节和公平正义的再分配格局，三是形成一体化发展导向的城乡收入分配格局，四是形成规范化透明化导向的收入分配秩序格局，五是形成科学高效导向的分配管理格局，六是形成激励导向的分配制度格局。党的十九大报告提出要贯彻共享发展新理念，坚持公平正义，推动收入分配体制机制改革和创新，促进收入分配更合理、更有序，是我国进入新时代以来收入分配制度改革的又一重大发展。报告中特别提出，要逐步完善再分配和公共服务均等化建设，发挥公共政策和转移支付等手段对收入差距的调节作用，履行好政府再分配调节职能，加快推进基

① 中共中央文献研究室．十七大以来重要文献选编：中．北京：中央文献出版社，2011：457.

本公共服务均等化，加快实施精准脱贫，缩小收入分配差距，全面建成覆盖全民、城乡统筹、权责清晰、保障适度、可持续的多层次社会保障体系。

要坚持按劳分配原则，努力探索按劳分配的实现方式、实现机制，发挥按劳分配在公有制经济中鼓励劳动创造、调动劳动者积极性的作用；要健全劳动、资本、土地、知识、技术、管理、数据等要素参与分配的机制；要增加劳动者特别是一线劳动者劳动报酬，提高劳动报酬在初次分配中的比重；要鼓励勤劳致富，保护合法收入，增加低收入者收入，扩大中等收入群体，调节过高收入，清理规范隐性收入，取缔非法收入，促进收入分配更合理、更有序，缩小收入差距；要健全再分配调节机制，强化税收调节，完善直接税制度并逐步提高其比重；要重视发挥第三次分配作用，发展慈善等社会公益事业；要完善相关制度和政策，合理调节城乡、区域、不同群体间分配关系。从总体上来说，我国收入分配制度已经逐步朝着完善分配制度和宏观分配政策顶层设计相结合的方向发展，朝着解决不合理差距和形成合理有序分配格局的方向发展。

3. 我国社会主义市场经济体制的发展历程

（1）突破单一的计划经济观念。

新中国成立之后，尤其是社会主义改造完成之后，我国逐步建立起高度集中的计划经济体制，这种体制在社会主义建设初期曾发挥了十分积极的作用，但也存在不少弊端。面对高度集中的计划经济体制已不能适应我国生产力发展要求的现实情况，党的十一届三中全会指出，应该有领导地大胆下放权力，让地方和工农业企业在国家统一计划的指导下有更多的经营管理自主权；应该坚决实行按经济规律办事，重视价值规律的作用。1979 年 3 月 8 日，陈云在一份题为《计划与市场问题》的提纲中指出，中国的计划经济工作制度中出现的主要缺点是“只有‘有计划按比例’这一条，没有在社会主义制度下还必须有市场调节这一条”[①]，提出社会主义时期必须有计划经济和市场调节，“在今后经济的调整和体制的改革中，实际上计划与市场这两种经济的比例的调整将占很大的比重”[②]。1979 年 4 月 5 日，李先念在中央工作会议上指出，以计划经济为主，同时充分重视市场调节的辅助作用应当是我国经济管理体制改革遵循的方向和原则之一。1979 年 11 月 26 日，邓小平会见外宾时说：“社会主义为什么不可以搞市场经济，这个不能说是资本主义。我们是计划经济为主，也结合市场经济，但这是社会主义的市场经济”，“社会主义也可以搞市场经济”[③]。他着重强调了市场在社会主义经济体制下存在的合理性和合法性，对于我国经济体制改革具有开创性意义。

党的十一届六中全会通过的《关于建国以来党的若干历史问题的决议》强调必须在公有制基础上实行计划经济，同时发挥市场调节的辅助作用。党的十二大进一步强调“正确贯彻计划经济为主、市场调节为辅的原则，是经济体制改革中的一个根本性问题”[④]，并就我国经济体制进行了阐释：“我国在公有制基础上实行计划经济。有计划的生产和流通，是我国国民经济的主体。同时，允许对于部分产品的生产和流通不作计划，由市场来调节，也就是说，根据不同时期的具体情况，由国家统一计划划出一定的范围，由价值规律自发地起调节作用。这一部分是有计划生产和流通的补充，是从属的、次要的，但又是必需的、有益的。”[⑤]“计划经济为主、市场调节为辅”的原则打破了过去政府大包大揽的模式，逐步扩大地方和企业自主权，改善权力过于集中的问题，同时在一定范围内允许市场

---

① 陈云．陈云文选：第 3 卷．2 版．北京：人民出版社，1995：245.

② 同①247.

③ 邓小平．邓小平文选：第 2 卷．2 版．北京：人民出版社，1994：236.

④ 中共中央文献研究室．十二大以来重要文献选编：上．北京：人民出版社，1986：23.

⑤ 同④22.

来调节商品生产和流通，进一步发挥价格规律的作用，体现了按经济规律办事的总体目标。

（2）建立社会主义市场经济基本框架。

党的十四大明确提出："我国经济体制改革的目标是建立社会主义市场经济体制，以利于进一步解放和发展生产力。"① 大会强调社会主义市场经济体制是同社会主义基本制度结合在一起的，要正确认识和处理计划与市场的关系。党的十四届三中全会通过了《中共中央关于建立社会主义市场经济体制若干问题的决定》，把社会主义市场经济体制的基本框架勾画为"一个基石"和"五大支柱"："一个基石"是指以公有制为主体、多种经济成分共同发展的方针，"五大支柱"则代表现代企业制度、市场体系、宏观调控体系、收入分配制度和社会保障制度这五项重要制度和体系。"一个基石""五大支柱"之间相互联系又相互制约，共同构成社会主义市场经济体制的有机整体。

党的十五大强调，"建设有中国特色社会主义的经济，就是在社会主义条件下发展市场经济，不断解放和发展生产力。这就要坚持和完善社会主义公有制为主体、多种所有制经济共同发展的基本经济制度；坚持和完善社会主义市场经济体制，使市场在国家宏观调控下对资源配置起基础性作用；坚持和完善按劳分配为主体的多种分配方式，允许一部分地区一部分人先富起来，带动和帮助后富，逐步走向共同富裕"②。党的十五大丰富了社会主义市场经济理论，深入、具体阐释了社会主义市场经济体制的一系列问题，提出了建立比较完善的社会主义市场经济体制的课题。

① 中共中央文献研究室．十四大以来重要文献选编：上．北京：人民出版社，1996：18.

② 中共中央文献研究室．十五大以来重要文献选编：上．北京：人民出版社，2000：18－19.

（3）社会主义市场经济体制建设不断取得新进展。

进入 21 世纪以后，我国社会主义市场经济体制不断完善，市场在资源配置中所扮演的重要角色越来越受到重视，党对于政府与市场关系的认识也在逐步深化。党的十六届三中全会提出，要“更大程度地发挥市场在资源配置中的基础性作用，增强企业活力和竞争力”，同时也要“健全国家宏观调控”[①]。党的十七大则进一步提出，“要深化对社会主义市场经济规律的认识，从制度上更好发挥市场在资源配置中的基础性作用”[②]。党的十八大提出，要“更大程度更广范围发挥市场在资源配置中的基础性作用，完善宏观调控体系，完善开放型经济体系，推动经济更有效率、更加公平、更可持续发展”[③]。

党的十八届三中全会提出，要“正确处理政府和市场关系，更加尊重市场规律，坚持使市场在资源配置中起决定性作用”[④]，把市场在资源配置中的“基础性作用”的表述提升为“决定性作用”，是党对中国特色社会主义建设规律认识的一个新突破，标志着社会主义市场经济发展进入了新阶段。党的十九大在前者的基础上再一次强调，要“使市场在资源配置中起决定性作用，更好发挥政府作用”[⑤]。党的十九届四中全会则首次将社会主义市场经济体制纳入社会主义基本经济制度的范畴，并列举了加快完善社会主义市场经济体制的几大措施，是对改革开放四十多年特别是党的十八大以来经济发展成就和经验的一个科学总结，是习近平新时代中国特色社会

① 中共中央文献研究室．十六大以来重要文献选编：上．北京：人民出版社，2005：465.

② 中共中央文献研究室．十七大以来重要文献选编：上．北京：人民出版社，2009：17.

③ 中共中央文献研究室．十八大以来重要文献选编：上．北京：人民出版社，2014：15.

④ 同③889.

⑤ 习近平．决胜全面建成小康社会　夺取新时代中国特色社会主义伟大胜利：在中国共产党第十九次全国代表大会上的报告．北京：人民出版社，2017：21.

主义经济思想的重要创新和发展。

二、我国社会主义基本经济制度的主要内涵

1. 我国社会主义所有制的主要内涵

（1）对马克思所有制理论的继承。

所有制最初是个法学意义上的概念。古典经济学家把这个概念当作人类活动先验的前提条件，并不放在经济学范畴中进行讨论。马克思运用历史唯物主义的方法，第一次把所有制与所有权区分开来，并科学界定了二者的概念范畴，讨论了二者的区别和联系。马克思认为，所有制是经济范畴，反映的是人类从事生产活动历史地形成的经济关系，是整个生产关系体系的基础和核心。而所有权是法律范畴，是所有制的法律体现，强调的是财产归谁所有的法律制度。另外，马克思把生产资料所有制从一般的财产所有制中分离出来，把生产资料所有制视为社会经济关系的决定性因素。

根据历史唯物主义的观点，人类要生存和发展，必须进行物质资料的生产，生产是第一位的。劳动者与生产资料相结合是一切生产活动的出发点，人们相互之间围绕生产资料结成了一定的经济关系。所有制不仅反映人与物的关系，还反映人与物的关系背后的人与人的关系，如生产资料的占有关系、生产资料与劳动者的结合关系、生产资料所有者与劳动者的利益关系等等。其中，建立在一定生产力水平上、以特定的生产资料占有关系为前提形成的生产资料与劳动者结合的社会方式，是区分不同经济社会制度性质的关键要素。马克思特别强调生产资料与劳动者结合的特殊方式和方法对区分不同社会制度的重要性。他认为，“不论生产的社会的形式如何，劳动者和生产资料始终是生产的因素。但是，二者在彼此分离的情况下只在可能性上是生产因素。凡要进行生产，它们就必须结合起来。实行这种结合的特殊方式和方法，使社会结构区分为各个不同

的经济时期”[1]。

马克思对未来社会的设想，是要最终实现物质生产领域的“自由”，即“社会化的人，联合起来的生产者，将合理地调节他们和自然之间的物质变换，把它置于他们的共同控制之下，而不让它作为一种盲目的力量来统治自己；靠消耗最小的力量，在最无愧于和最适合于他们的人类本性的条件下来进行这种物质变换”[2]。但是他也指出，在社会主义初级阶段，不可避免地保留着前社会主义的各种生产方式。要使物质生产过程成为自由联合的人的产物，“需要有一定的社会物质基础或一系列物质生存条件”[3]；在社会主义初级阶段，主要任务就是要发展生产力。马克思在《资本论》中将股份公司视为私人资本社会化的途径，是向新的所有制演变的“过渡点”或“过渡形式”。因此他提出，“资本主义的股份企业，也和合作工厂一样，应当被看做是由资本主义生产方式转化为联合的生产方式的过渡形式”[4]，“是再生产过程中所有那些直到今天还和资本所有权结合在一起的职能转化为联合起来的生产者的单纯职能，转化为社会职能的过渡点”[5]。马克思关于股份制的探讨可以用来说明现阶段的股份制经济的产权特征、功能及运行机制，为我国坚持公有制为主体、多种所有制经济共同发展的基本经济制度，特别是发展混合所有制经济，提供了重要的理论参考。

（2）当代中国所有制理论的运用和发展。

新中国成立之后，中国共产党对马克思主义所有制理论非常重视。在社会主义改造时期、社会主义建设时期、改革开放新时期，中国共产党始终把马克思主义所有制理论与中国革命和建设的具体

---

① 马克思，恩格斯．马克思恩格斯文集：第6卷．北京：人民出版社，2009：44.

② 马克思，恩格斯．马克思恩格斯文集：第7卷．北京：人民出版社，2009：928.

③ 马克思，恩格斯．马克思恩格斯文集：第5卷．北京：人民出版社，2009：97.

④ 同②499.

⑤ 同②495.

实际相结合，并取得了显著成效，特别是党的十一届三中全会以来，更是坚持马克思主义基本原理，一切从实际出发，解放思想，实事求是，与时俱进，大胆创新，在所有制方面不断有新的突破，取得新的理论成果，形成了具有中国特色的社会主义所有制理论。

《决定》对我国所有制领域的改革提出了三点新的要求，为完善具有中国特色的社会主义所有制理论指明了新的前进方向。第一是继续毫不动摇巩固和发展公有制经济，要“探索公有制多种实现形式，推进国有经济布局优化和结构调整，发展混合所有制经济，增强国有经济竞争力、创新力、控制力、影响力、抗风险能力，做强做优做大国有资本”。第二是继续毫不动摇鼓励、支持、引导非公有制经济发展，要“健全支持民营经济、外商投资企业发展的法治环境，完善构建亲清政商关系的政策体系，健全支持中小企业发展制度，促进非公有制经济健康发展和非公有制经济人士健康成长”。要“营造各种所有制主体依法平等使用资源要素、公开公平公正参与竞争、同等受到法律保护的市场环境”。第三是针对推进农村经济体制改革和实现农民增收的现实需要而提出的，即要“深化农村集体产权制度改革，发展农村集体经济，完善农村基本经营制度”①。这些新的要求，对于优化我国的所有制结构，坚持好、巩固好、完善好、发展好我国社会主义基本经济制度，更好地激发各类市场主体的活力和创造力，具有非常重要的意义。

2. 我国社会主义分配制度的主要内涵

（1）按劳分配为主体。

我国社会主义分配制度坚持按劳分配为主体，充分反映了社会主义的本质要求。按劳分配是社会主义的分配原则，体现着分配领

① 中共中央关于坚持和完善中国特色社会主义制度　推进国家治理体系和治理能力现代化若干重大问题的决定．人民日报，2019－11－06（1）．

域中的社会主义性质，有利于消除两极分化，实现共同富裕。马克思曾明确指出，在新社会制度中，“社会生产力的发展将如此迅速，……生产将以所有的人富裕为目的”①。“共同富裕”是社会主义的本质特征和根本目标，是社会主义制度最大的优越性。同时，党在社会主义初级阶段的经济建设实践中也已经深刻认识到，贫穷不是社会主义，平均主义不是社会主义，贫富两极分化也不是社会主义。我们所要建立的社会主义分配制度必须是一种既能促进生产力发展，调动劳动者积极性，又能保障公平，防止贫富两极分化的制度。因此，在坚持按劳分配为主体的同时，也要允许和鼓励资本、土地、知识、技术、管理、数据等其他生产要素参与分配，调动各方面要素参与经济社会建设。只有这样的分配制度才能够既解放和发展生产力，发挥全社会的创造活力，同时又能够保证共同富裕目标的真正实现。

（2）坚持生产要素按贡献参与分配。

在社会主义初级阶段，劳动、资本、土地等生产要素在生产力发展中具有重要作用，同时知识、技术、管理、数据等生产要素发挥的作用越来越大。因此，为了调动各方面的积极性，促进生产力的发展，要让一切劳动、知识、技术、管理、资本等生产要素的活力竞相迸发，让一切创造社会财富的源泉充分涌流，就必须建立按劳分配为主体、多种分配方式并存的分配制度，保障各种生产要素参与收入分配，获得相应的收益，这样才能充分利用各种要素资源，提高资源配置的效率，充分释放发展经济的潜力。《决定》将土地首次纳入参与分配的生产要素，旨在进一步提高农民的财产性收益，比如加快农村宅基地制度改革、农村集体土地直接入市等，有利于缩小城乡居民收入差距；将知识和数据首次纳入参与分配的生产要素，则是基于经济高质量发展和创新驱动发展的需要，有利于推动

① 马克思，恩格斯．马克思恩格斯文集：第8卷．北京：人民出版社，2009：200.

大数据、人工智能等高科技行业的发展，体现了在数字经济快速发展背景下社会主义基本经济制度的与时俱进。

(3) 注重效率与公平相结合。

进入新时代，在人民收入普遍提高的同时，收入分配领域也存在一些亟待解决的突出问题，如收入差距扩大问题、收入分配秩序不规范问题、部分群众生活比较困难问题。解决这些问题，必须进一步改革完善分配制度，促进收入分配更合理、更有序，让改革发展成果更多更公平惠及全体人民，朝着实现全体人民共同富裕不断迈进。实现共同富裕，从根本上来说就是要进一步坚持完善按劳分配为主体、多种分配方式并存的分配制度，一方面，劳动是财富创造的活的源泉，劳动者是生产力发展最活跃的因素，要鼓励劳动、鼓励创造，鼓励多劳多得；另一方面，要在此基础上，不断完善多种分配方式，健全以税收、社会保障、转移支付等为主要手段的再分配调节机制，强化税收调节，完善直接税制度并逐步提高其比重。完善相关制度和政策，合理调节城乡、区域、不同群体间分配关系。重视发挥第三次分配作用，发展慈善等社会公益事业。鼓励勤劳致富，保护合法收入，增加低收入者收入，扩大中等收入群体，调节过高收入，清理规范隐性收入，取缔非法收入。在生产要素参与收入分配的背景下，一方面通过教育等途径对劳动者进行人力资本投资，另一方面多渠道增加居民的财产性收入，使直接劳动者的收入随着拥有更多的非直接劳动的生产要素而提高。

3. 我国社会主义市场经济体制的主要内涵

(1) 市场在资源配置中起决定性作用和更好发挥政府作用相统一。

习近平指出，“坚持社会主义市场经济改革方向，不仅是经济体制改革的基本遵循，也是全面深化改革的重要依托。使市场在资源配置中发挥决定性作用，主要涉及经济体制改革，但必然会影响到政治、文化、社会、生态文明和党的建设等各个领域。要使各方面体制改革朝着建立完善的社会主义市场经济体制这一方向协同推进，同时也使各方面自身相关环节更好适应社会主义市场经济发展提出的新要求”①。社会主义市场经济体制是实现“公有制为主体、多种所有制经济共同发展”，“按劳分配为主体，多种分配方式并存”这一所有制形式和分配形式的重大制度保障。《决定》将社会主义市场经济体制作为我国社会主义基本经济制度的重要组成部分，也是对党的十八届三中全会所提出的“使市场在资源配置中起决定性作用和更好发挥政府作用”、党的十九大报告所提出的“使市场在资源配置中起决定性作用，更好发挥政府作用”的回应。

我国的社会主义市场经济体制在探索让市场在经济配置中起决定性作用的同时，也时刻着眼于更好发挥政府作用。西方资本主义市场经济中的政府，通常都代表着资产阶级的利益，只是通过弥补市场失灵、提供公共产品，为资本的利润最大化创造条件。社会主义市场经济中的政府，作为生产资料公有制和全体人民利益的总代表，通过合理参与社会生产和再生产过程，通过经济计划、长远规划等，在社会范围内合理配置社会资源，促进经济全面协调可持续发展。社会主义市场经济中的宏观调控，也不仅仅是起到“灭火员”的作用，而是既遵循现代市场经济的一般规律，又体现社会主义制度的独特优势，不断创新宏观调控方式，将当前与长远、总量与结构、供给与需求、有效市场与有为政府有机结合起来。

（2）以人民为中心。

坚持以人民为中心是社会主义市场经济发展的必然要求，这是由人民在经济发展中的地位和作用决定的，人民是经济发展的主体力量，对经济发展起决定性作用。以人民为中心就是坚持发展的目的是为了人民，发展依靠人民，坚持人民的主体地位。人民群众是

① 习近平．习近平关于全面深化改革论述摘编．北京：中央文献出版社，2014：62-63.

历史的创造者，也是生产力发展的最终决定力量；人民群众不仅是发展的目的也是发展的动力，是发展目的与动力的辩证统一。社会主义生产的根本目的是满足人民日益增长的美好生活需要，我们发展市场经济，就是为了充分发挥市场经济具有的信息灵敏、效率较高、激励有效、调节灵活等优点，增强经济发展的活力，提高经济发展的效率，更好地满足人民的需要。我们坚持以人民为中心的发展思想，坚持新发展理念，推动高质量发展，推进供给侧结构性改革，说到底，都是为了更好解放发展生产力，更好满足人民日益增长的美好生活需要，更好实现社会主义生产目的。

中国共产党代表着最广大人民的根本利益，无论在任何时期，党始终与人民保持着血肉联系。正是有了人民群众这个坚强有力的后盾作为根本保障，有了人民群众的无私奉献和支援，党才能够战胜一切困难险阻，推进各项事业不断向前发展。在当前建设中国特色社会主义市场经济的火热实践中，在实现“两个一百年”奋斗目标的历史进程中，更要坚定以人民为中心的发展理念。要通过创新发展，把人才作为支撑发展的第一资源，激发亿万群众的创造活力，提高发展的质量和效益，以更好更多的发展成果造福人民；通过协调发展，解决区域发展不平衡、城乡发展不协调、产业结构不合理等问题，筑牢人民群众根本利益一致性的基础。通过绿色发展，为人民群众创造良好生产生活环境。通过开放发展，用好国内国际两个市场、两种资源，为人民群众生活水平提高夯实基础。通过共享发展，使全体人民在共建共享发展中有更多获得感，使全体人民朝着共同富裕方向稳步前进。

三、我国社会主义基本经济制度的显著优势

1. 我国社会主义所有制的显著优势

坚持公有制为主体、多种所有制经济共同发展，是我国各族人

民共享经济社会发展成果的制度保证，也是巩固党的执政地位、发挥社会主义制度优越性的重要保证。促进发展成果更多更公平惠及全体人民，逐步实现全体人民共同富裕，既是我国经济发展的重要目标，也是坚持和完善我国社会主义基本经济制度的必然要求。

改革开放四十多年来，劳动者的积极性得到极大调动，生产力得到极大解放，经济结构不断优化，我国经济持续呈现充满生机活力的快速发展局面。我国目前已成为世界第二大经济体，经济实力、科技实力、国防实力、综合国力进入世界前列，人民生活水平大幅度提高，创造了人类历史上前所未有的发展奇迹。

改革开放四十多年来，我国相继完成三峡水利枢纽工程、青藏铁路、高速公路网、高速铁路网、西气东输、南水北调、特高压电网等许多国家重大工程，同时也在国产大飞机、港珠澳大桥等一大批重大创新工程上取得突破。事实证明，集中力量办大事作为一种政治优势和制度优势，其基础是我国社会主义基本经济制度。公有制为主体是巩固党的执政地位的重要保证，是全国各族人民共享改革发展成果的重要保证，也是我们能够集中力量办大事的重要保证。

改革开放四十多年来，公有制经济和非公有制经济都得到长足发展，公有制企业和非公有制企业中的广大劳动者和经营管理人员都对我国改革发展做出了巨大贡献。公有制经济主体地位不断巩固，国有经济主导作用得到充分发挥，国有企业持续做强做优做大；非公有制经济健康发展，活力和创造力不断提高；公有制经济、非公有制经济相辅相成、相得益彰。坚持公有制为主体、多种所有制经济共同发展，使我国的公有制经济在竞争中不断焕发出新的活力。1978 年至 2018 年，全国国有企业营业收入、利润总额分别实现年均增长 11.9%和 10.3%；2018 年全国国有企业资产总额、所有者权益分别达到 1978 年的 247.1 倍和 130 倍。同时，非公有制经济成为我国社会主义经济的重要力量。当前，我国非公有制经济贡献了 50%以上的税收，60%以上的 GDP，70%以上的技术创新成果，80%以上的城镇劳动就业，90%以上的企业数量[1]。事实证明，在我国社会主义初级阶段，实行公有制为主体、多种所有制经济共同发展的基本经济制度是适应生产力发展和经济社会全面进步要求的，是完全正确的，必须不断完善、长期坚持。

2. 我国社会主义分配制度的显著优势

我国社会主义分配制度立足社会主义初级阶段，坚持推动分配理论从单一的按劳分配到按劳分配为主体、多种分配方式并存的新阶段，这一创新与发展既体现了“生产资料所有制决定生产过程和生产成果的占有支配方式和权利”这一马克思主义基本分配理论，又创造性地提出“按劳分配与按要素贡献大小分配相结合”，使得按劳分配原则建立在社会主义市场经济实践发展的基础上，获得了丰富生动的实现形式和实现方式。因此，中国特色社会主义分配制度，一方面，极大地丰富和发展了马克思主义按劳分配理论和原则，使得马克思主义分配理论从苏联政治经济学教科书的教条中解放出来，获得理论和实践发展的新生。另一方面，坚持按劳分配为主体、多种分配方式并存的分配制度，推动公有制实现形式多样化发展，构建社会主义市场经济下共赢的劳动关系，实现共同富裕的价值目标，完善政府再分配政策等，均有助于我们科学认识并解决当下中国在分配领域所面对的一些现实问题，从而加快现代化经济体系建设。

我国社会主义分配制度的改革与创新，实际上始终围绕一条主线，即处理好“经济增长与收入分配的关系”：从提出“先富帮后富，后富带动先富”以及“效率优先，兼顾公平”的改革思路，再到“兼顾效率与公平”，强调“共同富裕”和“构建合理有序的收入分配格局”，其背后的逻辑和思路都是一切以有效促进经济增长和社

---

① 马建堂．社会主义基本经济制度是党和人民的伟大创造．中国经济网，2020-01-02.

会发展为主线，坚持有利于促进生产力发展以及“以经济建设为中心”来推动收入分配改革。党的十八大以来，突出强调收入分配改革要在坚持促进经济增长的同时提高居民收入，提高劳动生产率的同时提高劳动者报酬占比，更加彰显了收入分配改革旨在促进“经济增长与收入分配”的有机统一，构建有利于经济增长的收入分配制度的同时，又探索有利于收入分配的经济增长模式。我国社会主义分配制度改革的这一主线，科学地体现了马克思主义生产力决定生产关系、经济基础决定上层建筑的基本原理，有利于中国加快生产力发展，实现社会公平，促进经济增长与收入分配一体化互动发展。

我国社会主义分配制度的创新和发展，有助于我们重新审视和认识西方主流经济学的收入分配理论。长期以来，西方主流经济学的分配理论，遵循所谓的边际生产力分配即生产要素边际产出决定要素报酬假说、基于要素供求关系决定的均衡价格，进而形成劳动-工资理论、资本-利息理论、土地-地租理论和企业家-利润理论等，其背后的逻辑都是市场竞争机制决定要素价格，并且假设市场机制会自动实现所有生产要素报酬均衡，因此不会出现收入差距扩大问题，即使出现差距也是短期现象，最终会依靠市场自动均衡和收敛。但实际上，在绝大多数西方发达国家内部，收入差距几乎都呈现不断扩大的趋势，尤其是由市场决定的一次分配领域收入差距更大，这种劳动与资本收入的差距正急剧扩大，进而引发了“占领华尔街”“99%对1%的抗争”等影响力巨大的社会运动。我国社会主义分配制度改革摈弃了所谓的“报酬均衡”假说，强调各类要素主体及其收益协调发展，强调共享式发展。我国社会主义分配制度改革对于解决西方国家分配问题和全球性不平等加剧等具有重要的参考和启示价值，体现了中国特色社会主义基本经济制度为国际社会所提供的中国方案和中国智慧。

3. 我国社会主义市场经济体制的制度优势

社会主义基本经济制度把社会主义制度和市场经济有机结合起

来，是在中国革命、建设和改革的伟大实践中形成和确立的，是被实践检验、拥有巨大优越性的制度，既有利于解放和发展社会生产力、改善人民生活，又有利于维护社会公平正义、实现共同富裕。必须坚定不移地推进社会主义市场经济的发展，在实践中不断发挥社会主义市场经济的强大活力。

马克思强调，市场经济的发展也是个人全面发展的基础。他曾经指出："全面发展的个人——他们的社会关系作为他们自己的共同的关系，也是服从于他们自己的共同的控制的——不是自然的产物，而是历史的产物。要使**这种**个性成为可能，能力的发展就要达到一定的程度和全面性，这正是以建立在交换价值基础上的生产为前提的，这种生产才在产生出个人同自己和同别人相异化的普遍性的同时，也产生出个人关系和个人能力的普遍性和全面性。"①

市场经济作为一个一般性概念，是对各种具体形态的市场经济的抽象。这种抽象具有重要的方法论意义，但在实践中它总是与一个国家的基本国情、社会制度紧密联系在一起。国情不同决定了各国市场经济模式的多样性，社会制度的不同则决定了市场经济模式的制度属性。市场经济与资本主义结合在一起就是资本主义的市场经济，与社会主义结合在一起就是社会主义的市场经济。市场经济与社会制度结合在一起，就不仅具有经济体制的意义，不再是一个单纯的资源配置方式，同时也具有了基本经济制度的属性，对经济发展的方向、制度属性有着重要影响。

在经济体制改革之初，邓小平就指出，在社会主义条件下搞市场经济，"归根到底是社会主义的，是社会主义社会的"②。发展市场经济必须坚持社会主义基本原则，明确要求"一条是公有制经济始终占主体地位，一条是发展经济要走共同富裕的道路，始终避免两

① 马克思，恩格斯．马克思恩格斯文集：第8卷．北京：人民出版社，2009：56.

② 邓小平．邓小平文选：第2卷．2版．北京：人民出版社，1994：236.

极分化”[①]。我国在建立和完善社会主义市场经济体制的过程中，正是由于始终把握了社会主义的制度性质，并从现实国情出发，在坚持“四项基本原则”的基础上，在所有制方面实行了公有制为主体、多种所有制经济共同发展，在分配制度方面实行了按劳分配为主体、多种分配方式并存，在资源配置方面，强调既要充分发挥市场在资源配置方面的决定性作用，又要发挥好政府的作用，才最终走出了一条中国特色社会主义经济发展道路。实践证明，社会主义市场经济从来都是与社会主义制度融为一体的，它既是社会主义社会资源配置的基本方式，也是社会主义的基本经济制度。党的十九届四中全会通过的《决定》把社会主义市场经济作为我国的基本经济制度，是对改革开放四十多年以来特别是党的十八大以来经济发展成就和经验的一个科学总结，是习近平新时代中国特色社会主义思想的重要创新和发展。

社会主义市场经济是前无古人的伟大创举。我们党立足中国国情和发展阶段，创造性地提出在社会主义条件下发展市场经济，创造性地建立起富有活力的社会主义市场经济体制，是对社会主义建设规律新的认识和升华。实践证明，在社会主义条件下搞市场经济，符合中国国情，更有利于资源的合理配置，更有利于解放和发展生产力，更有利于人民生活水平的提高，极大地推进了我国的社会主义现代化建设。我们党把社会主义市场经济体制一并纳入社会主义基本经济制度的范畴，有助于完善社会主义的基本经济制度体系，强化社会主义市场经济体制的稳定性、基础性作用。

① 邓小平．邓小平文选：第3卷．北京：人民出版社，1993：149.

在思想上精神上紧紧团结在一起

党的十九届四中全会指出，“发展社会主义先进文化、广泛凝聚人民精神力量，是国家治理体系和治理能力现代化的深厚支撑”①。坚持和完善中国特色社会主义制度，推进国家治理体系和治理能力现代化，尤其要坚持共同的理想信念、价值理念、道德观念，弘扬中华优秀传统文化、革命文化、社会主义先进文化，促进全体人民在思想上精神上紧紧团结在一起的显著优势。这就需要坚持和完善中国特色社会主义繁荣发展社会主义先进文化的制度。

中国特色社会主义文化制度，孕育于党领导人民进行社会主义革命、建设的历史中，形成于社会主义改革开放的伟大实践中。这一制度的主要内涵包括坚持马克思主义在意识形态领域指导地位的根本制度、以社会主义核心价值观引领文化建设的制度、人民文化权益保障制度、坚持正确导向的舆论引导工作机制，以及把社会效益放在首位、社会效益和经济效益相统一的文化创作生产体制机制。随着国家治理体系和治理能力现代化不断向纵深推进，繁荣发展社会主义先进文化的制度也得到了更加充分的发展，在文化建设领域取得了越来越多的实践成就，体现出越发鲜明的显著优势。

---

① 中共中央关于坚持和完善中国特色社会主义制度　推进国家治理体系和治理能力现代化若干重大问题的决定．人民日报，2019-11-06（1）.

一、中国特色社会主义文化制度的历史脉络和形成发展

坚持和完善繁荣发展社会主义先进文化的制度，是国家治理体系现代化的内在要求，也是我们党在社会主义革命、建设、改革开放时期的文化建设实践中探索和总结出来的正确经验。因此，要坚持和完善繁荣发展社会主义先进文化的制度，就要在历史脉络中把握其发展规律，掌握其基本特点。

1. 中国特色社会主义文化制度的初步探索

中国共产党人高度重视社会主义先进文化在武装全党、教育人民中的重要作用。早在新民主主义革命时期，毛泽东就指出新民主主义的文化就是民族的、科学的、大众的文化。毛泽东在延安文艺座谈会上的讲话指出，我们的文艺是为人民大众服务的。这就意味着社会主义先进文化，不是趋炎附势的，而是独立自主的；不是愚昧庸俗的，而是实事求是的；不是孤芳自赏的，而是从人民群众的实践中升华，并最终服务于人民群众的。

在社会主义建设的过程中，中国共产党人初步探索出了一个繁荣发展社会主义先进文化的制度。新中国成立后，毛泽东就指出，“有步骤地谨慎地进行旧有学校教育事业和旧有社会文化事业的改革工作，争取一切爱国的知识分子为人民服务”[①]。在这一方针的指引下，我们党在繁荣发展社会主义先进文化方面进行了如下初步探索。

第一，废除国民党的反动文化教育，建立社会主义的文化教育体制。社会主义文化教育制度的建立，使文化教育面向全体人民，特别是面向在历史上长期没有接受文化教育条件的工人和农民。1956 年，中共中央、国务院颁布《关于扫除文盲的决定》，决定通过

① 毛泽东．毛泽东文集：第 6 卷．北京：人民出版社，1999：71.

3～5 年的时间大力推广识字教育，从而彻底扫除文盲，并结合广大工人、农民、解放军工作的不同特点，制定不同的扫盲形式，这极大程度地降低了我国的文盲率，使广大人民群众在历史上第一次获得了接受文化、欣赏文化乃至创造文化的机会。大力发展惠及全民的小学和中学教育，为人民提供基本的教育服务，着力提高人民的基本文化素质，同时针对工农兵不同的需求开展有针对性的补习班，如针对一般工人和农民的速成中学、针对工人和农民干部的文化补习班等等。

第二，发展和改革高等教育。为了促使社会主义文化事业更加繁荣，党对我国高等院校进行了调整，发展出了一批专科学校和专门学院。鉴于当时的历史条件，高等院校调整方针的重点是培养更加专业的工业人才，同时针对综合性大学进行了整顿，初步形成了“又红又专”、政治和业务相统一的教育氛围。在进行调整之后，高等院校和专科学院都大幅扩大了招生规模，为我国的工业化做出了贡献。在全党的努力下，1960 年，全国科研经费的支出达到了 1952 年的近 60 倍，平均每 10 000 人中的知识分子数量从 1952 年的不足 10 人增加到 30 人，在短短 8 年间取得了巨大的进展①。

第三，帮助知识分子树立人民立场。从历史上看，广大知识分子在反帝反封建的过程中做出过重要贡献，新中国成立后，广大知识分子迫切希望了解我们党和马克思列宁主义。为此，我们党在高等院校和知识分子中间建立了理论学习小组，一方面组织知识分子学习马克思列宁主义和毛泽东思想，学习辩证唯物主义与历史唯物主义，对封建主义和资本主义的腐朽思想进行批判；另一方面动员知识分子参与实践，帮助他们在为人民服务的实践中树立人民立场。到 1952 年末，全国高校绝大部分的教职员工和师生都参与了学习，

---

① 薄一波．若干重大决策与事件的回顾：上卷．北京：中共中央党校出版社，1991：508.

其中虽然有一些缺点和不足，如工作手段较为粗糙、判断标准较为模糊，但是这些问题在发展的过程中都得到了纠正。

从总体上看，我们党在新中国成立以后带领人民探索繁荣发展社会主义先进文化的制度时取得了丰富的成果，如服务人民群众的基本立场、理论与实践相结合的基本方法、“百花齐放，百家争鸣”的基本方针等。但是由于历史条件所限，我们党的文化发展和建设也暴露出一些问题，如工作方法仍需改善、重政策而轻制度等问题。这些经验与教训都为我们党日后进一步探索奠定了历史基础。

2. 中国特色社会主义文化制度的形成发展

改革开放以后，我们党在繁荣发展社会主义先进文化的制度方面经历了从自发到自觉的发展过程。四十多年来，社会主义先进文化制度不断发展、完善和巩固，促进了社会主义先进文化的不断传播，凝聚了人心，鼓舞了力量，有力地推动了改革开放事业不断取得新的进展。

改革开放开始了对繁荣发展社会主义先进文化的制度的自觉探索。面对我国百废待兴的局面，邓小平提出，建设社会主义不仅需要有高度发达的物质文明，也需要有高度发达的精神文明。这是我们党第一次将发展社会主义先进文化的重要性与发展社会主义物质文明的重要性关联起来，将我们党和国家从原先教条主义的僵化思路中解放出来，具有鲜明的创新性。同时，又强调发展社会主义先进文化不能闭门造车，还要吸收全世界一切人类文明的积极成果并为我所用，具有鲜明的包容性和开放性。

以江泽民同志为主要代表的中国共产党人提出了中国特色社会主义文化的概念。江泽民在党的十五大报告中指出，中国特色社会主义文化，就是以马克思列宁主义为指导，以培养四有公民为目标，面向现代化、面向世界、面向未来的，民族的科学的大众的社会主义文化，中国共产党要始终代表中国先进文化的前进方向。这既是中国共产党人对发展社会主义先进文化的理论自觉，也是从国家治理的角度对文化发展体制机制的重大探索。

21世纪以来，以胡锦涛同志为主要代表的中国共产党人高度重视完善发展社会主义文化的体制机制，文化体制改革同经济体制改革、政治体制改革同步进行，首次明确提出了要发展社会主义文化事业和文化产业。2007年，党的十七大将文化建设及发展社会主义先进文化作为中国特色社会主义事业总体布局的重要组成部分写入了党章，推动了我国文化体制的改革和发展。

党的十八大以来，以习近平同志为核心的党中央提出治国理政新理念新思想新战略，推动国家治理体系与治理能力现代化取得重大成就。作为现代国家治理体系的一部分，繁荣发展社会主义先进文化的制度机制建设也取得了突破性进展。马克思主义在意识形态领域的指导地位不断巩固，社会主义核心价值观在文化建设中的作用日益突出，人民文化权益更加得到保障，舆论引导工作和文化创作体制越来越完善，我国繁荣发展社会主义先进文化的制度显示出强大的生命力和创造力。

二、中国特色社会主义文化制度的主要内涵

要坚持共同的理想信念、价值理念、道德观念，弘扬中华优秀传统文化、革命文化、社会主义先进文化，促进全体人民在思想上精神上紧紧团结在一起的显著优势，关键还是在于坚持和完善繁荣发展社会主义先进文化的制度。作为国家治理体系和治理能力现代化的重要组成部分，繁荣发展社会主义先进文化的制度是一个具有丰富内涵和广泛外延的综合性文化制度。从根本上说，我们要发展的是社会主义先进文化，而非别的什么主义的文化，因此必须旗帜鲜明地将马克思主义作为我们意识形态领域的指导思想，以党的创

新理论武装全党、教育人民，这是我们文化发展的根本。同时，文化建设还需要以社会主义核心价值观为引领，以制度建设为社会主义核心价值观的有力支撑，推动社会主义先进文化不断向前发展，通过切实保障人民文化权益，满足人民文化需求，真正使社会主义文艺为人民群众所喜闻乐见。进入新时代后，人民的文化需求和文化表达更加多样，互联网技术与社会主义市场经济更加繁荣与活跃，文化领域日趋多样，这些是文化进步和社会发展的重要体现。但是，中流要有砥柱，多样中要立主导，社会舆论要有正确的导向，在文化创作上要将社会效益放在首位，实现社会效益与经济效益的辩证统一，这样才能全方位、多面向地发展社会主义先进文化。

1. 坚持马克思主义在意识形态领域指导地位的根本制度

举什么旗、走什么路，事关全局，意义重大。指导思想的性质决定了文化工作的方向。自建党以来，马克思主义就是中国共产党人的指导思想和理论武器，激励了一代又一代中国共产党人投身于革命、建设和改革的事业。历史证明，只有坚持马克思主义在意识形态领域的指导地位，中国的革命、建设和改革的事业才会一帆风顺；如果动摇了马克思主义的指导地位，社会主义事业就会走弯路、走错路。坚持马克思主义在意识形态领域指导地位的根本制度，需要从四个方面进行推动。

第一，坚持马克思主义在意识形态领域指导地位的根本制度，要全面贯彻落实习近平新时代中国特色社会主义思想，用党的创新理论武装全党、教育人民。习近平新时代中国特色社会主义思想，是马克思主义中国化的最新成果。在这一点上，要发挥各级党委（党组）理论学习中心组的重要作用，领导干部以身作则，通过关键少数带动广大群众，做到入耳、入脑、入心。同时，充分利用互联网新技术，发挥“学习平台”的功能，不断推动文化工作朝着更高效率、更加便捷的方向前进。

第二，坚持马克思主义在意识形态领域指导地位的根本制度，要深入实施马克思主义理论研究和建设工程。马克思主义揭示了人类社会发展的一般规律，其科学性和真理性早已为历史所证实。马克思主义理论研究和建设工程，是我们党在思想上的基础工程和重大战略工程，是我们党在长期的理论建设中总结出来的成功经验。深入实施这项工程，加强对马克思主义经典著作的编译是工作基础，为中国特色社会主义道路提供学术支撑是其工作导向，推动马克思主义研究与思想政治教育相结合，培养出一代又一代的新人，是其重要的工作方法。

第三，坚持马克思主义在意识形态领域指导地位的根本制度，要加强和完善学校思想政治教育。我国是社会主义国家，坚持社会主义的办学方向，在广大青少年成长的过程中指引他们树立正确的世界观、人生观、价值观是坚持马克思主义在意识形态领域指导地位的内在要求，也是强化学校思想政治教育的重要任务。其中，完善思想政治理论课制度是推动这项工作的重要抓手和关键所在。一方面，要逐步健全小学、中学、大学思想政治理论课教育教学体系，通过优秀的教材、模范的教师和生动的教学帮助思想政治教育入耳、入脑、入心。另一方面，也要巩固和发展马克思主义在高校各学科、各领域的指导地位，将思想政治教育融入哲学社会科学专业课程的教育教学实践之中。

第四，坚持马克思主义在意识形态领域指导地位的根本制度，要落实意识形态工作责任制。落实意识形态工作责任制，是党全面领导意识形态工作的重要体现，也是对意识形态工作者的内在要求。必须坚持党管宣传、党管意识形态和党管媒体不动摇，以高度的政治责任感对待意识形态工作。落实意识形态责任制，就要像守住战斗阵地一样，守住意识形态的高地与要地，做到守土有责、守土尽责、守土负责。同时，也要注意区分思想政治问题、学术讨论问题和一般认识问题。要注意三者的性质和界限，既不能动辄上纲上线，犯扩大化的错误，也不能视而不见，犯投降主义的错误。

2. 坚持以社会主义核心价值观引领文化建设制度

以社会主义核心价值观引领文化建设，是我们党长期以来对文化建设工作的深刻总结，是我们党对文化发展领域自身规律的深刻把握，是我们党对文化上层建筑作用的深刻认识。将以社会主义核心价值观引领文化建设作为一项长期的制度建设，意味着我国在推动文化制度改革层面上升到了一个新的台阶。

第一，推动理想信念教育常态化和制度化。树立和培育坚定的理想信念，不是一朝一夕就能完成的。所谓“十年树木，百年树人”，培养坚定的理想信念要尊重其相对独立性的特征，要将共产主义远大理想与中国特色社会主义共同理想结合起来，将长远的目标与短期规划结合起来，不能揠苗助长，更不能朝令夕改。

第二，建立健全与文化相关的法律法规政策体系，做到依法治国和以德治国的有机结合。这既是我们党对中华优秀传统文化的自觉传承，又是根据新时代新问题的主动创新。在树立社会主义核心价值观的过程中，引导、劝说与教育是这项工作必不可少的基础，而确立相关的法律、政策则是这项工作顺利完成的保障。仅仅依靠法律、政策来推动这项工作，就会使文化建设失去灵魂。但如果没有了法律和政策的规范作用，仅仅依靠道德感化，就放弃了与封建主义文化和资本主义文化进行斗争的有力武器，也就无法及时遏制社会上出现的不正之风。因此，要将社会主义核心价值观与中国特色社会主义法治体系有机地结合起来，使二者形成互为支撑的良性关系。

第三，要推进中华优秀传统文化传承发展工程。中华文明是人类历史上罕见的没有出现过间断的文明。中华文明独特的文化传统和文化底蕴哺育了她坚韧不拔的底色，构成了中华文明区别于世界上其他文明的显著特征。推进中华优秀传统文化传承发展工程，要以客观、科学的态度审视中华传统文化，既不能犯民族虚无主义、历史虚无主义的错误，也不能犯原封不动、全盘接受的教条主义错误。要在现代社会文明发展规律的基础上，取其精华，去其糟粕，在继承中不断创新，在发展中不忘根本，使中华文明和中华文化与时俱进，从而获得不断的发展。

第四，要健全志愿者服务体系。衡量一个社会文明程度高低与否的重要标志之一，就是其志愿者服务体系是否完善。通过健全完善志愿者服务体系，在全社会范围内推广志愿者服务活动，推动青少年参与志愿者服务，培养志愿者精神，让广大志愿者在参与过程中培育公共意识，促进美德发展。同时，健全完善志愿者服务体系也需要完善志愿者服务的工作机制，协调各方资源，形成政府与公益组织之间的良性互动，推动志愿者服务逐步专业化、体系化和制度化。自党的十八大以来，各省市纷纷推动志愿者服务的制度建设，如山东省枣庄市的“四点半”文化志愿者辅导站、肥城市的“文明银行”，以及广东省中山市“志愿名城”的创建活动等都推动了志愿者服务体系化发展。

第五，要完善诚信建设长效机制。古人云，“人而无信，不知其可也”，一个人没有了诚信，就无法在社会上立足，而一个民族没有了诚信，就永远无法实现富强的目标。诚信不仅是中华民族的传统美德，也是社会主义核心价值观的重要内容。中国共产党始终重视诚信建设，特别是党的十八大以来，诚信建设取得长足进展，初步建立了覆盖全社会的征信体系，社会诚信氛围日益浓厚，诚信越来越成为人们行为的内在准则。完善诚信建设长效机制，既要靠主观自律，也要靠客观约束。在发扬中华民族重诚守信传统美德的同时，也要推动诚信信息全社会范围互联互通，形成各部门、全方位的联合奖励惩戒机制，这样才能让守信的人受到鼓舞，而让失信的人得到惩戒。

3. 健全人民文化权益保障制度

社会主义的文化，就是人民群众的文化。人民群众是社会主义文化的创造者，也是其享用者。保障好人民的文化权益，是我们党工作的应有之义，也是我国社会进入新时代的内在要求。当前，我国社会的主要矛盾已经转化为人民日益增长的美好生活需要和不平衡不充分的发展之间的矛盾。因此，繁荣发展社会主义先进文化的体制机制，必须要健全人民文化权益的保障制度。

健全人民文化权益保障制度，要坚持以人民为中心的工作导向。一方面，人民群众的劳动生产实践为文化创作提供了永不枯竭的现实源泉，深入人民生活，反映人民需求，以人民为中心，就保证了我们的文化建设不会走歪路、错路。人民满意不满意，是衡量文化建设的最终标准，坚持思想精深、艺术精湛、制作精良相统一，不断为群众提供立意高远、人民满意、业内认同的文化产品。

另一方面，要完善城乡公共文化服务体系。保障人民文化权益，不能仅仅依靠文艺创作者的自觉，还要依靠不断完善的文化服务体系，特别是公共文化服务体系。公共文化服务体系是提供基础性、公益性文化产品的制度体系，其完善与否直接决定着人民文化权益能否得到基本保障。目前，我国文化发展还存在着一些不足，城市中的文化资源较多，而广大乡村地区文化资源较少，在个别农村甚至出现了“文化荒漠”的情况。这种不均衡的发展无法保证农村地区人民群众的文化需求，也为低俗、庸俗、媚俗文化的侵入提供了可乘之机。因此，保障人民文化权益，需要建立文化引导和文化激励制度，加大对农村地区的帮扶力度，推动文化服务能够被越来越多、越来越广泛的人民群众所享用，特别是要使公共文化服务体系与人民群众的文化需求相互匹配，才能真正使人民的文化权益得到保障。近年来，从中央到地方持续深入开展了一系列文化扶贫活动。如 2018 年 7 月，文化和旅游部发布了《关于推进非遗扶贫就业工坊建设的通知》，通过设立非遗扶贫就业工坊、组织开展传统工艺培训、发展提升传统工艺产品、扩大传统工艺产品销售渠道等一系列措施，实现文化权益与经济权益的兼顾，使人民文化权益的保障更具可持续性。而在地方上，许多省市结合自身的实际情况开展文化权益的保障工作，如四川省文学扶贫“万千百十”活动取得了良好进展，该活动由四川省作家协会牵头，向四川省贫困县投入资金累计 350 余万元，捐书 50 000 余册，并组织 4 000 余名作家深入基层采风，为四川省人民文化的权益保障做出了积极贡献。2019 年 4 月，近百名作家在西昌参加了 2019 年四川省“万千百十·扎根凉山聚焦凉山文学扶贫”培训会。这些作家中有 30 余人是 2019 年全省文学扶贫“万千百十”活动重点作品扶持签约作家，有一部分作家将在接下来的日子里，深入凉山州脱贫攻坚的第一线，与当地老百姓同吃同住，挖掘脱贫攻坚进程中发生的动人故事，并用小说、报告文学和诗歌等体裁呈现作品。

4. 完善坚持正确导向的舆论引导工作机制

在当前的社会条件下，随着互联网技术日新月异的发展、通信手段越来越发达，人们表达意见和价值的媒介和通道越来越丰富，整个社会文化呈现出越来越多样化的情况，这一方面促进了文化的大发展和大繁荣，另一方面也对舆论引导工作提出了更高的要求。社会文化可以是多样化的，但是要有主导的文化，这样才能推动各类文化良善、有序发展，否则就会有意识形态领域受到干扰的风险。因此，完善坚持正确导向的舆论引导工作机制，是党中央在新时代文化领域工作的重要举措。2019 年 1 月 25 日，习近平在主持中共中央政治局就全媒体时代和媒体融合发展举行的第十二次集体学习时指出：“要抓紧做好顶层设计，打造新型传播平台，建成新型主流媒体，扩大主流价值影响力版图，让党的声音传得更开、传得更广、传得更深入。要旗帜鲜明坚持正确的政治方向、舆论导向、价值取向，通过理念、内容、形式、方法、手段等创新，使正面宣传质量和水平有一个明显提高。主流媒体要及时提供更多真实客观、观点鲜明的信息内容，掌握舆论场主动权和主导权。要从维护国家政治安全、文化安全、意识形态安全的高度，加强网络内容建设，使全媒体传播在法治轨道上运行。要全面提升技术治网能力和水平，规范数据资源利用，防范大数据等新技术带来的风险。”

完善坚持正确导向的舆论引导工作机制，关键要坚持党管媒体的原则。习近平同志在视察解放军报社时指出，要坚持党管媒体原则，严格落实政治家办报要求，确保新闻宣传工作的领导权始终掌握在对党忠诚可靠的人手中。这是对党管媒体原则的高度总结，也是对舆论引导工作的根本要求。完善坚持正确导向的舆论引导工作机制，导向是根本问题。习近平在党的新闻舆论工作座谈会上指出，舆论导向正确，就能凝聚人心，汇聚力量，推动事业发展；舆论导向错误，就会动摇人心、瓦解斗志，危害党和人民事业。由此可见，导向是舆论引导工作的重中之重。只有完善和坚持正确的导向，舆论引导工作才能在党和人民之间形成有机的、内在的、辩证的联系，才能在价值日益多元化的情况下凝聚人心，使改革开放事业不断深入。历史证明，正确导向的舆论引导对于坚持党的领导地位，特别是在改革攻坚时期深入推进改革具有至关重要的作用。相反地，放弃正确导向的舆论引导，就会自取灭亡。例如，在20世纪80年代的改革过程中，正是由于苏联最高领导人在舆论引导、党管媒体方面出现了严重错误，放任资产阶级自由化思想泛滥，不断削弱党的意识形态指导地位，才最终酿成了苏联解体的政治悲剧。

完善坚持正确导向的舆论引导工作机制，要坚持以正面宣传为主，唱响主旋律，弘扬正能量。以正面宣传为主，本质上就是讲好中国故事。改革开放以来，我国政治、经济、文化、社会、生态文明建设都取得了长足的进展，在这一伟大的成就中诞生了无数英雄人物，展现了中国人民在新时代的伟大精神风貌。因此，必须要敢于宣传正面，乐于宣传正面，让正面典型成为这个时代人人向往的榜样。

5. 建立健全把社会效益放在首位、社会效益和经济效益相统一的文化创作生产体制机制

不同于一般的劳动产品，文化作为社会上层建筑的一部分，文化创作的产物不仅具有商品的特性，还具有意识形态的特性。这意味着文化产品在市场中进行交换、实现其经济价值的同时，必然会对人们的思想、信念产生影响。文化产品的这种二元性就决定了我们文化创作生产体制机制必须要坚持把社会效益放在首位、社会效益和经济效益相统一的原则。

我国实行社会主义市场经济体制，因此文化产品的创作需要通过商品交换来实现其自身的经济价值。一方面，文化产业的这种特征为它的发展提供了强大的经济动力，使得我国文化产业不断发展，经济结构不断优化，人民能够享受到的文化产品越来越多。另一方面，单纯以经济利益为导向的文化产品却带来了诸多社会问题，特别是在互联网技术日益发达的今天，出现了以骗取流量为目的的“标题党”和没有下限的恶搞英雄形象的恶劣行径。在这种情况下，既需要道德上的引导，也需要制度上的保障。这就对我们的文化创作生产的体制机制提出了更高的要求，文化产品的创作不能仅仅以能否取得经济效益为标准，否则就会导致文化产品丧失其本应承担的社会责任。要将文化产品的社会效益放在首位，特别是当文化产品的经济效益与社会效益发生矛盾时，更是要将社会效益放在首位，通过不断完善和改善文化创作生产的体制机制，使得文化创作的产品弘扬正能量、传播新精神，促进整个社会的文化生产朝更加符合社会主义核心价值观的方向发展。

建立健全把社会效益放在首位、社会效益和经济效益相统一的文化创作生产体制机制，需要深化文化体制的创新，推动文化体制

的不断发展。党的十九届四中全会提出，“深化文化体制改革，加快完善遵循社会主义先进文化发展规律、体现社会主义市场经济要求、有利于激发文化创新创造活力的文化管理体制和生产经营机制”①。这要求我们从两个方面着手，既要改革文化管理体制，也要改革生产经营机制，充分发挥文化产品的引导作用，引导文化产品的生产者、经营者传播正向的价值观，使弘扬社会主义先进文化和中华优秀传统文化的作品层出不穷。

党的十九大以来，我国的文化创作生产体制机制不断完善，涌现出了一大批既承载了社会主义核心价值观，能够以各种角度积极弘扬主旋律、传播正能量，同时又取得了良好的市场效果的文化作品。在电视剧创作方面，《破冰行动》展现了我国有毒必禁的决心和人民公安的缉毒风采，其日播放量达到7 000万次，发挥了良好的传播效果。在电影创作方面，《我和我的祖国》展现了新中国成立以来的重要历史时刻，取得了中国票房30亿人民币的成绩；《流浪地球》则以宏大的科幻题材弘扬了中国价值观，展现出了不同于西方的文化元素，取得了中国票房46.55亿人民币、全球票房6.998亿美元的成绩。这些优秀作品都实现了文化产业的双赢，达成了社会效益与经济效益的统一。除此之外，《淮海战役启示录》等一系列纪录片、《新中国70年》等主题出版图书都产生了广泛积极的影响。

三、中国特色社会主义文化制度的实践成就

党的十八大以来，繁荣发展社会主义先进文化的制度取得了长足的进步，全党和全国人民勠力同心，在文化领域的不断奋斗中创造出了一个又一个实践伟绩：马克思主义在意识形态领域的指导地

① 中共中央关于坚持和完善中国特色社会主义制度 推进国家治理体系和治理能力现代化若干重大问题的决定．人民日报，2019-11-06（1）．

位更加鲜明，不断掀起学习习近平新时代中国特色社会主义思想的热潮；中国特色社会主义和中国梦深入人心，社会主义中国实现了由站起来、富起来到强起来的伟大历史飞跃；社会主义核心价值观和中华优秀传统文化广泛弘扬，有力促进了全社会范围内的文明水准与道德水平；公共文化服务水平不断提高，人民文化权益得到了越来越完善的保障；国家文化软实力和中华文化影响力大幅提升，涌现出了一大批具有广泛影响力的文化作品；全党全社会思想上的团结统一更加巩固，形成了战无不胜、攻无不克的强大文化战斗力。

1. 马克思主义在意识形态领域的指导地位更加牢固

在社会主义先进文化的繁荣发展过程中，产生了一大批体现中国特色社会主义思想丰富内涵、突显马克思主义在意识形态领域的指导地位的重要成果。这些成果反映了党中央对意识形态领域领导权的高度重视，同时也进一步明确了今后意识形态领域工作的原则和方向，对于全面建设中国特色社会主义制度、开启社会主义现代化建设新征程具有重要的指导意义。这些成果包括：

将习近平新时代中国特色社会主义思想确立为党的必须长期坚持的指导思想，在全党全社会掀起了一股全面学习习近平新时代中国特色社会主义思想丰富内涵和精神实质的热潮。习近平新时代中国特色社会主义思想是马克思主义中国化的最新理论成果，系统回答了新时代坚持和发展什么样的中国特色社会主义、怎样坚持和发展中国特色社会主义这个重大时代课题，为党和人民提供了强大的精神力量和道路指引。

马克思主义理论教育和宣传工作如火如荼地开展，进一步凝聚了全党全社会的思想共识。“不忘初心，牢记使命”主题教育推动了党的理论创新，起到了武装全党、教育人民的积极作用。党委（党组）理论学习中心组等各层级学习制度使得党中央的重要讲话及其精神实质覆盖全党，营造出同学习、共讨论的良好氛围。以“学习强国”为代表的网络学习平台丰富和创新了学习内容与形式，提供了更便捷高效的学习服务。新时代文明实践中心和县级融媒体中心建设进一步推进宣传普及化、科学理论大众化，党的理论创新工作进基层、进群众。

马克思主义理论研究和建设工程不断深入，为中国特色社会主义建设提供理论支撑和人才储备。工程实施以来，在中央主要报刊发表千余篇重点理论文章，为党和政府决策提供重要参考；组织编写《习近平新时代中国特色社会主义思想学习纲要》《新时代面对面》等系列理论读物，为广大干部群众的理论学习提供重要辅导材料；对马克思、恩格斯、列宁的重点著作进行重新编译和修订，出版了 10 卷本《马克思恩格斯文集》和 5 卷本《列宁专题文集》；确定马克思主义学科体系建设的基本目标，建立马克思主义理论一级学科并下设 7 个二级学科；编写和出版了马克思主义基础理论和哲学社会科学重点教材，完成并陆续出版高校思想政治理论课教材教辅。党中央不仅重视党政干部和群众的培养工作，同样也重视理论研究者和高校学生的扶持和培育。党中央批准的 10 家习近平新时代中国特色社会主义思想研究中心（院）不断推出研究成果，中国特色新型智库建设不断取得新进展。高校马克思主义理论学科建设进一步夯实，推出了一大批以马克思主义为指导思想的哲学社会科学教材，为马克思主义入教材、入课堂、入头脑提供了保障。学校思想政治教育进一步加强，逐步建立起了全员、全程、全方位育人体制机制。仅以首都为例，近年来，北京面向全市高校启动 13 个北京高校思想政治理论课教学改革创新重大项目，依托中国人民大学建成北京高校思想政治理论课高精尖创新中心和 11 所北京高校中国特色社会主义理论研究协同创新中心，持续打造马克思主义理论学科建设、人才培养、教育教学、科学研究的高端平台。

坚持用马克思主义引领社会思潮，对于错误思潮态度坚决、敢于批判，牢牢把握住意识形态领域工作的话语权和领导权。强调网络和媒体要守住意识形态领域的主阵地，弘扬正气、打击歪风邪气。新华网、人民网、求是网、中国社会科学网等在提高网络正面宣传质量和水平方面均有良好建树，肯定新中国发展成果、弘扬社会主义核心价值观等言论已占据主流，人民群众对于民族和国家的认同感持续增强。

2. 中国特色社会主义和中国梦深入人心

2019 年 9 月 23 日，习近平在北京展览馆参观“伟大历程　辉煌成就——庆祝中华人民共和国成立 70 周年大型成就展”时指出，70 年来我国取得的历史性成就、发生的历史性变革，充分说明只有中国共产党才能领导中国，只有社会主义才能救中国，只有改革开放才能发展中国、发展社会主义、发展马克思主义，只有中国特色社会主义道路才能引领中国走向繁荣富强。中国特色社会主义最本质的特征就在于党的领导。2019 年 10 月 1 日是新中国成立 70 周年纪念日。从西北的阿勒泰到东北的珍宝岛，从南海之滨到黄海之畔，全国各地人民共同唱响赞歌祝福祖国。这一盛况恰好体现了广大人民群众对国家和党的深厚情感。中国特色社会主义建设已取得重大成果，萦绕在每个人心头的中国梦日渐清晰。

中国特色社会主义取得的重要成就可以概括为三点。其一，中华民族实现了由站起来、富起来到强起来的历史性飞跃。新中国成立意味着中国人民站起来，改革开放让人民富起来，而以习近平同志为核心的党中央对中国特色社会主义事业的全面推进，正在使中华民族强起来。其二，社会主义在中国焕发出强大生机活力并不断开辟发展新境界。马克思主义同中国具体实际相结合，科学社会主义基本原则与社会主义初级阶段国情相结合，推动中国特色社会主义建设取得了巨大成就。中国化的马克思主义以与时俱进的理论品格，不断为社会主义现代化国家的建设提供源泉和动力。其三，中国特色社会主义为解决人类问题贡献了中国智慧，提供了中国方案。中国特色社会主义为国际视野下的建设和发展难题交上了一份满意的答卷，给予世界其他国家新的启示，为全人类的现代化事业提供了新思路。

中国特色社会主义的生动实践为推动实现中国梦提供了坚实的物质保障和信仰基石。中国梦是人民的梦，必须同中国人民对美好生活的向往结合起来才能取得成功。中国特色社会主义建设涵盖政治、经济、军事、文化、生态文明等多个角度，为人民描绘出一幅繁荣发展、欣欣向上的建设图景。“体面劳动、推进社会保障体系建设”谱写的是中国梦的民生篇章，国防和军队建设的“强军梦”是实现中国梦的坚强力量保证，经济社会稳定连续发展是中国梦的基本保障，“以全民健康促进全面建成小康社会”是实现中国梦的健康保障，优先发展教育事业是中国梦着眼长远的切实关怀。中央宣传部印发《关于2019年元旦春节期间广泛开展“我们的中国梦”——文化进万家活动的通知》，明确了开展文化进万家活动的主要内容，全国各级宣传文化部门组织的文艺小分队近1.2万支。甘肃开展“非遗过大年　文化进万家”活动，内蒙古启动公益电影展映活动，江苏盐城举行“贺新年、送春联”暨道德典型慰问活动，将欢乐与幸福送到人民群众中去。中国梦也是个人梦、民族梦和国家梦的统一。推进中国特色社会主义的蓬勃发展，既是实现中国梦的重要内容，也是加快推进社会主义现代化、实现中华民族伟大复兴中国梦的有力支撑。

3. 社会主义核心价值观和中华优秀传统文化广泛弘扬

党的十八大以来，以习近平同志为核心的党中央高度重视社会主义核心价值观建设。党的十九届四中全会审议通过的《决定》创造性地提出“坚持以社会主义核心价值观引领文化建设制度”[①]，并

① 中共中央关于坚持和完善中国特色社会主义制度　推进国家治理体系和治理能力现代化若干重大问题的决定．人民日报，2019-11-06（1）．

做出战略部署。这标志着我们党对社会主义文化建设规律的认识达到了一个新的高度。当前，各地各部门认真学习贯彻中央精神，在社会主义核心价值观建设方面取得了明显进展和成效。具体工作覆盖政策法规导向、深化推广普及、注重典型示范等多个方面，在全社会营造出人人参与、全民行动的生动局面。

社会主义核心价值观涵盖个人、社会和国家三个层面。践行社会主义核心价值观的活动项目在深化和拓展个人层面活动的基础上，向国家层面和社会层面延伸。重点活动项目包括：爱国主义教育活动、群众性精神文明创建活动、学雷锋志愿服务活动、节俭养德全民节约行动、公正文明执法司法活动、平安中国建设活动、民族团结进步创建活动、文明旅游活动、全民科学素质行动、扶贫济困活动、爱国卫生运动、文明办网文明上网活动、公众人物“重品行树形象做榜样”活动、“三严三实”教育、“不忘初心，牢记使命”主题教育。制度建设为社会主义核心价值观活动的开展和深入提供了制度保障，进一步推进了社会主义现代化国家的法制化进程；志愿服务的方式使参与者置身具体的情境之中，产生强烈的道德共鸣与价值认同。学习领会社会主义核心价值观理论的活动使社会主义核心价值观的内容处处可见、深入人心。

社会主义核心价值观的理论源泉与根基在中华优秀传统文化。社会主义核心价值观的弘扬要求推进中华优秀传统文化的传承与发展。首先，国家开展了一系列工作，对中华优秀传统文化经典开展大规模保护、整理与挖掘。近年来，国家持续开展“中华古籍保护计划”，对传统文化资源的梳理实现了资源的整理再造、挖掘研究与开发利用。2016 年以来，由中宣部支持和指导、文化和旅游部委托国家图书馆组织实施的“中华传统文化百部经典”编纂项目，持续推动“激活经典，走向大众”。其次，国家积极举办一系列文化活动，将中华文化传承与重大节日相结合，把优秀传统文化全方位融入人民生产生活中的各个领域，使传统文化焕发出新的活力。中宣部、文化和旅游部、教育部等部门启动实施了中华文化电视传播、中华文化资源普查、非物质文化遗产传承发展、中华老字号保护发展、中华经典诵读等重点项目。《中国诗词大会》《国家宝藏》《如果国宝会说话》《我在故宫修文物》等一批制作精良的电视节目广受观众好评，赋予传统文化新的时代内涵与表达形式。各地逛庙会、赏灯节的习俗蔚然成风，市民在阖家团圆、其乐融融的气氛中领略传统文化的深厚魅力，做弘扬中华文化的践行者和传播者。古风美食短视频在国内外强势“圈粉”，把中国人传统而本真的生活方式呈现出来，是中华文化的一面活的镜子。同时，传统文化的弘扬带动了传统工艺的振兴。

4. 公共文化服务水平不断提高

近年来，我国公共文化服务体系建设呈现出整体推进、重点突破、全面提升的良好发展态势，积累了许多满足人民群众文化需求的特色经验，取得了显著成就。

公共文化法律政策进一步完善。《公共文化服务保障法》《公共图书馆法》等为公共文化服务体系提供了坚实的法律保障。公共文化服务统筹协调制度和国家基本公共文化服务标准制度明确了中央和地方政府的保障责任。政府购买公共文化服务制度逐步建立起来。

公共文化服务财政保障进一步加强。中央财政设立中央补助地方公共文化服务体系专项资金，带动地方财政加大投入力度，初步建立了基层公共文化服务运行经费保障机制。仅 2019 年一年，中央财政安排公共文化服务体系建设资金超过 200 亿元，为我国公共文化事业的发展提供了坚实的物质保障。

公共文化设施网络初步建成。近年来，国家在推进国家图书馆新馆、国家博物馆等一批高水平的大型公共文化服务设施建设的同时，统筹推进城乡基层公共文化服务设施网络建设，夯实公共文化服务体系根基。此外，各地积极鼓励建设特色文化设施，统筹建设乡村戏台、文化村史馆、非遗传习场所、农民文化公园，为群众创造出更多优美便利的公共文化空间。

公共文化产品和服务供给日益丰富。党的十八大以来，各地积极丰富优质公共文化产品，推动文化惠民成果落到实处。推出了一大批优秀舞台艺术作品、美术作品、文化产品。深入推进全民阅读，持续开展优秀出版物推荐活动、全民阅读报刊行活动、全民数字阅读活动。各地涌现一批覆盖全民的群众文化品牌活动，如上海市的“文化嘉定云”便民应用，实现了公共文化服务平台的综合性、一站化服务，丰富了城乡群众文化生活。

公共文化服务均等化水平不断提高。在促进城乡均衡发展方面，各地通过整合资源，积极推动基层综合文化服务中心建设。在区域均等方面，大力推进文化精准扶贫。在群体均等方面，积极做好老年人、未成年人、残疾人等群体的文化权益保障工作，让每个人都享有获得公共文化服务的机会。

5. 国家文化软实力和中华文化影响力大幅提升

文化软实力是相较于经济、政治、军事、科技等硬实力而言的，是一国基于文化而具有的凝聚力、生命力与发展动力，以及在国际文化交流中由此产生的吸引力和影响力。文化软实力是国家间竞争的重要方式，是一国综合国力的重要组成部分。中华文化源远流长、博大精深，在五千多年文明的发展进程中，中华民族创造了具有独特魅力的灿烂文化。当前，党和国家积极主动实施文化“引进来”和“走出去”，促进中华优秀传统文化与当代文化、现代社会相协调。

文化产业保持高速增长。以电影产业和旅游业为例，国产影片在作品质量、城市荧幕数、电影票房和观影人数方面都实现了跨越式发展。例如，《战狼 2》《哪吒之魔童降世》《流浪地球》三部国产影片占据中国电影票房总排行榜前三名，总票房均在 50 亿人民币左右。我国正迈向新闻出版广播影视强国，形成了具有较强传播力影响力的现代传播体系和规模庞大的内容制作生产体系，建成了覆盖广泛的现代传输发行覆盖体系，培育了结构完善的产业体系。国内旅游业不断增长，2018 年我国国内旅游人数达到 55.39 亿，同比增长 10.8%，旅游收入 5.13 万亿元，同比增长 12.3%，为我国经济、社会发展提供了重要的动力。

文艺创作持续高速繁荣。党的十八大以来，以习近平同志为核心的党中央高度重视宣传思想文化工作，推动宣传思想文化工作实现新突破。文化体制机制初具规模，更加注重系统性、协同性，国内文化创作产品不断涌现，文化发展理念思路有重大创新，文化事业文化产业发展有重大成就，文化政策法规建设有重大成果，人民群众的文化需求更加丰富。如重庆、沈阳等城市纷纷举办“我们的中国梦——文化进万家”活动，不断以承载社会主义核心价值观的文化创作鼓舞人心，用高质量的文化创作满足人民的文化需求。

我国文化产业在不断壮大的同时也开启了走出去的步伐，日益开辟海外市场，显著提高了国际影响力。包含着中国声音、中国价值的文化产品，得到越来越多国家的认可和喜爱。《舌尖上的中国》等纪录片、《流浪地球》等影视剧在走出国门后也受到热捧。科幻小说《三体》在全球范围内取得了 2 100 多万份的发行量。特色鲜明、内涵丰富的文化产品源源不断地展现在国际舞台，中国面孔、中国形象已占据了一部分的世界文化市场。

更为重要的是，中国提出“一带一路”“构建人类命运共同体”等具有全球视野的倡议，积极推进中外文化交流、发展文化服务贸易，在世界舞台上展示了中国制度的优越性、中国方案的引领性、中华文明的独特魅力，不断提高了自己的影响力。

6. 全党全社会思想上的团结统一更加巩固

党的十八大以来，我们党在意识形态领域的主导权和话语权大大增强。针对当前社会思潮多样化、价值取向多元化、思想观念复杂化等形势，党中央果断做出坚持马克思主义在意识形态领域指导地位的重大理论决策，强调要牢牢把握意识形态领域的领导权，绝不能让危害社会主义建设的言论混淆视听、干扰人心。建立健全意识形态工作责任制，创新工作方式方法，完善坚持正确导向的舆论引导工作机制，对错误思想敢于亮剑、敢于斗争，坚决遏制各种错误思想炒作和蔓延，以坚定的理想信念铸牢精神之基。这些重大决策、举措和成就，大大改善了社会思想舆论环境的混乱状况。

用习近平新时代中国特色社会主义思想这一党的理论创新的最新成果武装全党、教育人民，是推进党的思想理论建设的重大举措。以习近平同志为核心的党中央全面加强了党的领导，强调全党必须增强政治意识、大局意识、核心意识、看齐意识，自觉在思想上、政治上和行动上同党中央保持高度一致。这些重大决策、举措和成就全面加强了党的领导能力，党的团结统一更加巩固。

社会主义核心价值观更加深入人心。全党上下围绕社会主义核心价值观进行了多次深入的学习活动和实践活动，牢固树立了共产主义远大理想和中国特色社会主义共同理想。先进模范的宣传和学习活动在全社会形成了学习模范、崇尚模范的社会风尚，以中国核潜艇之父黄旭华等人为代表的先进模范人物为广大人民群众所熟知、敬仰。新时代文明实践中心建设不断深入，人民思想觉悟、道德水准、文明素养和全社会文明程度不断提高。思想道德建设工作不断夯实，思想政治工作进一步制度化、体系化。

中华优秀传统文化不断实现创造性转化、创新性发展，继承革命文化，发展社会主义先进文化。在既有的传统和根本的基础上不忘本来、吸收外来、面向未来，更好地构筑了中国精神、中国价值、中国力量，为人民提供了强大的精神支撑。

四、中国特色社会主义制度的优势体现

改革开放以来，特别是党的十八大以来，我国在文化建设领域取得了举世瞩目的实践成就，这些成就证明，我们的文化制度是一个符合人类文化发展的一般规律、符合社会主义中国的基本国情、符合中国特色社会主义进入新时代的内在要求的好制度。这一制度的优势主要体现为通过繁荣发展社会主义先进文化的制度，共产主义远大理想和中国特色社会主义共同理想相互结合，社会主义核心价值观的引领作用不断增强，全社会、全民族的道德观念普遍提升；各种优秀的文化资源被整合起来，形成了“百花齐放，百家争鸣”的局面，中华优秀传统文化、革命文化和社会主义先进文化交相辉映、相互促进；在多元中立主导，在多样中谋共识，在多变中定方向，在价值多元化的条件下确立了正确的主导思想，使全体人民紧紧团结在一起，最终汇聚起全社会的力量，共同助力国家富强，实现中华民族伟大复兴的中国梦。

1. 坚持共同的理想信念、价值理念、道德观念

社会主义先进文化以社会主义为价值标杆，要求坚定马克思主义的指导地位，其实质是对当前中国的文化艺术生产进行价值规范，其精髓在于社会主义核心价值观。

社会主义核心价值观有助于培育高尚的道德情操。通过培育和弘扬社会主义核心价值观，使全社会明德向善、互帮互助的习气蔚然成风，引导人民向往道德、讲求道德、践行道德，以较高的道德标准和道德规范要求自己，培育道德责任感和道德情感，激发良好的道德风尚。

社会主义核心价值观有助于树立正确的价值准则。社会主义核心价值观涵盖了人们的自我修养、社会交往与家国责任等多个方面，

以其系统性、彻底性深入每个人的精神深处，从各个方面对人们的日常生活起到引导和规范作用。它培养和重塑了人们的思维方式和判断标准，进而转化为人们的情感认同和行为方式，使得社会主义核心价值观成为每个人进行价值判断的规范。

社会主义核心价值观有助于巩固共同理想的思想基础。理想信念教育、英雄模范学习、中国梦的深入普及引导了学习红色理论、践行红色实践的社会思潮，坚定了人们对于坚持走中国特色社会主义道路的认同感和价值归属，树立了对共产主义远大理想和中国特色社会主义共同理想与对马克思主义的信仰，使社会主义的旗帜高高飘扬。

繁荣发展社会主义先进文化必然要求发展好中华优秀传统文化。社会主义核心价值观的理论根基和精神来源都在于中华优秀传统文化，它是马克思主义中国化得以发展的重要文化载体，同时也为继承和发扬社会主义先进文化提供了重要的思想精华与道德精髓。

发展中华优秀传统文化有助于继承和发扬我国人民在长期实践中培育和形成的传统美德，让每个人都成为传播中华传统美德的主体。中华文化拥有着系统完备的思想观念和道德规范，自强不息、敬业乐群、扶正扬善、扶危济困、见义勇为、孝老爱亲等传统美德时至今日依然熠熠生辉。要着重汲取中华文化的思想道德资源，推进社会主义思想道德建设发展。

发展中华优秀传统文化有助于加强挖掘和阐发中华优秀传统文化中符合时代发展的价值观，将其与以爱国主义为核心的民族精神和以改革创新为核心的时代精神有机结合起来。在习近平同志关于文化发展繁荣的系列重要讲话中，创造性转化和创新性发展了“孝悌忠信”“礼义廉耻”“天人合一”“为政以德”“己所不欲勿施于人”等优秀传统理念，充分承认中华优秀传统文化具有超越时代和国度的普遍价值。中华传统文化讲仁爱、重民本、守诚信、崇正义、尚和合、求大同的思想观念使其成为涵养社会主义核心价值观的重要源泉。

中国人民的理想、价值观和精神世界是始终扎根于中华优秀传统文化的沃土之中的，同时也是随着历史和时代的发展不断与时俱进的。繁荣社会主义先进文化，就是要将中华优秀传统文化与中国的具体社会实际问题相结合，寻求传统文化精髓与时代精神的“最大公约数”，共同凝练出能够引导广大中华儿女一同建设中国特色社会主义的思想精华与价值导向，使之成为全国各族人民团结奋斗的重要思想基础。

2. 弘扬中华优秀传统文化、革命文化、社会主义先进文化

建设中国特色社会主义文化，需要把握中华优秀传统文化、革命文化和社会主义先进文化之间的辩证关系，从而对中华优秀传统文化进行创造性转化、创新性发展，继承革命文化，发展社会主义先进文化。

中华优秀传统文化是中华民族在漫长历史长河中涤荡出的思想成果，具有源远流长、博大精深的特点，显示了中华民族的璀璨历史，沉淀了各族人民实现美好生活的智慧结晶。它是中华民族的精神命脉，也是中华文化的根基和源头，融合了华夏人民在世世代代的生产生活中逐渐稳固下来的思维方式和价值理念，传承着中华民族的道德品格、价值取向、行为规范和实践模式。

革命文化是近代以来特别是五四新文化运动以来，在党和人民的伟大斗争中培育和创造的思想理论、价值追求、精神品格，如红船精神、井冈山精神、长征精神、延安精神、西柏坡精神等，集中体现了马克思主义指导下的中国近现代文化发展及其成果，谱写了一首首英雄儿女波澜壮阔、荡气回肠的革命史诗。以井冈山精神、长征精神为代表的革命文化，是马克思主义与共产主义伟大理想在中华土壤上鲜活的展现，是党领导人民争取民族解放、国家复兴过程中的宝贵文化财富，是对中华优秀传统文化的重塑和升华。

社会主义先进文化是党领导人民在推进中国特色社会主义伟大实践中所凝结成的、在马克思主义指导下形成的面向现代化、面向世界、面向未来的，民族的科学的大众的社会主义文化。它代表着时代进步潮流和发展要求，有机地融合了中华优秀传统文化和红色革命文化的理论精华，同时也是中华文化在当前时代的最新发展。共产主义远大理想和中国特色社会主义共同理想、马克思主义中国化的制度和理论成果、社会主义核心价值观、以爱国主义为核心的民族精神和以改革创新为核心的时代精神等，共同熔铸成了社会主义先进文化。

中华优秀传统文化、革命文化和社会主义先进文化将中华民族的意志贯穿了起来，以不同的时间维度和空间维度充实了中国精神的丰富内涵，共同构成了中华文化的历史、现在和未来，凝结了华夏儿女数千年来坚守不移的理想信念和价值主张，是中华民族共同守护的精神家园。在今天建设中国特色社会主义文化，就是要将这三者辩证统一于中国特色社会主义的伟大实践当中。要正确传承和弘扬中华优秀传统文化，通过自觉、积极、主动的文化实践挖掘和阐发传统文化中具有时代价值的内容。要对革命文化进行充分的肯定和发展，在和平年代重温革命文化尤其具有凝聚人心、坚定理想信念的特殊意义。要肯定当代中华文化发展的社会主义性质，毫不犹豫地以马克思主义为指导，在社会主义现代化建设的进程中不断增强文化建设的强度、深度和广度，不断打造中华民族屹立于世界民族之林的文化实力。

3. 促进全体人民在思想上精神上紧紧团结在一起

当前社会思潮多元、多样、多变，存在着各种各样的价值观念和价值取向。而面对如此复杂的国内形势与国际形势，确立一种赢得全国各族人民共同认可的价值观和价值体系就至关重要。

2014年2月，习近平总书记在中共中央政治局第十三次集体学习中指出，我们要从巩固全党全国各族人民团结奋斗的共同思想基础、巩固党的执政地位的战略高度，持续加强社会主义核心价值体系建设，把培育和弘扬社会主义核心价值观作为凝魂聚气、强基固本的基础工程，作为一项根本任务，切实抓紧抓好。社会主义核心价值观根源于中华优秀传统文化，凝结了中华民族共同的价值规范和情感取向。同时，它还是中国梦的价值引领，体现了社会主义制度在精神和思想层面的本质要求，是社会主义意识形态的重要理论成果。因此，它具有凝聚全国各族人民的理想信念、价值理念和道德观念的重要能力，是实现党和人民群众思想上统一、政治上团结、行动上一致的重要精神纽带。

社会主义核心价值观重视理想信念的确立和坚持。理想信念是一个民族能够抵御风险和挑战的精神支柱，是晦暗局势下打破僵局、明晰方向的指路石。涓滴细流入江河，细微沙土成高塔。正是无数奋斗在祖国一线岗位的人民心往一处想，劲往一处使，社会主义的一座座高楼大厦才能拔地而起，广大人民为实现中国梦不断添砖加瓦，谱写新时代美好篇章。

社会主义核心价值观塑造人民群众普遍认同的道德认同和价值体系。立足于中华优秀传统文化的社会主义核心价值观提炼了中华民族的宝贵精神基因，将中华儿女的认同感和归属感烙印在了其灵魂深处。而在今天，对中华优秀传统文化的创新性发展结合了时代的具体要求，以最生动和最深刻的精神体验将各族人民统一于中国特色社会主义伟大建设事业当中，因而具有突出的实践意义和历史意义。

社会主义核心价值观是党在意识形态领域领导作用的重要体现。党和中央通过舆论引导、媒体宣传、教育普及、政策规范、制度保障等多种方式推进社会主义核心价值体系和价值观的建设，弘扬主旋律，传播正能量。推进精神文明建设和思想道德建设的方针策略，以高扬的文化自信态度营造良好的社会主义文化建设氛围，使各族人民自觉、自主、自愿地团结在以习近平同志为核心的党中央周围，促使全体人民在思想上精神上保持高度一致。

坚持以人民为中心

人民是社会的主体，既是社会物质财富和精神财富的创造者，也是社会变革的决定性力量。同时，人民也是国家的主人，国家发展也离不开人民。作为马克思主义指导的政党，中国共产党始终把为中国人民谋幸福、为中华民族谋复兴作为自己一项光荣历史使命。而社会主义制度的建立，也为中国共产党践行使命提供了基础前提和有利条件，使古老的中国焕发出旺盛的生机和活力。但同时，时代也对中国特色社会主义制度建设和治理能力现代化提出了新的更高要求。在这种情况下，2019 年党中央召开了具有里程碑意义的十九届四中全会。全会以制度建设为主题，将“坚持以人民为中心的发展思想，不断保障和改善民生、增进人民福祉，走共同富裕道路的显著优势”作为我国国家制度和国家治理体系的一项显著优势。这对做好新时代我国的经济发展和社会建设具有重大意义，需要我们在理论上加以认真学习和把握。

一、中国特色社会主义社会建设的辉煌成就

作为马克思主义指导的政党，中国共产党从建党伊始就深刻认识到，只有依靠人民群众，才能带领人民完成历史的重任。回首历

史，在探索和建设中国特色社会主义的历史进程中，中国共产党面对各种严峻复杂的国内外形势，先后战胜一系列重大风险挑战，推动党和国家事业取得历史性成就，特别是社会民生建设发生翻天覆地的变化，使中国之治与西方之乱形成鲜明对比。特别是进入新时代以来，以习近平同志为核心的党中央更进一步坚持以人民为中心的工作导向。在政治、经济、文化、社会等各个方面的发展中，习近平同志始终站在人民的角度，关注人民生活，将民生建设贯穿于社会主义建设中的各个角落，提出了一系列伟大决策，既体现了党的宗旨和价值取向，也体现了以人民为中心的治国理念，使中国特色社会主义制度在社会民生建设方面取得了前所未有的历史性成就。

1. 发展社会主义民主政治，保障人民当家作主地位

我国是人民当家作主的社会主义国家，坚持人民的主体地位，离不开在制度上对人民民主进行强有力的保障。党的十八大以来，习近平同志在提出“五位一体”总体布局时提到，发展社会主义民主政治，要完善人民当家作主的制度体系，党和国家要更加充分地发展人民民主，建立基层制度保障，丰富民主形式，拓宽民主渠道，依法实行民主选举、民主决策、民主管理、民主监督，保障人民的知情权、参与权、表达权、监督权等。政治是国家发展的方向，好的政治决定人民的安居乐业、幸福安康，习近平同志重视政治制度建设，重视政治制度对人民权利的保障和利益的维护，充分体现了习近平同志以人民为中心的人民立场。

人民代表大会制度保证了人民当家作主的地位。2014 年 9 月 21 日，习近平同志在庆祝中国人民政治协商会议成立 65 周年大会上指出：“保证和支持人民当家作主不是一句口号、不是一句空话，必须落实到国家政治生活和社会生活之中，保证人民依法有效行使管理

国家事务、管理经济和文化事业、管理社会事务的权力。”① 作为人民当家作主的法律保障，1954 年《宪法》明确规定，国家的一切权力属于人民。人民行使权力的机关是全国人民代表大会和地方各级人民代表大会。作为人民代表大会的主体，人大代表具有广泛的代表性，来自各个方面，始终工作生活在群众之间，对群众的工作生活状况感同身受、体会最深。广泛的代表性保证人大代表始终成为人民的代表，始终代表最广大人民的根本利益。在 2019 年 3 月召开的十三届全国人大二次会议期间，代表提出的议案共 490 多件，建议、批评和意见共 8 160 件，涉及国家各方面事业和各领域工作。

协商民主畅通了人民当家作主的渠道。新中国成立以来，人民政协在完成社会主义改造、活跃国家政治生活、调整统一战线内部关系、扩大国际交往等方面都发挥了重要作用。改革开放以来，党中央又明确将人民政协的性质和作用载入宪法，将中国共产党领导的多党合作和政治协商制度确立为我国的一项基本政治制度。党的十八大以来，党中央也高度重视人民政协工作，充分发挥人民政协作为协商民主重要渠道作用，不断推动政治协商、民主监督、参政议政制度建设。这使得人民政协在新时代聚焦全面深化改革凝聚共识、汇集力量、建言献策等方面，均做出了新的重要贡献。

基层民主制度激活了人民当家作主的热情。2017 年 3 月，我国召开十二届全国人大五次会议，审议通过了《中华人民共和国民法总则》，明确了村民委员会、居民委员会具有基层群众性自治组织特别法人资格。中央及有关部门先后就农村基层组织建设、社区服务体系建设等出台专门举措，全国 27 个省份实现了村民委员会和居民

① 习近平．在庆祝中国人民政治协商会议成立 65 周年大会上的讲话．北京：人民出版社，2014：12.

委员会换届选举的统一届期、统一部署、统一指导、统一实施，参选率达到90%以上。目前全国有98%的村制定了村规民约或村民自治章程，全国每年约有170万名村干部进行述职述廉，对23万名村干部进行经济责任审计，民主评议村干部近210万人次①，有力保障了人民享有更多更切实的民主权利。总体看，经过长期实践和发展，基层群众自治已成为当代中国最直接、最广泛、最生动的民生实践。据民政部统计，截至2018年底，全国基层群众性自治组织共计65万个，其中村委会54.2万个，村民小组449.1万个，村委会成员221.5万人；居委会10.8万个，居民小组156.3万个，居委会成员57.9万人。全年共有27.6万个村（居）委会完成选举，登记选民数为2.8亿，参与投票人数为2.3亿。此外，据全国总工会统计，截至2017年9月底，全国建立职代会或职工大会制度的基层企事业工会有225.2万个，覆盖职工2.5亿人；实施厂务公开的基层企事业工会有220万个，覆盖职工2.4亿人②。实践表明，覆盖城乡和企事业单位的基层群众自治，参与人数多、自治领域广、民主实践生动，展现出旺盛的生机活力，是人民群众参与社会主义民主政治和公共事务管理、推进基层社会治理的有效形式。

2. 夯实社会主义经济基础，不断保障和改善民生

习近平强调，要在发展中保障和改善民生。发展是第一要义，但发展的同时也要兼顾人民群众的利益、兼顾人民群众的生活质量，这样才能加速中国的发展，真正做到国富民强。1979—2018年，我国国内生产总值年均增长9.4%，远高于世界同期年均2.9%的增速。在短短几十年间，我国从一穷二白发展成为世界第

---

① 中共民政部党组．党的十八大以来中国特色基层民主建设的显著成就．求是，2017（11）.

② 《中共中央关于坚持和完善中国特色社会主义制度　推进国家治理体系和治理能力现代化若干重大问题的决定》辅导读本．北京：人民出版社，2019：49.

二大经济体，从连火柴、煤油都要进口发展成为拥有联合国产业分类目录中全部工业门类的制造业第一大国。截至目前，我国已经是世界货物贸易第一大国、外汇储备第一大国、商品消费第二大国、外资流入第二大国。显而易见，我们在发展中取得了辉煌的成就。

与此同时，我们在进行社会主义建设、实现社会主义现代化过程中，也始终坚持以人民为中心的发展理念，努力让普通百姓过上小康生活，实现好维护好发展好最广大人民群众的根本利益。七十年来，中国共产党领导人民创造了经济快速发展奇迹和社会长期稳定奇迹，开创了世界历史上最大规模的现代化进程，以每年实现1 000多万人脱贫的事实创造了脱贫史上的世界纪录。全面建成小康社会和共同富裕不仅在规范意义上明确了社会主义的目标使命，更在具体实践中细致入微地改变着人们的生活现实，一点一滴地提升着人们的生活水平，从而使中国梦真正成为每一个人的梦，使中国改革发展成就惠及每一个努力奔跑的追梦人。需要清醒地看到，像中国这样一个人口如此众多、差异如此巨大、发展如此不平衡的国家，在提升人民普遍福祉上每前进一步都要付出巨大努力。从历史上看，毛泽东、邓小平、江泽民、胡锦涛等党和国家领导人在不同历史时期都对改善民生、不断提高人民生活水平做出指示。党的十八大以来，以习近平同志为核心的党中央针对民生建设又出台了一系列政策措施，同时也取得了举世瞩目的辉煌成就。例如，在收入方面，2018年我国居民人均可支配收入达28 228元，比1949年实际增长59.2倍。在教育方面，党和国家也持续不断加大对农村教育的资金援助，推进农村地区的教育发展。在就业方面，2013年以来，城镇新增就业每年都超过1 300万人，城镇调查失业率始终稳定在5%左右的较低水平。在住房方面，2013年以来，全国城镇保障性安居工程合计开工约7 000万套，尽可能满足每一个人民群众的基本生活需求。在养老方面，中央上调了养老金，减轻了年轻人的养老负担，也提高了老年人的生活质量。截至 2018 年底，全国养老保险覆盖人数达到 9.42 亿，基本医疗保险覆盖人数已超过 13.44 亿[①]。在社会公益层面，习近平提出应大力发展社会公益事业，健全社会志愿者服务体系，用社会关爱温暖儿童、妇女和老人。现在全国已建成覆盖十几亿人口的世界最大社会保障体系，人均预期寿命由新中国成立以前的 35 岁增长到 2018 年的 77 岁。

3. 铸牢共同富裕思想理念，坚持效率和公平的统一

我国是公有制为主体的社会主义国家，在社会分配方面我们实行的是按劳分配为主体、多种分配方式并存的社会主义基本分配制度。这种制度，既促进了社会主义生产力的发展，又缓解了收入差距过大和社会公平正义问题，体现了社会主义人本主义关怀，是党和人民的伟大创造。在这种情况下，我国基本实现了人民生活的小康。但总体而言，目前我国的贫富差距仍相对较大，为此，党中央提出了“先富帮后富”，实现共同富裕的口号，特别是社会低收入人群的生活质量水平是当前党中央最为关心的民生问题。对此，习近平在充分考虑了全国各族人民的生活水平、各个地区的发展状况，以及人民群众的利益诉求后，提出了精准脱贫战略，要求有针对性地提高人民的生活质量，有计划、有目的地进行全民脱贫，以切实满足每一位人民群众的生活和发展需求。在这方面，经过多年努力，1978 年到 2018 年，内蒙古、广西、西藏、宁夏、新疆等 5 个少数民族自治区和云南、贵州、青海 3 个民族省份的地区生产总值，已经由 324 亿元增加到 90 576 亿元；贫困人口减少到 603 万，贫困发生率下降到 4%。民族地区已经全面普及九年义务教育，西藏和新疆的南疆地区等实现了从学前到高中阶段的十五年免费教育[②]。与此同

① 《中共中央关于坚持和完善中国特色社会主义制度　推进国家治理体系和治理能力现代化若干重大问题的决定》辅导读本．北京：人民出版社，2019：142，181.

② 同①163.

时，我国在促进城乡协调发展方面也呈现出新格局，2018 年，全国常住人口城镇化率达 59.6%，比 1978 年提高 41.7%。农村贫困人口由 1978 年的 7.7 亿减少至 2018 年的 1 660 万，贫困发生率由 97.5%下降至 1.7%，中国对全球减贫贡献率超过 70%[①]。特别是在社会脱贫减贫方面，改革开放以来，我国已不断提升和改善民众福祉，实现了人民生活由温饱不足向总体小康的历史性跨越，累计减少贫困人口 8 亿多，对全球减贫贡献率超过 70%。党的十八大以来，中国实施精准扶贫战略，2013 年至 2018 年，每年有 1 200 多万人稳定脱贫，贫困发生率从 10.2%下降到 1.7%，中国由此成为全球最早实现联合国千年发展目标的发展中国家，中国减贫扶贫的巨大成就为其他国家树立了榜样，中国精准扶贫方略为解决全球贫困问题提供了有效路径。联合国秘书长古特雷斯称赞“中国是为全球减贫做出最大贡献的国家”[②]；联合国开发计划署前署长克拉克说：“中国贫困人口的脱贫规模举世瞩目，其速度之快也是绝无仅有！”[③] 墨西哥中国问题专家罗德里格斯指出：“每个国家都有其特有的国情和发展道路，中国显然找到了一条适合自己的发展道路，这让中国人民享受到发展成果，也给其他发展中国家带来信心和启示。”[④] 事实证明，中国减贫的成功经验在于持续快速的经济增长、创造大量就业，且经济增长成果为人民所共享。中国特色社会主义制度能够坚持各民族一律平等、各地区协同发展，使全国各族人民都能公平享受改革发展的红利，实现各地区各民族各阶层的共同奋斗、共同发展。

---

① 《中共中央关于坚持和完善中国特色社会主义制度 推进国家治理体系和治理能力现代化若干重大问题的决定》辅导读本．北京：人民出版社，2019：165.

② 中国脱贫攻坚的伟大实践．领导决策信息，2018（34）.

③ 程冠军．精准脱贫中国方案．北京：中央编译出版社，2017：16.

④ 李鹏．中国特色社会主义的历史形成及世界意义．山西社会主义学院学报，2018（1）.

二、中国特色社会主义社会建设的制度框架

我国要实现中华民族的伟大复兴，制度的地位和作用不可忽视。而独特的国情、独特的文化传统、独特的社会制度，决定了我们的制度建设只能是具有中国特色的制度模式，必须以社会主义为方向。坚持党的领导，这是中国特色社会主义制度的本质特征。历史证明，党领导下的民生改善和民生建设是我们治国理政的基本方略，是实现“四个全面”战略布局的客观需要，也是推动实现中华民族伟大复兴中国梦的重要保障。

1. 不断提高人民获得感是中国特色社会主义社会建设制度的思想指引

新中国的成立开启了建设社会主义现代化国家的历史征程。但中华民族完成从站起来、富起来到强起来的伟大飞跃的同时，国际形势和国内环境的复杂变化也给党的治国理政提出了许多新的难题和挑战。在这种情况下，党要更好地实现人民对美好生活的向往，就必须转变发展思维，弄清楚发展为了谁、发展依靠谁这个根本性的问题，找准新时代治国理政的大方向。在这种情况下，在中国特色社会主义进入新时代的历史背景下，党中央在结合我国国情、汲取前人智慧、以自身经历为经验的基础上，提出了习近平新时代中国特色社会主义思想，特别是习近平提出的“让人民群众有更多获得感”的重要论述，是党中央对新时代实现人民对美好生活向往的思考和回应，对当代我国不断改善民生、增进人民福祉具有重要的实践价值。

2016 年，习近平在中央经济工作会议上指出，党要“在推动发展中不断提高人民生活水平，努力扩大中等收入群体，让人民群众有更多获得感，更好体现和发挥我们的制度优势”。这一关于“让人

民群众有更多获得感”的重要论述，一方面，表明了党中央在决策层面把改革进行到底的决心；另一方面，也调动了广大人民群众投身改革、进行改革的积极性，为改革的深入进行奠定了群众基础。对此，习近平强调：“保障和改善民生要抓住人民最关心最直接最现实的利益问题，既尽力而为，又量力而行，一件事情接着一件事情办，一年接着一年干。坚持人人尽责、人人享有，坚守底线、突出重点、完善制度、引导预期，完善公共服务体系，保障群众基本生活，不断满足人民日益增长的美好生活需要，不断促进社会公平正义，形成有效的社会治理、良好的社会秩序，使人民获得感、幸福感、安全感更加充实、更有保障、更可持续。”① 事实上，改革不断向前推进，需要坚强的政治定力和极大的实践勇气，而人民对美好生活和获得感的向往就是激励当代中国共产党人不畏艰难、奋勇进行改革的强大精神动力。正是在这个信念的指引下，党才能带领人民在改革中不断前进，战胜一个又一个困难，创造出一个又一个奇迹。与此同时，改革的深入也离不开人民群众的参与和支持。因为人民是党的根基，党的力量也来源于人民，只有充分发挥广大人民群众的积极性、主动性、创造性，才能把为人民造福事业推向前进。因此，习近平关于“让人民群众有更多获得感”的重要论述，既体现了当代中国共产党人以人民为中心的发展思想，也反映了党对人民主体理念的深入认识，是对马克思主义人民观和中国共产党人民观的新发展，为改革开放的深化注入了新的强大动力。

2. 不断改善民生、增进人民福祉是中国特色社会主义社会建设制度的主要内容

作为马克思主义政党，中国共产党是在马克思主义指导下形成

---

① 习近平．决胜全面建成小康社会　夺取新时代中国特色社会主义伟大胜利：在中国共产党第十九次全国代表大会上的报告．北京：人民出版社，2017：45.

和确立的。马克思主义的道理有很多，但其中两条特别重要：一是坚持人民主体地位，二是追求共产主义理想。而这两条在马克思主义原理这里都是统一的，都是坚持以人本为导向，以追求人的全面自由和社会幸福为目标。新时代以来，党领导下的社会治理就是这两条基本原理在中国条件下的生动体现。中国特色社会主义社会治理，一方面集中体现了马克思主义人民主体的原理，因为中国人民和中华民族就是中国社会发展的历史主体；另一方面也集中体现了共产主义理想追求，因为中国人民的幸福生活和中华民族的伟大复兴是社会主义和共产主义理想的具体体现。

当然，党领导的社会建设既是一个历史过程，也是一项复杂的社会系统工程。它包括坚持马克思主义指导思想、关注社会生活、化解社会矛盾、实现社会富裕、协调社会利益、整合社会关系、健全社会保障、发展社会事业、调动社会力量、开展社会工作、维护社会稳定、加强社会管理、建设和谐社会、推动社会文明、追求社会理想等内容。具体而言，就是在经济建设中，满足人民群众的物质生活需要，让人民有富足感；在政治建设中，充分发挥人民群众的智慧，让人民有参与感；在文化建设中，要丰富人民群众的精神生活，让人民有认同感；在社会建设中，要让人民群众参与其中，让人民有归属感；在生态文明建设中，要践行绿色发展理念，让人民有舒适感。当前社会建设最重要的是实现社会富裕、协调社会利益和健全社会保障。所以，从某种程度上说，社会建设的过程就是一个实现改善民生、增进福祉、协调利益的过程。而在过去七十年的建设实践中，我们经过艰辛探索，也总结出一些社会建设的宝贵经验，如一方面要把满足人民日益增长的物质文化需要作为推动改革发展的主要方向，坚持以经济发展为中心，不断提高人民生活水平。另一方面是把提高效率同促进社会公平结合起来，实现在经济发展基础上由广大人民共享改革发展成果。总而言之，人民是检验新时代治国理政各项具体举措成效的“裁判员”，“让人民群众有更多获得感”是新时代治国理政的价值所在和工作主线，推动着国家治理向前推进。“‘知屋漏者在宇下，知政失者在草野。’让群众满意是我们党做好一切工作的价值取向和根本标准，群众意见是一把最好的尺子。”[①] 上述习近平关于“让人民群众有更多获得感”的重要论述指明了新时代治国理政的价值取向，是以习近平同志为核心的党中央治国理念的集中体现，对我国当前的治国理政具有重要的引领作用。

3. 党的坚强领导和强大执行力是中国特色社会主义社会建设制度的实现保障

近代以来，中国的民族独立和国家富强需要一个“强政治领导”来有力推进。新中国成立以来特别是改革开放以来，面对复杂多变的国际形势和艰巨繁重的改革发展任务，中国也需要一个“强政治领导”来防范化解许多政治、意识形态、经济、科技、社会、外部环境和执政党建设等领域的重大风险。在这样的背景下，中国共产党发挥了自身决策优势，成为领导现代化的身体力行的发起者、组织者和推行者。例如，新中国成立之初，以毛泽东同志为主要代表的中国共产党人，面对一穷二白的困难局面，就以坚如磐石的精神意志，在迅速恢复国民经济的基础上成功进行了社会主义改造，确立了社会主义制度，并在建设社会主义现代化、探索中国式的工业化道路上取得了巨大成就。“文化大革命”结束后，以邓小平同志为主要代表的中国共产党人，坚持解放思想、实事求是，坚决排除各种思想禁锢，依靠我们党卓越的执政能力、非凡的感召力和果断的行动力，进行对内改革对外开放，极大增强了我国综合国力、国际竞争力和世界影响力。20 世纪 90 年代初，面对苏东剧变，中国共产

① 习近平．在党的群众路线教育实践活动总结大会上的讲话．北京：人民出版社，2014：10.

党依旧坚定不移地推进中国特色社会主义，引领社会主义的航船沿着正确方向破浪前进；1997 年亚洲金融风暴和 2008 年国际金融危机来临时，中国共产党采取了积极的应对政策和有效的防范措施，稳定了局势，为亚洲地区和世界做出了应有的贡献。经历 1998 年特大洪灾、2003 年肆虐的“非典”、2008 年汶川特大地震，以及面对分裂势力的猖狂活动，中国共产党都保卫了国家安全，保持了社会稳定。进入新时代以来，在以习近平同志为核心的党中央的坚强领导下，我们又开启了全面深化改革的新征程，国家整体面貌发生了新的历史性变化，中国人民实现了从站起来到富起来再到强起来的飞跃，取得了全面建成小康社会、反腐败、环境治理等方面的历史性成就。事实证明，中国共产党依靠自身严密的组织体系、科学的理论指引和高效的行动能力，为中国革命建设改革的持续顺利推进提供了源源不断的制度动力，是中国奇迹的创造者。短短七十年，中国共产党就依靠自身严密的组织体系、科学的理论指引和高效的执行能力使中国发生了翻天覆地的变化，其推进工作力度之大、落实速度之快、成效之显著，成为中国共产党相较于国外一般政党的一个独特优势，为世界所惊叹。

事实已经证明，中国始终坚持和不断完善的中国特色社会主义制度是一套行之有效的国家治理体系。例如，我国实行的中国共产党领导的多党合作和政治协商的新型政党制度，就保证了发展中决策者可以相互协调，减少歧义，能够使大家扩展趋同性，向各方有可能都认同的决策目标靠近。同饱受选举政治困扰的西方国家相比，中国独特的政党制度确保国家治理更加具有战略思维和长远眼光，有助于保持政策目标的长期稳定和可持续发展，避免因政党频繁轮替而带来的无序和混乱。再如，中国特色社会主义制度着眼的是维护国家与社会的整体利益，而坚决防止受任何资本力量或利益集团的干扰，中央一旦形成决议，就可以迅速成为全社会的行动指南。此外，中国的治理同西方国家分立制衡的权力架构相比，无论在横向上还是在纵向上，都显示出对于国家治理能力的高度自信。同时，我们还鼓励地方积极从事改革试验，并善于将局部经验推广到全国，这种模式能够极大地提升国家治理的实际效用，减少大范围试错的成本，而这些在西方国家几乎是不可能的。追根溯源，我们可以看出，目前所有成就的取得，都源自中国共产党的领导。中国共产党领导是中国改革开放和中国特色社会主义现代化建设得以顺利实施的政治前提和制度基础，也是中国共产党成立以来所创造的一笔重要而独特的政治资产。历史和现实都证明，我们的这种政党制度与中国这样一个人口众多的大国治理是紧密相连的，是非常符合我国实际的，充分显示出我们治理的有效性和决策的科学性。坚持和完善党的领导，使我们在处理政党与政权、政党与政党、政党与社会这三对关系方面更有责任、更有效率，同时也更有行动力。

三、中国特色社会主义社会建设制度的特点优势

中国共产党自成立之日起便把为中国人民谋幸福作为自己矢志不渝的目标。在人民需求愈加多样和高层次的情况下，党始终坚持“以人为本”的理念，把人民对美好生活的向往作为党的奋斗目标。一方面高效率地推进经济建设，另一方面也高度注重保障民生，使经济发展的成果最大限度惠及于民，即尽可能让最广大的人民公平分享到经济发展带来的好处，建立一种公正的政治-经济-社会机制，保证富裕起来的人的利益的增加不以社会弱势群体利益的损失为代价，从而既保护富人的合法权益，使社会保有活力、创造力，又保护弱势群体的利益，使社会进步更加平稳。有了社会的基本公正，才有社会的和谐。这一目标，不仅是小康社会的理论上的自然延续和现实社会的最大需求，也是社会主义核心价值体系的应有之义。

1. 成果共享是中国特色社会主义社会建设制度的显著特征

我们是社会主义国家，国家的发展依靠人民，发展的目的也是实现人民的共同富裕，这就要求发展成果由人民共享。这个理念突出了人民的主体地位和本质，既是以习近平同志为核心的党中央对马克思主义人民主体和利益共享思想的继承发展，也是对中国特色社会主义人民利益观的弘扬和创新，是中国化马克思主义关于发展问题的最新理论成果。

第一，成果共享是中国特色社会主义以人为本的本质要求。在社会主义国家，人是发展的目的，不是发展的手段。以人为本，首先要求把人看作目的，而不是把人看作达到目的的手段和工具。基于此，我们发展的目的是保障社会成员的自由、尊严和价值实现，发展的动力是为了满足人民的物质文化需要，同样，发展成果的分享也是为了普惠人民。因此，成果共享坚持了社会主义以人民为中心的发展理念，突出了人的主体地位和本质，是对马克思主义反对剥削和压迫，是对每个人自由而全面发展的人的本质理论的自然继承和发展。

第二，成果共享是中国特色社会主义让人民生活更有尊严的基本保障。人民群众是历史的创造者，尊重人民群众的主体地位首先是要尊重人民的根本利益，尊重每个人的基本需求；成果共享，就是为了尊重、维护和保障最广大人民的根本利益，特别是尊重和保障社会弱势群体的利益和尊严；而成果共享的意义，也就在于它保护了社会弱势群体，减少了社会对弱势群体的排斥，让弱势群体生活得更有尊严，提升社会整体的幸福感和尊严标准。

第三，成果共享是中国特色社会主义实现社会公平正义的推动力量。公平正义是人类文明进步的标志，也是社会主义的基本属性。但贫穷不是社会主义，贫穷也不会带来公平正义，社会公平正义的实现，离不开一定的物质基础。而要实现社会财富的创造，就离不开发挥人民的积极性和创造性。只有使所有社会成员共享成果，才能充分发挥广大人民的才能和智慧，调动人民群众的积极性和主动性，创造出更大、更多、更好的成果，更好满足人民群众日益增长的物质文化和精神文化需要，推动社会公平正义的实现。

第四，成果共享是中国特色社会主义构建和谐社会的重要基础。社会和谐的基础在于社会不同阶层和群体之间不存在相互对峙的情况，而成果共享既可以控制贫富差距，减少部分社会成员的相对剥夺感，使社会处于安全运行的和谐中，也可以增进不同社会群体之间的合作和信任水平。因此，成果共享会促使大家在广泛合作和共同利益基础上建立信任，促进社会成员相互合作，有利社会和谐。

2. 社会共建共享是中国特色社会主义社会建设制度的独特优势

中国共产党自建党以来就以马克思主义为指导，始终把人民群众放在最高的位置，这是中国共产党区别于其他政党的显著标志。在新时代，党必须牢记“为什么人服务”这个根本性的问题，将人民立场作为党一切工作的出发点和落脚点，不断满足人民群众日益增长的美好生活需要，在发展中保障和改善民生，使人民有更多的获得感。在这种情况下，如何更好地满足人民对美好生活的向往，成为新时代中国共产党必须直面的问题。但与此同时，人民对美好生活的需求日益广泛，不仅对物质文化生活提出了更高需求，而且在民主、法治、公平、正义、安全、环境等方面的需求日益增长；另一方面，社会发展中不平衡不充分的问题依然存在，一定程度上制约了人民获得感的提升。满足人民愈加多样化的需求，使中国共产党新时代治国理政面临更大的压力，经济社会发展的任务变得更加多样繁重。城乡之间、区域之间发展不平衡，发展成果未能平等地惠及全体人民，不利于人民获得感、幸福感、安全感的提升。

基于这样的背景，党中央提出“推动社会共建共享”的奋斗目标、执政立场和工作导向，并将其贯彻到我国国家制度和国家治理体系中。这里，推动社会共建共享主要包含两方面的内容。一方面，要推动共建，让广大人民积极参与到社会建设和治理中来，只有共建才能共享，共建也是共享的一个过程；另一方面，必须共享成果，这种共享不是少数人的共享，也不是一部分人的共享，而是全民的共享、全方位的共享。事实上，社会的共建共享也有一个从低级到高级的渐进过程，但本质是实现社会公平公正、全体人民共同富裕。在全面建成小康社会进入决胜攻坚期的今天，推动社会共建共享包含了消除贫困、改善民生、共同富裕的内涵，即社会中的每一个人都应享有发展和提升自己的机会，不因现实条件的制约而受到限制。对此，习近平指出：“生活在我们伟大祖国和伟大时代的中国人民，共同享有人生出彩的机会，共同享有梦想成真的机会，共同享有同祖国和时代一起成长与进步的机会。”① 这既是对社会共建共享的宏观阐释，也对新时代治国理政的治理途径和思维模式提出了更高的要求。基于此，近年来我国社会建设的一个逻辑，就是在党的领导下，逐步提升和拓展国家改善民生的能力，保持社会公平和效率的协调并重，其中促进社会公平正义是国家治理的重中之重。目前，在制度上着力保障和改善民生，完善社会利益分配机制，协调处理好社会利益，完善社会保障关系，在国家治理中寻求效率与公平之间的动态平衡，甚至在一定情况下突出强调公平，正成为国家治理变革的重要方向。为此，以习近平同志为核心的党中央在党的十八大上正式提出到2020年全面建成小康社会，并将此作为一项贯彻社会公平、实现成果共享的重要举措。这个“全面建成小康社会”相

① 习近平．习近平谈治国理政．北京：外文出版社，2014：40.

较已经实现的“基本小康”而言，覆盖范围更大，涉及全中国每一个角落，保证不落下任何一个地区、任何一个家庭甚至任何一个人，坚持发展的成果由全国各族人民共享，坚持共同富裕。因此，全面建成小康社会可以看作是以习近平同志为核心的党中央对全国人民做出的一个庄严承诺。事实上，在中国特色社会主义进入新时代以来，习近平就始终高度重视对低收入人群的社会救助，从住房等方面为困难群众提供基本的生活保障，十分重视提高低收入人群的生活质量。从目前的情况看，近几年全国绝大多数的地区都提高了最低工资标准，这在一定程度上缩小了社会收入差距，促进了社会相对公平，为低收入人群提供了更好生活保障。与此同时，针对个别贫困地区，习近平还提出了精准脱贫战略，推动我国脱贫工作取得巨大成就。各省区市在习近平新时代中国特色社会主义思想指引下，根据本地区出现的经济落后问题，结合人民利益，因地制宜，提出了具有针对性的解决办法，真正为百姓做实事，有效提高人民群众的生活质量。据不完全统计，我国现行标准下农村贫困人口由1978年的7.7亿减少至2018年的1 660万，农村贫困发生率由1978年的97.5％下降至2018年的1.7％，对全球减贫贡献率超过70％。由此可见，通过党和政府一系列的有力措施，困难群众基本实现与祖国的共同进步，与全国各族人民一起享受国家经济的发展成果，这有效提升了他们的获得感、幸福感、安全感。

3. 不断建立并完善增进人民福祉、实现成果共享的国家治理体系

大力增进人民福祉、实现社会成员的共同富裕和成果共享，是中国特色社会主义的根本宗旨，也是中国特色社会主义进入新时代条件下国家治理的基本要求。但当前我国正处于社会转型和体制转轨同时存在的时期，经济增长、就业、收入分配等方面都存在一些问题。因此，我们要更加注重社会公平正义，着力解决经济社会发

展中的结构性矛盾，兼顾各方利益，补齐民生短板，在幼有所育、学有所教、劳有所得、病有所医、老有所养、住有所居、弱有所扶上不断取得新进展，不断增进民生福祉，促进发展成果由人民共享。这就要求我们必须建立和完善有效的国家治理体系，提高治理能力，以适应国家治理的需要。

（1）中国特色社会主义社会已经形成让人民有满足感的制度。经济上的满足是人民获得感产生和提升的基本条件，而经济上的满足感也成为人民获得感中最为基础的一种。经济上的满足感，一方面体现为国家富强和社会发展给人民心理带来的认知感；另一方面是人民生活富裕，是老百姓在国家发展中感受到了切切实实的实惠。首先，我们加强党对经济工作的领导，特别是把习近平新时代中国特色社会主义经济思想作为经济发展的行动指南，领导建设现代化经济体系，落实以习近平同志为核心的党中央关于现代化经济体系的重要决策部署。其次，中国特色社会主义社会建设制度始终坚持和完善基本经济制度。增进人民福祉，走社会主义共同富裕道路，需要确立和维护公正的经济秩序，为降低利益冲突、共享成果提供重要保障，因此需要坚持和加强社会主义基本经济制度。在这方面，我们一是做大做强公有制经济；二是用好并盘活国有资产，发挥国有资产的基础性和主体性作用；三是发挥公有制经济在民生事业建设中的导向作用。最后，我们要不断健全完善收入分配制度。一是坚持按劳分配原则，促进收入分配更合理、更有序；二是不断完善收入分配调节监管机制和利益协调机制，在再分配中采取税收、转移支付、社会福利等手段，建立城乡居民收入提高与经济发展同步、劳动报酬增长与劳动生产率提高同步的协调机制。

（2）中国特色社会主义社会正在不断完善让人民有认同感的政治制度。首先，人民当家作主是社会主义民主政治的本质特征，也是中国共产党的奋斗目标。只有人民在政治上的参与感被激发出来，才会积极主动地融入国家治理的大格局，在共治共建中不断提高自己的获得感。其次，我们也在不断赋予增进人民福祉和促进成果共享明确的法律地位，建立健全法律保障机制，使其具有可操作性，这是切实落实改革发展成果共享的根本路径和重要前提。七十年来，我们一是填补与利益公平分享有关的立法空白，用法律的形式将政府财政支付的原则、内容、形式、预算和监督等确定下来，同时建立和完善土地利益、自然资源利益、环境利益、劳动就业利益、产业利益、社会保障利益、公共投资利益、融资体制改革成果公平共享的法律制度和改革发展成果公平分享的财税法律制度。二是努力建立健全科学合理的利益表达机制。在市场经济体制不断深化的背景下，强化工人、农民、工商业者的服务组织，以及完善人大、政协、信访、政府热线、电子政务等公正、顺畅、多向度地表达利益的制度化平台，引导人民以理性和制度化的方式化解冲突，有序表达利益诉求。

（3）中国特色社会主义社会还将不断丰富发展让人民有归属感的社会制度。人民在社会上的归属感，一方面取决于社会的“温度”，它体现为社会对民众的关怀和社会文明的程度，另一方面则在于社会的运行机制。社会治理体制机制是否符合新时代的要求并满足人民的需要，是影响人民社会归属感的重要方面。对此，习近平强调：“党的一切工作必须以最广大人民根本利益为最高标准。我们要坚持把人民群众的小事当作自己的大事，从人民群众关心的事情做起，从让人民群众满意的事情做起，带领人民不断创造美好生活！”[①] 其中，社会保障制度作为一项提升人民福祉、促进社会公平的重要现代制度，在满足人民需要方面发挥着极为重要的作用。多年来，我们在社会保障领域的成就主要包括：一是进一步健全了社会保险体制，特别是优化基本社会保险，力争做到覆盖每一个公民，

---

① 习近平．决胜全面建成小康社会　夺取新时代中国特色社会主义伟大胜利：在中国共产党第十九次全国代表大会上的报告．北京：人民出版社，2017：50.

保证社会保险制度的普惠性和公平性。二是不断完善社会救助体系，特别是进一步完善扶贫责任制，大力发展社会慈善事业，有效补足了政府社会救助资源不足的短板。三是不断加快社会保障服务体系建设。在增大公共服务供给的基础上，积极推动义务教育、就业服务、技能培训、医疗卫生、公共文化、环境保护等服务资源向基层、农村、贫困地区倾斜，促进基本公共服务的均等化，最大程度提升人民群众的获得感和幸福感，最大程度促进社会和谐稳定。

善于自我完善、自我发展

党的十九届四中全会通过的《决定》指出，中国特色社会主义制度和国家治理体系，具有坚持改革创新、与时俱进，善于自我完善、自我发展，使社会始终充满生机活力的显著优势。这是对改革开放以来我们党领导人民进行社会主义现代化建设成功经验的科学总结，从根本上回答了中国特色社会主义永葆生机活力的奥秘所在。在改革创新、与时俱进中推动社会主义制度自我完善和发展，推进国家治理体系和治理能力现代化，是决定当代中国命运的关键一招，是我们党在新的历史条件下带领人民进行的新的伟大革命，是坚持和发展中国特色社会主义的必由之路。新时代要继续以党的自我革命引领推动伟大社会革命，为实现“两个一百年”奋斗目标和中华民族伟大复兴的中国梦而不懈奋斗。

一、改革是社会主义制度的自我完善和发展

改革从逻辑上包括三个基本方面：一是为何改，它指的是改革的必要性；二是改什么，指的是改革的对象；三是如何改，指的是改革的部署、措施、方法等。这三个方面密切联系、相互影响，其中改什么、不改什么是关键，在整个改革中居于核心的地位。对改

什么、不改什么的回答，决定着改革的性质、方向、道路，关系改革的得失乃至成败。

在历史上，社会主义国家围绕要不要改革以及如何进行改革等问题，出现过不同的抉择并由此产生了不同的命运。中国的改革之所以能够避免其他国家改革失败的命运，取得举世瞩目的伟大成就，是因为中国共产党科学认识了改革的基本问题，通过社会主义制度自我完善和发展，解放生产力、发展生产力，推动社会全面进步和人的全面发展，既不走僵化保守的老路，也不走改旗易帜的邪路，从而创造了世界发展史上的中国奇迹。

1. 社会基本矛盾的辩证运动决定了改革的必然性、长期性

社会主义国家为什么需要改革，可以从多个角度进行认识。从哲学上讲，是因为社会主义社会还存在矛盾，存在生产力与生产关系、经济基础与上层建筑之间的矛盾。

社会主义制度的建立，为社会主义生产力的发展开辟了广阔的道路。由于生产力是社会生产中最活跃、最革命的因素，它总是要向前发展的，因此不可避免地出现了生产关系不适应生产力发展、上层建筑不适应经济基础变化的情况。当生产关系同生产力、上层建筑同经济基础的矛盾积累到一定程度，成为束缚生产力发展的严重障碍时，改革便提上议事日程。

所谓改革，就是适应社会主义基本矛盾运动的变化、调整生产关系、完善上层建筑、解放和发展生产力的过程。由于社会基本矛盾总是不断发展的，所以调整生产关系、完善上层建筑相应地需要不断进行下去。社会基本矛盾的运动和发展，决定了社会主义改革的必然性、长期性。

1957 年 2 月，毛泽东在《关于正确处理人民内部矛盾的问题》一文中指出：“在社会主义社会中，基本的矛盾仍然是生产关系和生

产力之间的矛盾，上层建筑和经济基础之间的矛盾。”①

毛泽东关于社会主义社会的基本矛盾，以及“根据生产力迅速发展的要求，对生产关系和上层建筑进行不断的改革”的思想，为我们党后来推行改革开放奠定了重要的思想理论基础。邓小平高度重视毛泽东的社会主义社会的基本矛盾学说，并把解决社会的主要矛盾同社会主义改革紧密联系起来。邓小平指出：“关于基本矛盾，我想现在还是按照毛泽东同志在《关于正确处理人民内部矛盾的问题》一文中的提法比较好。毛泽东同志说：‘在社会主义社会中，基本的矛盾仍然是生产关系和生产力之间的矛盾，上层建筑和经济基础之间的矛盾。’……当然，指出这些基本矛盾，并不就完全解决了问题，还需要就此作深入的具体的研究。……我们的生产力发展水平很低，远远不能满足人民和国家的需要，这就是我们目前时期的主要矛盾，解决这个主要矛盾就是我们的中心任务。”② 后来，我们党根据邓小平的这个重要思想，把我国社会主要矛盾概括为人民日益增长的物质文化需要同落后的社会生产之间的矛盾，并围绕解决这个中心矛盾，开启了我国社会主义改革的壮阔历程。

2013年12月3日，习近平在主持中共中央政治局第十一次集体学习时指出，要学习和掌握社会基本矛盾分析法，深入理解全面深化改革的重要性和紧迫性。只有把生产力和生产关系的矛盾运动同经济基础和上层建筑的矛盾运动结合起来观察，把社会基本矛盾作为一个整体来观察，才能全面把握整个社会的基本面貌和发展方向。坚持和发展中国特色社会主义，必须不断适应社会生产力发展调整生产关系，不断适应经济基础发展完善上层建筑。我们提出进行全面深化改革，就是要适应我国社会基本矛盾运动的变化来推进社会发展。社会基本矛盾总是不断发展的，所以调整生产关系、完善上

① 毛泽东．毛泽东文集：第7卷．北京：人民出版社，1999：214.
② 邓小平．邓小平文选：第2卷．2版．北京：人民出版社，1994：181－182.

层建筑相应地需要不断进行下去。改革开放只有进行时，没有完成时，这是历史唯物主义态度。

按照历史唯物主义的观点，不仅在社会主义初级阶段我们要始终坚持改革开放，即使在整个社会主义时期乃至更高阶段也需要坚持改革开放。通过改革促进社会主义社会生产力的发展，不断推动社会全面进步和人的全面发展，推动社会主义社会由初级形态向高级形态过渡，是社会主义社会发展规律的体现，也是马克思主义执政党必须担当好的伟大历史使命。

2. 社会主义社会基本矛盾的性质和状况决定了改革的方向

社会主义社会基本矛盾的性质和状况，决定了改革是社会主义制度的自我完善和发展。

毛泽东指出，社会主义社会虽然同旧社会一样，存在生产关系和生产力的矛盾、上层建筑和经济基础的矛盾，但这些矛盾具有根本不同于旧社会的性质和情况。从性质上说，一切阶级社会的基本矛盾是对抗性的，表现为剧烈的阶级对抗和冲突。阶级社会基本矛盾的对抗性，决定了社会革命是解决社会矛盾的根本途径。只有推翻反动阶级的统治，用新的社会制度取代旧的社会制度，才能克服剥削社会自身不能克服的基本矛盾，从根本上解放和发展社会生产力。在无产阶级取得政权、消灭了剥削阶级以后，虽然社会主义社会还存在敌我矛盾，存在一定条件、一定范围的阶级斗争，但大量存在的是人民内部矛盾。人民内部矛盾是根本利益一致基础上的矛盾，属于非对抗性的矛盾，因此不需要运用解决旧社会矛盾的手段来解决社会主义社会的矛盾，而是可以在社会主义制度范围内，通过社会主义制度本身的完善与发展加以解决。

从状态上说，社会主义社会的基本矛盾表现为既相适应又不相适应。社会主义生产关系总体适应生产力发展的需要，上层建筑总体适应经济基础的状况，因而社会主义制度的建立为发展生产力开辟了广阔道路。生产力的不断发展又导致社会主义生产关系不适应生产力发展、上层建筑不适应经济基础变化的矛盾，因此需要不断进行改革。由于社会主义社会的基本矛盾是总体适应的状态，因此，改革不是要炸毁社会主义的一切，不是要完全否定社会主义自身，搞所谓“改革无禁区”。改革的对象是生产关系不适合生产力发展、上层建筑不适应经济基础状况的方面和环节，也就是具体的体制机制等。

改革开放以来，我们党始终坚持改革的社会主义性质、方向。邓小平指出，改革总的目的是“要有利于巩固社会主义制度，有利于巩固党的领导，有利于在党的领导和社会主义制度下发展生产力”①。他还领导我们党确立了“一个中心、两个基本点”的基本路线，提出“基本路线要管一百年，动摇不得”②。江泽民指出：“我们的改革，是社会主义制度的自我完善和发展，是发扬优势、革除弊端、大胆创新的过程。……不进行改革，就不可能使社会主义制度继续保持蓬勃生机；在改革中不坚持社会主义方向，就会葬送党和人民七十年奋斗的全部成果。”③ 他强调：“邓小平同志在七十年代末八十年代初就提出，我们搞现代化建设，必须有政治保证。政治保证最重要的就是坚持四项基本原则。没有这个政治保证，经济建设和改革开放都不可能成功。”④ 胡锦涛在总结我国改革开放30年的光辉历程和宝贵经验时也提出：“必须把坚持四项基本原则同坚持改革开放结合起来，牢牢扭住经济建设这个中心，始终保持改革开放的正确方向。……四项基本原则是立国之本，是我们党、我们国家生存发展的政治基石；改革开放是强国之路，是我们党、我们国家发

① 邓小平．邓小平文选：第3卷．北京：人民出版社，1993：241.

② 同①370－371.

③ 江泽民．江泽民文选：第1卷．北京：人民出版社，2006：163.

④ 江泽民．江泽民论有中国特色社会主义（专题摘编）．北京：中央文献出版社，2002：34.

展进步的活力源泉。一个中心、两个基本点，是相互贯通、相互依存、不可分割的统一整体，须臾不可偏离、丝毫不可偏废，必须全面坚持、一以贯之。”①

在改革开放新时代，习近平进一步强调我们的改革开放是有方向、有立场、有原则的。他指出：“世界在发展，社会在进步，不实行改革开放死路一条，搞否定社会主义方向的‘改革开放’也是死路一条。在方向问题上，我们头脑必须十分清醒。我们的方向就是不断推动社会主义制度自我完善和发展，而不是对社会主义制度改弦易张。我们要坚持四项基本原则这个立国之本，既以四项基本原则保证改革开放的正确方向，又通过改革开放赋予四项基本原则新的时代内涵，排除各种干扰，坚定不移走中国特色社会主义道路。”②“我们全面深化改革，不是因为中国特色社会主义制度不好，而是要使它更好；我们说坚定制度自信，不是要固步自封，而是要不断革除体制机制弊端，让我们的制度成熟而持久。”③

习近平还指出，推进改革的目的是要不断推进我国社会主义制度自我完善和发展，赋予社会主义新的生机活力。这里最核心的是坚持和完善党的领导、坚持和完善中国特色社会主义制度，偏离了这一条，那就南辕北辙了。因此，在改革问题上，我们要增强政治定力，坚守政治原则和底线，决不能把改革变成“改向”，变成对社会主义制度的改弦易张，犯原则性方向性颠覆性的错误。“改什么、怎么改必须以是否符合完善和发展中国特色社会主义制度、推进国家治理体系和治理能力现代化的总目标为根本尺度，该改的、能改的我们坚决改，不该改的、不能改的坚决不改。”④“我们不断推进改

---

① 胡锦涛．胡锦涛文选：第3卷．北京：人民出版社，2016：158.

② 习近平．习近平关于全面深化改革论述摘编．北京：中央文献出版社，2004：15.

③ 同②22.

④ 习近平．在庆祝改革开放40周年大会上的讲话．北京：人民出版社，2018：28.

革，是为了推动党和人民事业更好发展，而不是为了迎合某些人的'掌声'，不能把西方的理论、观点生搬硬套在自己身上。要从我国国情出发、从经济社会发展实际出发，有领导有步骤推进改革，不求轰动效应，不做表面文章，始终坚持改革开放正确方向。”①

苏联戈尔巴乔夫改革失败的教训，归根结底是在改革中犯了原则性方向性颠覆性的错误。戈尔巴乔夫所谓“人道的、民主的社会主义”改革，根本不是社会主义制度的自我完善和发展，而是彻底抛弃了马克思主义和科学社会主义原则，苏联就是在这样的错误改革中解体的。

3. 改革是一场深刻而伟大的社会变革

明确了改革的必要性，改革的性质、方向，并没有解决改革的全部问题，还需要在实践中探索改革的路径，也就是如何进行改革，把改革如何引向成功、推向前进。这是个实践问题，不能靠理论抽象或思辨推理来回答，而要一切从实际出发，理论联系实际，解放思想，实事求是，与时俱进，求真务实，不断推进理论创新、实践创新、制度创新、文化创新以及其他各方面的创新。思想僵化、故步自封、停顿和倒退，是没有出路的。

要把改革看成是一场深刻的社会革命。改革的根本任务是扫除束缚社会生产力发展的一切障碍，包括旧的体制、旧的观念、利益固化的藩篱等等，使中国社会彻底摆脱贫穷落后的状态，实现中国的社会主义现代化，实现从站起来到富起来再到强起来的伟大飞跃。改革不是改弦易张、改旗易帜，抛弃社会主义另起炉灶，也不是对原有体制机制的简单修补。就改革引起的社会生活和人们观念变化的深刻性和广泛性来说，改革是一场新的革命。邓小平指出：“改革

① 习近平．习近平关于全面深化改革论述摘编．北京：中央文献出版社，2004：20.

的性质同过去的革命一样，也是为了扫除发展社会生产力的障碍，使中国摆脱贫穷落后的状态。从这个意义上说，改革也可以叫革命性的变革。”①

回顾我国改革开放四十多年来的光辉历程，每一次重大改革都给党和国家的发展注入了新的活力，给中国特色社会主义增添了强大动力，党和人民事业在不断深化改革中波浪式向前推进。改革开放的意义不亚于使中国人民站立起来的新民主主义革命、使中国走上社会主义道路的社会主义革命，它是继新民主主义革命、社会主义革命之后的中国社会的第三次伟大革命，是当代中国最鲜明的特色，是当代中国共产党人最鲜明的品格。

二、改革创新、与时俱进使中国特色社会主义充满生机活力

改革开放以来，我们党带领人民勇于坚持并全面深化改革，自觉调整生产关系以激发生产力发展的活力，自觉完善上层建筑以适应经济基础的要求，走出了一条适合中国国情、顺应时代潮流的发展之路，使社会主义焕发出勃勃生机，更加符合规律地向前发展。

1. 波澜壮阔的改革历程与伟大成就

20 世纪 70 年代末，中国共产党在总结自身教训的基础上，完成党和国家指导思想上的拨乱反正，顺应时代的变化和人民的期待，吹响了改革的号角。经过几代中央领导集体的艰辛探索，中国共产党领导人民开辟了中国特色社会主义道路，形成了中国特色社会主义理论，确立了中国特色社会主义制度，发展了中国特色社会主义文化。

---

① 邓小平．邓小平文选：第 3 卷．北京：人民出版社，1993：135.

中国特色社会主义深刻揭示了改革开放规律、党的建设规律、社会主义发展规律，成功实现了基本经济制度从片面追求公有制到坚持以公有制为主体、多种经济成分共同发展的重大转折，成功实现了从僵化集中的计划经济体制到充满活力的社会主义市场经济体制的重大转折，成功实现了从封闭半封闭到全方位开放的重大转折，成功实现了从忽视民主与法治到坚持党的领导、人民当家作主与依法治国的有机统一，成功实现了全面建设社会主义的物质文明、政治文明、精神文明、社会文明、生态文明，成功把党的建设这一伟大工程全面推向21世纪并获得新的发展。在这一波澜壮阔的历史进程中，中国的综合国力不断迈上新台阶，人民生活总体由温饱达到小康的历史性跨越，经济、政治、文化、社会、生态，以及党的建设协调推进、全面发展，为中国特色社会主义进入新时代奠定了坚实的基础。

党的十八大以来，经过长期努力，中国特色社会主义进入了新时代，形成了习近平新时代中国特色社会主义思想。习近平新时代中国特色社会主义思想顺应历史和时代潮流，立足中国发展新方位，聚焦实现中华民族伟大复兴宏伟目标，紧紧围绕新时代坚持和发展中国特色社会主义这个重大时代课题，不仅高瞻远瞩擘画了新时代中国特色社会主义的宏伟蓝图、战略安排，而且脚踏实地地谋划了实现新时代目标任务的基本方略、战略部署，提出了一系列具有开创性意义的新理念新思想新战略，形成了主题鲜明、系统完备、博大精深的科学理论体系，深化了对共产党执政规律、社会主义建设规律和人类社会发展规律的认识，标注了马克思主义在当今时代发展的新高度，成为引领中国人民大踏步迈向民族复兴伟业的思想旗帜。

四十多年来，中国的改革开放取得了举世瞩目的伟大成就。GDP从1978年全球排名的第11位上升到2010年全球排名的第2位，成为世界制造业第一大国、货物贸易第一大国、商品消费第二大国、外资流入第二大国，外汇储备连续多年位居世界第一。据国际货币基金组织预测，中国将在2030年前后超过美国，成为世界第一大经济体。中国国家文化软实力和中华文化影响力大幅提升，世界最大社会保障体系已经建成，生态文明制度体系加快形成，人民获得感、幸福感显著增强，中国日益走近世界舞台中央。

中国的成功实践表明，改革必须要做到：

第一，始终坚持党的领导。中国共产党是中国特色社会主义事业的坚强领导核心，始终坚持党的领导是中国特色社会主义最本质特征、中国特色社会主义制度最大优势。实践表明，只有在中国共产党集中统一领导之下，才能充分凝聚社会各界智慧，最大限度调动各方面积极性创造性，进行顶层设计，统筹谋划，科学决策，协调推进，做到全国一盘棋，集中力量，保证重点，办成大事。

第二，始终坚持并发展马克思主义。马克思主义是我们立党立国的根本指导思想，是指引改革开放事业沿着正确道路前进的思想保证。只有把坚持马克思主义同发展马克思主义辩证统一起来，在实践中与时俱进地发展马克思主义，不断推进马克思主义中国化，才能正确应对各种风险挑战，克服艰难险阻，不断夺取中国特色社会主义新胜利。

第三，始终坚持走社会主义道路。毫不动摇地沿着社会主义方向前进，推动社会主义制度自我完善和发展，是中国特色社会主义不断取得胜利的根本前提。旗帜引领方向，道路决定命运。当今世界上，中国的市场经济实践一枝独秀，最根本的一条原因，是我们的市场经济是同社会主义制度结合在一起的。社会主义市场经济既能充分发挥市场在资源配置中的决定性作用，又能充分发挥社会主义制度的优越性，从而能够克服资本主义市场经济的缺点和不足。社会主义的政治建设、文化建设、社会建设、生态文明建设以及党的建设等方面的活力，也都离不开坚持社会主义这个方向、道路。

第四，始终坚持以人民为中心的思想。人民是历史的创造者，是决定党和国家前途命运的根本力量。改革开放以来取得的一切成果，都是全体人民勠力同心、团结奋斗得来的。要始终坚持发展依靠人民、发展为了人民、改革成果由全体人民共享的理念，充分发扬社会主义民主，不断满足人民对美好生活的需要，不断解放和发展生产力，为中国人民谋幸福，为中华民族谋复兴。

第五，坚持独立自主与全面开放相结合。中国的发展首先要立足自身的力量，靠中国人的智慧和勤劳实现国家富强、人民幸福、民族振兴。中国的一切成就都是通过中国人民的努力和创造获得的。同时，在经济全球化时代，中国需要不断扩大对外开放，在致力于自身发展的同时，关注世界的发展、人类福祉的增进，同各国人民一道，共同应对风险挑战，推动构建人类命运共同体，为世界和平发展不断做出新的贡献。

2. 越走越宽广的中国特色社会主义道路

中国特色社会主义道路是把马克思主义基本原理创造性地应用于中国改革开放实践的产物，是科学社会主义在当代中国的具体运用和发展，是党和人民实践经验和集体智慧的结晶。这条道路，既适合中国国情、彰显中国特色，又体现时代特点、符合世界潮流；既继承中华民族五千多年优秀传统文化，又充分借鉴世界各国文明；既坚持中国共产党领导，又尊重人民群众首创精神。它不是简单延续我国历史文化的母版，不是简单套用马克思主义经典作家设想的模板，也不是其他国家社会主义实践的再版和国外现代化发展的翻版，而是中国共产党创新发展当代中国马克思主义、21 世纪马克思主义的典范，是中国人民实现国家富强、民族振兴、人民幸福的光明大道。

这条道路是对历史上苏联模式和苏联道路的扬弃与超越。社会主义实践曾在苏联取得巨大成就，苏联社会主义模式曾是社会主义国家学习的榜样，具有广泛的国际影响，对国际共产主义运动做出不可磨灭的重大贡献，成为一个伟大时代、伟大社会的象征。然而，随着实践的发展、时代的进步，苏联模式以及苏联道路越来越趋向保守，越来越落后于时代。曾经的辉煌遭遇严重的问题。到了20世纪八九十年代，由于选择了一条错误的改革道路，东欧国家及苏联发生亡党亡国的悲剧，苏联模式及苏联的道路结束。中国共产党在科学总结自身经验教训，同时借鉴世界其他政党特别是马克思主义政党丧失政权教训的基础上，引领中国大踏步地赶上时代前进步伐，引领中国特色社会主义进入新时代，使中华大地发生翻天覆地的变化，使中华民族以崭新姿态屹立于世界民族之林。

中国特色社会主义开辟了一条不同于西方现代化的新路。从18世纪60年代起，欧美发达国家率先敲开通向现代化的大门，长期引领全球科技革命和产业革命浪潮。从那以后，资本主义现代化成为世界发展的主要潮流，成为落后国家纷纷效仿、试图摆脱落后的样板。第二次世界大战结束以后，在“现代化就是西方化”观念的主导下，大多数新独立的落后国家纷纷选择走欧美国家的现代化道路。可是，除了极少数国家或因地理位置优越、资源禀赋优异，或得益于地缘政治因素，顺利实现向现代化转型外，大多数落后国家的现代化之路并不成功，有的陷入“中等收入陷阱”不能自拔，有的甚至坠入政治、社会的无休止动荡之中。2008年国际金融危机打破了资本主义“长盛不衰”的神话，欧美发达国家普遍经历了新一轮的经济衰退，失业率居高不下，社会动荡不宁。到2019年，中国用七十年就走完了发达国家几百年的现代化历程，实现了从站起来、富起来到强起来的历史性跨越，创造了经济快速发展、社会长期稳定两大世界奇迹。中国用事实说明，实现国家的现代化并不是只有西方走过的那一条路。

中国特色社会主义道路是一条和平发展之路。和平发展思想是中华文化的内在基因，讲信修睦、协和万邦是中国外交政策的基本内涵。近代以来，外敌入侵、内部战乱曾给中国人民带来巨大灾难，中国人民深知和平的宝贵，绝不会把自身曾经遭遇的苦难强加于他人。中国坚持和平发展道路，坚持和平共处原则，维护世界和平，促进人类共同发展，这些已经写入国家的宪法和党章。

3. 展示强大生命力的中国特色社会主义

（1）中国特色社会主义经受住了世界社会主义出现严重挫折的严峻考验，稳住了世界社会主义的阵脚，极大地增强并坚定了人们对社会主义的信念。

苏东剧变为西方反华势力、中国国内自由化分子搞垮中国提供了有利时机。中国能不能抵挡住苏东剧变的冲击成为世人关注的焦点。在这事关世界社会主义向何处去的危急时刻，中国共产党不仅坚守住社会主义阵地，而且稳步推进改革开放，经济社会快速发展。从 1992 年到 2000 年，中国 GDP 年均增速达到 10.5%。到 2000 年，中国经济总量突破 10 万亿元，超过意大利，全球排名从 1978 年的第 10 位上升到第 6 位；2005 年超过法国，全球排名上升到第 5 位；2006 年突破 20 万亿元，超过英国，全球排名上升到第 4 位；2007 年超过德国，全球排名上升到第 3 位；2010 年突破 40 万亿元，超过日本，全球排名上升到第 2 位。2012 年，经济总量突破 50 万亿元。到 2018 年，中国 GDP 达到 13.6 万亿美元，人均 GDP 约 9 510 美元，货物进出口总额从 206 亿美元增加到 4 万多亿美元，累计使用外商直接投资超过 2 万亿美元，对外投资总额达到 1.9 万亿美元，多年来对世界经济增长贡献率超过 30%，我国主要农产品产量跃居世界前列，贫困人口累计减少 7.4 亿，医疗保险覆盖超过 13 亿①。

中国经济创造的世界奇迹，以及政治社会稳定、人民生活安定

① 习近平．在庆祝改革开放 40 周年大会上的讲话．北京：人民出版社，2018，16－19.

等大好形势，充分展示了中国特色社会主义的强大生命力，有力开创了社会主义发展的新局面，不仅在世界社会主义遭遇严重挫折时经受住了考验，彰显了中国特色社会主义的强劲活力，而且在危急关头扭转了世界社会主义的不利局面，挽救了“要失事的社会主义大船”，坚定了人们对中国特色社会主义的信心、对世界社会主义前途的信心，为落后国家谋求自身发展、探索本国道路提供了重要的启示。

（2）中国特色社会主义欣欣向荣的景象，与世界资本主义陷入危机的困境形成巨大反差，颠覆了人们过去对社会主义落后形象的认识。

从 20 世纪六七十年代起，随着社会主义在实践中经历挫折，特别是一些社会主义国家发生亡党亡国的悲剧以后，“贫穷”“落后”“僵化”“保守”逐渐成为社会主义的代名词，对社会主义的前途命运悲观失望的情绪迅速蔓延开来。西方世界却因此欢呼雀跃、志得意满，西方的自由民主制度被吹捧为人类历史不可逾越的“高山”，资本主义的理念则被视为全人类的“普世价值”。在这样的国际背景下，中国特色社会主义开始了艰辛的探索。习惯在逆境中奋起的中国共产党人百折不挠、砥砺前行，带领中国人民成功应对了一个又一个风险挑战，克服了一个又一个艰难险阻，取得了一个又一个伟大胜利。中国“一枝独秀”“风景这边独好”与西方发达国家深陷经济危机、社会危机泥潭形成巨大反差，资本主义和社会主义孰优孰劣的话题再次被提了出来。

美国学者阿纳托尔·安东和理查德·施密特认为，各种抵制资本主义衰退运动的爆发，例如“占领华尔街”运动，重新唤起了人们对资本主义给人类带来众多灾难的普遍意识。社会主义替代资本主义，为人类寻求建设没有压迫和剥削的世界做出了重要贡献。伦敦政策研究中心高级研究员亚历山大·马科夫斯基指出，苏联社会主义的失败只是社会主义向共产主义发展中不可避免的一个阶段，并且具有划时代的意义，社会主义是完全必要的和可取的。美国乔治·华盛顿大学政治学与国际事务教授大卫·沙博认为，世界社会主义运动在经历低谷之后并没有停滞不前，以中国共产党为代表的社会主义政党正蓬勃发展，并且带领社会主义国家实现政治经济转型。

（3）中国特色社会主义不仅助力中国实现现代化、造福中国人民，而且在应对世界变局、实现各国互利共赢、推动人类文明进步等方面做出重要贡献。

中国在办好自己事情的同时，也重视自身发展对世界和人类的贡献。中国持续推进“一带一路”建设，造福沿线国家和人民。截至 2019 年 3 月底，我国同沿线 125 个国家和 29 个国际组织签署了 173 份合作协议，实现了同“一带一路”沿线国家的设施联通、贸易畅通、资金融通、民心相通以及国家产业合作。中国与沿线国家在铁路、公路、港口、航空能源、通信设施等关键领域核心内容有序推进，货物贸易进出口总额逐年增加，人民币跨境支付系统覆盖近 40 个沿线国家和地区，在沿线国家设立 17 个中国文化中心，在 54 个沿线国家设立孔子学院 153 个、孔子讲堂 149 个，中国对沿线国家直接投资超过 900 亿美元。

中国政府反对单边主义和霸凌行径，坚决维护市场规则和多边贸易体制，坚持全面对外开放，积极推动经济全球化朝着普惠共赢方向发展，努力构建人类命运共同体，这些理念和主张得到国际社会广泛支持。中国正在通过自己的努力向世人证明，国强并不一定称霸，“修昔底德陷阱”并不是历史的铁则。中国过去的发展没有对任何国家构成威胁，今后的发展也不会对任何国家构成威胁。中国不走西方国家“国强必霸”的老路，也不重弹“冷战思维”“零和博弈”的老调。和平发展的中国，不仅符合时代发展潮流、人类共同意愿，而且也符合中国自身繁荣稳定的需要，关系全体中国人民的福祉。

三、以党的自我革命引领推动伟大社会革命

习近平指出："要把新时代坚持和发展中国特色社会主义这场伟大社会革命进行好，我们党必须勇于进行自我革命，把党建设得更加坚强有力。""在新时代，我们党必须以党的自我革命来推动党领导人民进行的伟大社会革命。"①

推进新时代伟大社会革命，实现中华民族伟大复兴，需要一个坚强有力的领导核心，需要全国人民紧密团结在党中央周围，发扬不怕困难、敢于斗争、善于斗争的精神，把坚持和发展中国特色社会主义这场伟大社会革命进行到底。党的自我革命是党领导社会革命的必要前提和重要保障。

1. 新时代需要党发扬自我革命精神

从历史来看，无论是残酷的战争年代、和平的建设年代，还是在改革开放新时期、改革开放新时代，都需要我们党继续发扬伟大的革命精神，敢于刀刃向内，勇于自我革命，不断克服战胜前进道路上的艰难险阻，不断把党建设成为始终走在时代前列、人民衷心拥护、朝气蓬勃的马克思主义执政党。

第一，党的理想信念、奋斗目标决定了党要始终发扬自我革命精神。理想信念是共产党人的政治灵魂，是共产党人安身立命的根本。习近平指出："在我们党九十多年的历史中，一代又一代共产党人为了追求民族独立和人民解放，不惜流血牺牲，靠的就是一种信仰，为的就是一个理想。"党和人民的事业不会一蹴而就，需要一代又一代人做远大理想和共同理想的坚定信仰者和忠实实践者。

第二，党的性质、宗旨决定了中国共产党能够做到并实现自我

① 习近平．推进党的建设新的伟大工程要一以贯之．求是，2019（19）．

革命。自诞生之日起，中国共产党就把维护和实现中华民族的根本利益作为根本立场。党除了国家、民族、人民的利益，没有任何自己的特殊利益。党的大公无私和博大胸怀，使它能够时刻坚持人民立场，把人民放在心中最高位置，尊重人民主体地位，保证人民当家作主，全心全意为人民服务，始终不渝带领人民创造幸福生活。

第三，执政的风险考验决定了党要始终发扬自我革命精神。如何正确应对党执政面临的“四大风险”和“四种考验”，全面加强党的政治、思想、组织、作风、纪律建设，把制度建设贯穿于党的建设全过程各方面，保障党领导一切的核心地位，是一项复杂而艰巨的系统工程，需要以党的建设永远在路上的决心和意志，以壮士断腕的勇气、凤凰涅槃的决心、雷霆万钧的手段，毫不手软地祛除自身肌体内的顽瘴痼疾，坚决同一切弱化党的先进性和纯洁性、危害党的肌体健康的现象做斗争，实现自我净化、自我完善、自我革新、自我提高。

第四，新时代目标任务之宏伟与艰巨，需要党发扬伟大革命精神。党的十九大确立了“两个一百年”奋斗目标，反映了千百年来中华民族的雄心夙愿。然而实现这一伟大目标绝不是轻轻松松、敲锣打鼓就能做到的。当今世界处于百年未有之大变局，中国发展面临难得机遇也遭遇严峻挑战，外部环境更加复杂。习近平指出：“我们面临的各种斗争不是短期的而是长期的，至少要伴随我们实现第二个百年奋斗目标全过程。”[①] 实现伟大梦想必须进行伟大斗争。要坚定斗争意志，把握斗争方向，提高斗争本领，不断夺取新时代伟大斗争的新胜利。

要进行新时代的伟大斗争，不断推进党的建设新的伟大工程，需要在肌体健康、队伍纯洁上做到自我净化。要保持党的肌体健康、

① 习近平在中央党校（国家行政学院）中青年干部培训班开班式上发表重要讲话．新华网，2019－09－03.

队伍纯洁，就要在“除病灶、治未病”上下功夫，过滤杂质、清除毒素、割除毒瘤；时常照照镜子，对照党规党纪，按照改进“四风”、查处违反中央八项规定精神工作要求，在宗旨意识、工作作风、廉洁自律上找问题、找差距；时常正正衣冠，按照为民务实清廉的要求，正视缺点不足，自觉提升党性修养，随时保持共产党人的良好形象；时常洗洗澡，开展批评与自我批评，为思想行为拂灰掸尘，保持共产党人的先进政治本色；时常治治病，按照惩前毖后、治病救人的方针，对各类不正之风和突出问题对症下药，专项治理。

需要在体制机制、队伍建设上做到自我完善。党要想带领全国人民实现“两个一百年”奋斗目标，实现中华民族伟大复兴中国梦，就必须在体制机制、执政能力上不断突破创新。建立“不忘初心，牢记使命”的制度，完善坚定维护党中央权威和集中统一领导的各项制度，健全党的全面领导制度，健全为人民执政、靠人民执政各项制度，健全提高党的执政能力和领导水平制度，完善全面从严治党制度，不断提高党的科学执政、民主执政、依法执政能力，锻造一支党性觉悟高、业务能力强的高素质专业化干部队伍，提升党及党员干部防范化解风险、应对解决问题的能力。

需要在从严治党、执政理念上做到自我革新。面对世情国情党情发生深刻变化，党的执政历经风险考验，习近平反复告诫全党，故步自封、抱残守缺、因循守旧是极其危险的。对消极腐败、违纪违法、懒政怠政等问题必须革故鼎新，深化改革推进党风廉政建设和反腐败斗争，推进落实“两个责任”，健全完善反腐败体制机制。坚决杜绝官僚习气、高高在上、脱离群众等不良习性，自觉打破一切不合时宜的错误执政理念，在思想理论、行动实践各方面不断自我革新。

需要在思想理论、工作能力上做到自我提高。以“不忘初心，牢记使命”主题教育为抓手，学原文、读经典、读原著，全面系统学、深入思考学、联系实际学。深入学习习近平新时代中国特色社会主义思想，学深悟透、学以致用。加强党性锻炼，提高政治觉悟和政治能力，不断提高运用党的创新理论指导实践、为党分忧、为党尽责、为党奉献的工作能力。

2. 新时代党的自我革命取得伟大成就

敢于检视并纠正自己的问题是中国共产党的优良传统。天下没有完美无缺的政党，区别在于如何对待自身存在的问题。中国共产党以对国家和人民高度负责的态度和坦荡无私的胸怀，始终以人民的愿望为标尺衡量并正视自身的形象和问题，不遮掩、不护短、不粉饰，既勇于开拓前进，又敢于检视并纠正自己的问题，从而在风雷激荡的革命与时代浪潮中勇立潮头、砥砺前行，由小到大、由弱变强、由稚嫩走向成熟，成为时代先锋、民族脊梁。

党的十八大以来，在以习近平同志为核心的党中央的坚强领导下，全面加强党的领导，全面推动党的政治建设、思想建设、组织建设、作风建设、纪律建设和制度建设，以党的自我革命引领推动社会革命，取得历史性成就，发生历史性变革。

第一，加强党的政治建设，在解决各级各类党组织和党员干部政治意识不强、政治立场不稳、政治能力不足、政治行为不端等突出问题上实现了补短板、强弱项。党的十八大以来，以坚定政治信仰、强化政治领导、提高政治能力、净化政治生态为目标任务，以政治理想、政治信仰、政治领导、政治能力、政治立场、政治方向、政治意识、政治文化、政治生活、政治生态、政治纪律、政治规矩为主要内容的党的政治建设，取得历史性成就。“四个意识”显著增强，“四个自信”不断坚定，“两个维护”持续发力，积极健康的党内政治文化作用充分发挥，“防护服”“压舱石”“定盘星”“指南针”“主心骨”“晴雨表”的引领作用逐渐突显，各级各类党组织领导方式有效改进，各级党组织政治功能不断强化，党员干部形成了坚定的马克思主义信仰，树立了坚定的共产主义远大理想和中国特色社会主义共同理想，为确保我们党始终成为中国特色社会主义事业的坚强领导核心，为实现“两个一百年”奋斗目标和中华民族伟大复兴的中国梦提供了坚强政治保证。

第二，加强党的思想建设，以习近平新时代中国特色社会主义思想武装全党、指导实践、推动工作。党的十八大以来，陆续开展了党的群众路线教育实践活动、“三严三实”专题教育、“两学一做”学习教育，“不忘初心，牢记使命”主题教育，引导党员特别是党员干部筑牢信仰之基，补足精神之钙，把稳思想之舵，解决好世界观、人生观、价值观这个“总开关”问题，坚定中国特色社会主义道路自信、理论自信、制度自信、文化自信，增强党的意识、党员意识、宗旨意识，坚守真理、坚守正道、坚守原则、坚守规矩，做到以信念、人格、实干立身，不断强化党的自我净化、自我革新、自我完善、自我提高能力。

第三，加强党的组织建设，为党的肌体持续强健壮大提供了组织保证。以组织体系建设为重点，着力培养忠诚干净担当的高素质干部，着力集聚爱国奉献的各方面优秀人才的组织建设，在党内民主建设上建立健全了充分反映党员和党组织意愿的党内民主制度，形成了集体领导、民主集中、个别酝酿的党委内部议事和决策机制；在党的基层组织中以“三会一课”制度为抓手，提升了基层党组织组织力、群众工作能力，确保了党的路线方针政策在基层落地生根；在干部队伍建设上以专业眼光选拔任用了政治素质过硬、各类本领高强的党员干部。为实现“两个一百年”奋斗目标，形成了坚强有力的各级各类党组织与高素质专业化的党员干部队伍。

第四，加强党的作风建设，以切实改进工作作风、密切联系群众、使我们党始终成为中国特色社会主义事业的坚强领导核心为责任目标，以正确的权力观为导向，以“作风建设永远在路上”的决心，以落实中央八项规定精神、解决“四风”问题为切入点，以抓铁有痕、踏石留印的力度不断强化党的作风建设，取得了显著成效。

制度的笼子已经织密，不想腐、不敢腐、不能腐的体制机制已经形成，坚守“底线”、不碰“红线”、不踩“高压线”的意识已经形成，既有真理力量又有人格力量的新时代执政党日渐强化，党在人民群众中的威望越来越高，党与人民群众的血肉联系越来越紧密，党的执政基础越来越坚实。

第五，加强党的纪律建设，形成了坚持党对一切工作的领导，坚持党的基本理论、基本路线、基本方略的政治纪律，坚决维护党组织团结统一的组织纪律，政府清廉、干部清正的廉洁纪律，全心全意为人民服务、随时随地维护人民利益的群众纪律，为政勤勉、真抓实干、敢于担当的工作纪律，具备良好个人品德、家庭美德、社会公德的生活纪律。党的纪律建设长效运行机制基本形成，惩前毖后、治病救人的监督执纪“四种形态”充分应用，实现了党纪国法“无缝衔接”，“越往后越严”的震慑作用突显，群众身边的不正之风和腐败问题有效遏制，全面从严管党治党从“宽松软”到“严紧硬”纵深发展。

第六，加强党的制度建设，为全面从严治党提供了重要保障。党的集体领导制度、党的民主集中制、党内选举制度、党的组织制度、干部人事制度、党内监督制度等制度建设步伐进一步加快，既适应了新时代发展的新要求，也呼应了党在新时期解决新矛盾新问题的新要求，形成完善了党的成员必须共同遵守的规范化、科学化的各项法规、条例等党的制度。全面形成了制度密笼，为规范党员干部行为、调节党内关系、纠正不正之风、提高执政水平执政能力、保证党的事业顺利发展提供了坚强的制度保障。

党的十八大以来，在以习近平同志为核心的党中央的坚强领导下，在党的自我革命的强大引领下，我国各领域改革和建设不断提速，成果丰硕。全面加强党的领导，大大增强了党的凝聚力、战斗力、领导力、号召力。贯彻新发展理念，有力推动我国发展不断朝着更高质量、更有效率、更加公平、更可持续的方向前进。全面深化改革，推动改革呈现全面发力、多点突破、纵深推进的崭新局面。全面推进依法治国，显著增强了我们党运用法律手段领导和治理国家的能力。加强党对意识形态工作的领导，巩固了全党全社会思想上的团结统一。推进生态文明建设，美丽中国建设迈出重要步伐。推进国防和军队现代化，国防和军队改革取得历史性突破。推进中国特色大国外交，营造了我国发展的和平国际环境和良好周边环境。推进全面从严治党，为党和国家各项事业发展提供了坚强政治保证。

聚天下英才而用之

国以才立，政以才治，业以才兴。政权的兴衰更替，大国的起落沉浮，无不阐释着一个颠扑不破的规律：致天下之治者在人才。习近平明确指出："人才是第一资源。古往今来，人才都是富国之本、兴邦大计。"① 国家的强盛，国力的竞争，归根到底是人才的竞争。哪个国家拥有人才上的优势，就会拥有实力上的优势。能不能让人才源源不断脱颖而出，是衡量一个国家综合国力的重要指标，也是判断一种制度有没有优越性的重要标准。新中国成立七十年特别是改革开放四十多年来，我国人才队伍规模日益壮大，人才成长环境日益优化，各项人才工作取得积极进展。党的十九届四中全会系统总结我国国家制度和国家治理体系的显著优势，充分肯定了"坚持德才兼备、选贤任能，聚天下英才而用之，培养造就更多更优秀人才的显著优势"②。实践证明，中国特色社会主义制度的这一显著优势，极大地调动了各类人才的积极性和创造性，不断把各方面优秀人才团结集聚到党和国家事业中，汇聚成社会主义现代化建设的磅礴力量。

---

① 习近平．在网络安全和信息化工作座谈会上的讲话．人民日报，2016－04－26（2）．

② 中共中央关于坚持和完善中国特色社会主义制度　推进国家治理体系和治理能力现代化若干重大问题的决定．人民日报，2019－11－06（1）．

一、中国共产党历来高度重视聚天下英才而用之

“为政之要，莫先于用人。”我国历朝历代都重视官吏选拔和管理，中国历史上凡是有作为的政治家，都懂得“为政之要，惟在得人”“育材造士，为国之本”的道理，在选人用人方面留下了很多可取的思想和经验，诸如知人善任、选贤任能、敬贤敬能、礼贤下士、旁求俊彦、唯贤是举等等，其中不乏真知灼见。同时，在这些思想理念的指引下，中国古代也形成了较为完备的人才选用制度，包括官吏的选任制度、品秩制度、俸禄制度、考课制度、监察制度、奖惩制度、培养制度、致仕制度、抚恤制度等，特别是在中国封建时代历时 1 300 余年的科举制度，在总体呈封闭性的中国封建专制政治体制中，具有相当大的开放性和竞争性，其“公开报考，择优取仕”的公开竞争做法，不仅没有动摇君主专制政权，反而给它带来了生机和活力，使中国封建社会持久地延续着，尽管中国封建社会的官僚制度是专制官僚制度，但其中有很多思想和技术值得生活在 21 世纪的我们传承下来。

中国共产党历来高度重视人才工作，新中国成立以来特别是改革开放以来，提出了一系列加强人才工作的政策措施，培养造就了各个领域的大批人才。进入新世纪新阶段，党中央、国务院做出了实施人才强国战略的重大决策，人才强国战略已成为我国经济社会发展的一项基本战略，人才发展取得了显著成就。科学人才观逐步确立，以高层次人才、高技能人才为重点的各类人才队伍不断壮大，人才发展的政策体系进一步完善，市场配置人才资源的基础性作用逐步发挥，人才效能明显提高，党管人才工作新格局确立形成。

1. 探索创建时期（1935—1956 年）

共产党干革命、搞建设，是需要一支宏大的高素质的人才队伍

的。重视党的干部队伍的建设，是马克思主义政党的优良传统。早在世界上第一个马克思主义政党——共产主义者同盟建立之初，恩格斯就提出，相比一般党员，“党的政论家需要更多的智慧，思想要更加明确，风格要更好一些，知识也要更丰富些”①。19 世纪后期，各民族国家的马克思主义政党纷纷建立，恩格斯更加明确地指出，在党内担任负责职务的人，不仅要有写作才能或理论知识，“还需要熟悉党的斗争条件，掌握这种斗争的方式，具备久经考验的耿耿忠心和坚强性格，最后还必须自愿地把自己列入战士的行列中”②。列宁在继承、坚持恩格斯这一认识的基础上，进一步阐明了干部对于党的重要意义。十月革命后，他在思考如何建设马克思主义执政党时明确提出：“要研究人，要寻找能干的干部。现在关键就在这里；没有这一点，一切命令决议只不过是些肮脏的废纸而已。”③

中国共产党历来高度重视选贤任能，始终把选人用人作为关系党和人民事业的关键性、根本性问题来抓。1937 年 5 月 8 日，毛泽东在延安召开的党的苏区代表大会上就干部工作的重要性指出：“指导伟大的革命，要有伟大的党，要有许多最好的干部。”④ 1938 年 10 月，毛泽东强调：“政治路线确定之后，干部就是决定的因素。”⑤ 1938 年党的六届六中全会上，毛泽东明确提出：“中国共产党是在一个几万万人的大民族中领导伟大革命斗争的党，没有多数才德兼备的领导干部，是不能完成其历史任务的。”⑥ 他还指出：“共产党的干部政策，应是以能否坚决地执行党的路线，服从党的纪律，和群众有密切的联系，有独立的工作能力，积极肯干，不谋私利为标准，

① 马克思，恩格斯．马克思恩格斯全集：第 4 卷．北京：人民出版社，1958：304.

② 马克思，恩格斯．马克思恩格斯选集：第 4 卷．3 版．北京：人民出版社，2012：281.

③ 列宁．列宁全集：第 35 卷．北京：人民出版社，1959：542.

④ 毛泽东．毛泽东选集：第 1 卷．2 版．北京：人民出版社，1991：277.

⑤⑥ 同④526.

这就是‘任人唯贤’的路线。”① 毛泽东在延安提出的“才德兼备”的干部标准和“任人唯贤”的干部路线，为党的干部工作奠定了思想基础。

延安时期，党作为抗日救国的中流砥柱，坚持海纳百川、兼容并包，坚持德才并重、以德为主，坚持五湖四海、任人唯贤，大力推进工农干部知识化、知识分子工农化，以正确的人才导向吸引和培养了大量人才，为抗日战争、解放战争和新中国建设打下了坚实的人才基础。1939 年，党中央做出大量吸收知识分子的决定，提出“在长期的和残酷的民族解放战争中，在建立新中国的伟大斗争中，共产党必须善于吸收知识分子，才能组织伟大的抗战力量，组织千百万农民群众，发展革命的文化运动和发展革命的统一战线。没有知识分子的参加，革命的胜利是不可能的”②，并提出“一切战区的党和一切党的军队，应该大量吸收知识分子加入我们的军队，加入我们的学校，加入政府工作”③。这个决定使青年英才“到延安去”形成一股潮流。各类人才纷纷从敌占区、国统区、解放区，从海内外各个地方向延安汇聚，形成了“天下人心归延安”的壮观景象。

新中国成立以后，党和国家在总结革命战争年代党的干部工作经验和革命根据地政权建设中干部工作经验的基础上，适应社会主义革命和社会主义建设的新情况，同时借鉴了苏联的一些干部管理工作经验，逐步确定了我国干部人事工作的方针和原则，制定出台了一系列干部人事管理的政策、规定，形成了一套基本符合当时需要的干部人事制度。一是构建干部人事管理体制。1953 年起，中央将全体干部按工作部门划分为不同的系统并制定职务名称表，逐步建立起中共中央和各级党委统一领导、各级党委组织部门统一管理的分部分级干部管理的体制。二是设立人事管理机构。1954 年起，

① 毛泽东．毛泽东选集：第 1 卷．2 版．北京：人民出版社，1991：527.

② 同①618.

③ 同①619.

中共中央和各级党委陆续设立了工交、财贸、文教、农村等工作部，这些工作部和原有的宣传部、统战部都承担起本系统的干部管理工作。在政府系统，早在1950年11月就成立了中央人民政府人事部，负责管理全国政府系统及所属事业单位的人事管理事宜。同时，国家机关各部委、各人民团体以及地方各级政府、各部门也相继设立了人事管理机构。1954年颁布《国务院组织法》后，撤销中央人民政府人事部，成立国务院人事局，管理原中央人民政府人事部事务。三是建立一系列单项法规和制度。在吸收录用方面，建立起退役军人的接收分配制度、大学生的统一分配制度；并建立从工人、农民、社会闲散人员和待业青年中吸收录用干部的制度。在任免方面，1949年11月政务院颁布《关于任免工作人员的暂行办法》，1951年7月政务院通过《中央人民政府任免国家机关工作人员暂行条例》。在等级及工资方面，1956年7月国务院颁发《关于工资改革的决定》，建立起级别本位的等级制度、工资制度。此外，这一时期还建立健全了干部年终鉴定、奖惩、提拔、调配、审查、培训、档案管理、年终统计等制度，干部人事管理工作逐渐走上正轨。

2. 曲折发展时期（1957—1977年）

1956年12月，中组部召开各省、自治区、直辖市党委组织部长会议，标志着干部人事制度进入新的阶段。然而，由于后来“左”的错误的发展和持续的政治运动，干部人事制度遭到了严重干扰和破坏，干部人事制度进入曲折发展时期。但是，这一时期干部人事制度仍然取得了一定的发展成就，主要表现在以下两个方面：

一是继续加强单项制度建设。在人事管理机构、体制方面，1957年国务院人事局制定《人事工作方法三十条（草案）》。在入口管理方面，国务院颁发《关于高等学校毕业生由国家统一分配的制度》（1959年）、《高等学校毕业生调配、派遣暂行办法》（1963年）。在任免方面，全国人大常委会通过《县级以上人民委员会任免国家机关工作人员条例》(1957 年),国务院颁布《国务院任免行政人员办法》(1957 年)。在奖惩方面,国务院公布《关于国家行政机关工作人员的奖惩暂行规定》(1957 年)。在退休方面,国务院发布《关于工人职员退职处理的暂行规定》(1958 年)。此外,这一时期还颁布了《国家机关工作人员调动中各项待遇的规定》《国家机关工作人员福利费掌管使用的暂行规定》《科技干部条例》等人事法规,进一步健全了调动、福利等管理环节以及科技干部的管理。

二是开始探索新老干部正常交替制度。面对领导干部中出现年老体弱、后继无人的状况,1964 年 7 月,毛泽东提出无产阶级革命事业接班人的五项条件,即必须是真正的马克思列宁主义者,必须是全心全意为中国和世界的绝大多数人服务的革命者,必须是能够团结绝大多数人一道工作的无产阶级政治家,必须是党的民主集中制的模范执行者,必须富于自我批评精神①。这为探索建立新老干部交替制度提供了基本遵循。同时,中共中央也开始研究妥善安排年老体弱干部的政策和措施。

3. 改革创新时期(1978—2012 年)

“文化大革命”期间,我国干部人事管理机制遭到严重破坏。党的十一届三中全会的召开,实现了对干部人事工作的拨乱反正,原有的干部管理制度逐步恢复正常。改革开放后,党和国家工作重点转移到了社会主义现代化建设方面,恢复中的干部队伍建设面临的问题日益突出。

党的十二大前后,新时期干部人事制度改革正式拉开序幕,通过党的组织路线进行拨乱反正。随着全党全国工作重心转移,邓小平等老一辈无产阶级革命家站在事关党和国家前途命运全局的高度,

① 中共中央文献研究室．建国以来重要文献选编:第 19 册．北京:中央文献出版社,1997:71－72.

提出要进行干部制度改革。邓小平指出，“解决组织路线问题，最大的问题，也是最难、最迫切的问题，是选好接班人”①，“选贤任能也是革命”②。“现在我们面临的问题，是缺少一批年富力强的、有专业知识的干部。而没有这样一批干部，四个现代化就搞不起来。我们老同志要清醒地看到，选拔接班人这件事情不能拖。否则，搞四个现代化就会变成一句空话。”③ 1981 年，他在中共省、市、自治区委员会书记座谈会上语重心长地说，“选拔培养中青年干部这个问题太大了”，“这是个战略问题，是决定我们命运的问题”④。1982 年，他又讲，如果不搞机构改革和干部制度改革，就只能眼睁睁地看着党和政府机构缺少朝气、缺少效率，工作不能得到更大的成绩，这样下去，“不只是四个现代化没有希望，甚至于要涉及到亡党亡国的问题”⑤。邓小平不仅把人才问题看成是实现四个现代化的保证，而且把它看成是社会主义制度优越性的基本要求之一。他认为，充分发挥社会主义制度的优越性，就要实现三方面的要求：第一，经济上迅速发展社会生产力；第二，政治上，创造比资本主义国家的民主更高更切实的民主；第三，组织上，“造就比这些国家更多更优秀的人才”⑥。

1980 年，邓小平发表著名的《党和国家领导制度的改革》一文，奠定了我国政治体制包括干部人事制度改革的基础。随后，制定我国干部队伍“革命化、年轻化、知识化、专业化”的方针，建立老年干部离退休制度，一大批德才兼备、能力突出的优秀年轻干部走上领导岗位，在实现新老干部交替上迈出重要步伐。先后出台《关于加强干部教育工作的意见》《国家行政机关工作人员升级奖励试行

---

① 邓小平．邓小平文选：第 2 卷．2 版．北京：人民出版社，1994：192.
② 同①401.
③ 同①221.
④ 同①384.
⑤ 同①397.
⑥ 同①322.

办法》《关于建立老干部退休制度的决定》等政策法规，开始进行对干部考核、培训、招聘、薪酬福利设置的尝试性探索。

党的十三大前后，为了适应全面开展的经济体制改革，从横向和纵向两个方面展开人事制度改革：横向方面，建立公务员制度，探索建立科学的分类管理体制，形成各具特色的干部管理制度；纵向方面，本着“管少、管好、管活”的原则，实行下管一级的干部管理体制。在这个阶段的干部人事制度调整中，特别出台了《中华人民共和国行政诉讼法》《国家行政机关工作人员贪污受贿行政处分暂行规定》《人事部门廉政建设暂行规定》等法律法规。

党的十四大后，在经历了改革开放十余年干部人事制度的恢复与尝试后，干部人事管理中仍然存在人才使用不合理、干部激励制度欠缺、干部管理体制偏差等问题。为了落实党的十四届四中全会和党的十五大提出的扩大民主、完善考核、推进交流、加强监督的要求，建立促进优秀人才脱颖而出的用人机制，尤其是在推动干部能上能下方面取得明显进展。领导干部公开选拔和竞争上岗工作逐步推开。国有企业和事业单位的人事制度改革也取得明显成效。国家也出台一系列政策条例对干部人事制度进行调整，主要以《国家公务员暂行条例》和《党政领导干部选拔任用工作暂行条例》的出台为标志，着重于干部人事管理的基础制度建设。

党的十六大前后，以2000年颁布出台《深化干部人事制度改革纲要》为标志，干部人事制度改革进入整体推进的新阶段。党的十六大以来，干部人事制度改革坚持以科学发展观等重大战略思想为指导，以科学化、民主化、制度化为目标，通过建立健全干部选拔任用机制和干部监督管理机制，把更多优秀人才集聚到党和国家各项事业中来。在这个阶段，党和国家出台了领导干部选拔任用过程监督、党内监督纪律处分等方面的法规。其中，《公务员法》的颁布实施，是干部人事制度现代化的重要标志。党的十七大提出的“民主、公开、竞争、择优”的要求，掀起了新一轮干部人事制度改革的高潮。

4. 全面深化时期（2012 年至今）

进入新时代的中国，对优秀人才的需要比以往任何时候都更为迫切。习近平着眼于世界历史发展面临的百年未有之大变局，明确提出进行具有许多新的历史特点的伟大斗争，关键在党，关键在人，关键在党要建设一支高素质干部队伍并切实发挥作用。习近平不断深化对选贤任能规律的认识，完善选人用人的制度，使选人用人之风明显好转，干部队伍建设取得显著成就。在 2013 年全国组织工作会议上，他提出了“信念坚定、为民服务、勤政务实、敢于担当、清正廉洁”[①] 的好干部标准，赋予了“德才兼备”和“选贤任能”新的时代内涵。在 2015 年召开的全国党校工作会议上，他进一步明确：“我们党要团结带领全国各族人民抓住机遇、战胜挑战，把‘四个全面’战略布局落到实处，把创新、协调、绿色、开放、共享的发展理念落到实处，实现第一个百年奋斗目标、全面建成小康社会，进而实现第二个百年奋斗目标、实现中华民族伟大复兴的中国梦，关键在于培养造就一支具有铁一般信仰、铁一般信念、铁一般纪律、铁一般担当的干部队伍。”[②] 在党的十九大报告中，习近平进一步指出，坚定实施人才强国战略，人才资源是第一资源，充分发掘人才资源宝库，努力形成人人渴望成才、人人努力成才、人人皆可成才、人人尽展其才的良好局面，是实现“两个一百年”奋斗目标和中华民族伟大复兴中国梦最牢固的依靠、最有力的支撑。

党的十八大以来，以习近平同志为核心的党中央高度重视人才工作，大力实施人才强国战略，取得了一系列显著成就。一是人才发展体制机制改革取得重要突破。2016 年，党中央印发《关于深化人才发展体制机制改革的意见》，中央和国家有关部门先后出台多份

---

① 习近平．习近平关于全面从严治党论述摘编．北京：中央文献出版社，2016：122.

② 同①139.

配套改革文件，各省区市也陆续推出一系列相关实施意见。这些改革政策措施的出台，有力推动了人才培养、评价、流动、引进、使用、分配、激励等重点领域和关键环节的改革，既向用人单位下放管理自主权，又为人才松绑，在调动人才积极性主动性创造性上发挥了重要作用。二是人才队伍建设取得重大进展。目前，我国人才资源规模、科技人力资源以及研发人员数量均居世界前列。国家“千人计划”和“万人计划”的实施，吸引了一大批高端人才，其中包括诺贝尔奖得主、发达国家科学院院士和各领域的领军人才、青年拔尖人才等。留学归国人员逐年增加，境外来华专家已由 2011 年的 52.9 万人次增至 2015 年的 60 多万人次，年均增长 5%以上。三是人才创新创业能力大幅提升。多年来，我国国际科技论文收录量和被引用量排在世界前列。量子调控、中微子振荡等一批基础研究取得重大原创性成果，载人航天、探月工程、深海潜器、超级计算等取得重大突破，高铁、5G 移动通信、核电、新能源汽车、杂交水稻等重大创新成果引领世界潮流。

二、中国共产党聚天下英才而用之的基本内涵

人才是实现国家富强、民族振兴和赢得国际竞争主动的战略资源。中国共产党成立九十多年来，特别是改革开放四十多年来，坚持党管人才原则，聚天下英才而用之，努力造就一支规模宏大、素质优良、门类齐全、结构合理的人才队伍。回首中国共产党选贤任能、育才造才的历史实践，我们发现中国共产党一直遵循党管人才的原则、服务大局的方向、人才第一的意识、政治标准的统领、民主公正的机制和破立并举的改革。

1. 党管人才的原则

党政军民学，东西南北中，党是领导一切的。党的领导是中国

特色社会主义最本质的特征，也是中国特色干部人事工作的根本要求、鲜明底色。坚持党对干部和人才的管理是党的优良传统，中国共产党在革命、建设、改革的过程中，充分发挥了党的思想政治优势、组织优势和密切联系群众优势，不断加强和改进党对人才工作的领导。回顾党的历史，什么时候党的领导坚强有力，党和人民需要的好干部就会充分涌现；什么时候党的领导被削弱，选人用人不正之风就会滋生蔓延。党管人才是我国人才工作的重要原则，也是我国最大的人才体制优势。党管干部原则形成于新中国成立之前，1928 年党的六大提出，党的组织任务之一就是干部人才的产生和训练，明确把干部工作作为党的建设任务之一。经过延安整风，党管干部原则成为党的干部制度的一条基本原则，并根据这一原则建立了集中统一的干部管理制度。新中国成立之后，虽然经过管理体制的调整和改革，但始终坚持党管干部原则。改革开放以来，党管干部原则也写入了《党政领导干部选拔任用工作条例》《公务员法》等重要的干部人事管理法规。习近平指出："我们落实党管干部原则，强化党组织领导和把关作用。""我们坚持党管人才原则，以识才的慧眼、爱才的诚意、用才的胆识、容才的雅量、聚才的良方，把党内外、国内外各方面优秀人才集聚到党和人民的伟大奋斗中来。"①党管人才，集中体现在人才管理的战略层面，主要是宏观管理、政策制定、统筹协调、搞好服务，重点是要做好制定政策、整合力量、营造环境的工作，为人才成长和发挥作用提供有力的支持和优良的服务。

2. 服务大局的方向

发展是党执政兴国的第一要务。人才工作是党的事业的重要组成部分，服从和服务于党的中心工作是人才工作必须始终坚持的战

① 习近平．在全国组织工作会议上的讲话．北京：人民出版社，2018：5-6.

略方向。人才工作既要服务于经济社会全面协调可持续发展，也要服务于人的全面发展，始终围绕政治路线推进改革进程。我们党在干部人事工作中始终服务和服从于党的政治路线。党的十一届三中全会确定我们党的工作重心转移到经济建设上来，为了适应这个重大转变，党的干部队伍建设工作及时进行了重大调整，强调要服从和服务于党在社会主义初级阶段的基本路线，服从改革、发展、稳定的大局，这为执政骨干队伍建设工作确立了正确方向。党的十四大明确提出建立社会主义市场经济体制，干部队伍建设工作也进行了诸多改革，如在干部选用方面开始引进竞争机制，同时有关干部选拔任免、考核考察以及监督管理的改革措施也陆续制定出台。进入 21 世纪，为贯彻落实科学发展观，中央进一步完善了领导干部综合考核评价体系，积极引导干部树立正确的发展观、政绩观。党的十八大以来，为推动“五位一体”总体布局、“四个全面”战略布局，党对干部人事工作提出了新的要求。实践表明，根据不同时期的中心任务，不断改革完善干部人事制度，干部队伍建设工作能够更好地为党的中心工作服务，干部队伍推进改革开放的能力和水平进一步得到提高。

3. 人才第一的意识

千秋基业，人才为先。人才是所有资源中最重要、最根本的资源，是“第一资源”“第一资本”“第一推动力”。党的十九大报告进一步做出“人才是实现民族振兴、赢得国际竞争主动的战略资源”的重要论断。中国共产党站在唯物史观的高度，第一次真正揭示了“什么是人才，如何使用人才”的规律，以“周公吐哺”的胸襟、“千金买骨”的气魄、“三顾茅庐”的诚意，真正把人才列为各类资源开发之首，大兴识才、爱才、敬才、用才之风。我们党坚持以马克思主义人才观为指导，继承党的优良传统，放眼世界与未来，总结人才工作实践经验，鲜明提出“知识就是力量，人才就是未来”

“物质资源必然越用越少，而科技和人才却会越用越多”“创新驱动实质上是人才驱动”“树立强烈的人才意识，寻觅人才求贤若渴，发现人才如获至宝，举荐人才不拘一格，使用人才各尽其能”“聚天下英才而用之”等科学论断，从而把马克思主义人才观发展到新的时代高度，为新时代的人才工作和发展伟业提供了强大的思想武器。在新时代，要想赢得竞争、赢得未来，就必须聚天下英才而用之，不断开创人人渴望成才、人人努力成才、人人皆可成才、人人尽展其才的新境界。

4. 政治标准的统领

政治标准是最高标准，在选人用人标准体系中处于统领地位，强调的是对党忠诚，对党的领导核心和党中央权威的坚决拥护，对党的理论和路线方针政策的准确理解和坚决贯彻执行。从理论上讲，这一标准是由人才的选拔者和使用者的性质所决定的：人才既然是由党所选拔和使用的，党自然将政治标准置于首要地位。这一选人用人标准早在新民主主义革命时期就已经确立了。1938 年 10 月 14 日，毛泽东在《中国共产党在民族战争中的地位》中即提出，党的干部首先要能够“坚决地执行党的路线，服从党的纪律”。新中国成立以来，这一标准在各个时期都是党和国家选人用人的首要标准。习近平在 2018 年全国组织工作会议上强调：“坚持好干部标准，把政治标准放在第一位。”在实践中，在新中国成立前的革命斗争环境下，特别要求党的干部要“富于牺牲精神，能独立解决问题，在困难中不动摇，忠心耿耿地为民族、为阶级、为党而工作”[①]。在新中国成立后的不同时期，也都形成了具有时代特点的选人用人标准。例如，在全面建设时期，党和国家曾经培养、选拔了大量的、符合时代要求的建设人才。改革开放以来，确立了以干部“四化”为核

① 毛泽东．毛泽东选集：第 1 卷．2 版．北京：人民出版社，1991：277.

心内容的选人用人标准，为改革开放时期党和国家选拔任用各类人才提出了时代标准。习近平在 2018 年全国组织工作会议上强调，选人用人方面要“坚持德才兼备、以德为先、任人唯贤”的标准，“着力培养忠诚干净担当的高素质干部”①，从根本上确立了新时代选人用人的标准。

5. 民主公正的机制

以公平竞争、民主法治突显活力。计划经济下的干部人事制度的机制是统一调配，其根源是高度集中的计划经济体制和一切统一的平均主义观念；社会主义市场经济下的干部人事制度的机制是公平竞争和民主法治。这个机制的根本转变，体现在干部人事制度改革的各个环节。从《党政领导干部选拔任用工作条例》《中国共产党党内监督条例（试行）》等具体的管理制度，到《公务员法》，都突出了这个根本机制的转变。推进民主也是干部人事制度工作中群众路线在新时期的重大发展。在改革推进中，始终把群众民主参与干部选拔任用作为改革的重要目标，干部的录用实行公告、公示、民主监督制度，干部的提拔选用实行民主推荐、民意测验制度，在考察中听取群众意见，实行公开选拔、公开招考和选举制度等。同时，推动干部人事制度法治化，基本形成以《公务员法》为核心的党政机关干部管理法律体系，以《公司法》和现代企业制度为核心的现代企业人事管理法规体系和以《事业单位人事管理条例》为核心的事业单位干部人事法律框架，做到有法可依、依法办事、违法必究。

6. 破立并举的改革

根据时代发展要求不断改革完善制度形式。制度形式是制度的外在表现。制度原则和内核不能变，但制度形式必须根据时代发展

① 习近平．在全国组织工作会议上的讲话．北京：人民出版社，2018：11.

的要求不断进行改革完善。1953 年形成了分部分级管理干部的基本体制，这一体制在总体上是适合我国国情和政治制度要求的，也为党和国家事业的发展发挥了重要作用。但是，这样一种管理体制也存在问题，主要是：用管理党政干部的方法管理所有干部，且管理权限高度集中，管理方式陈旧单一，管理制度不健全。改革开放以来，这样的管理体制已经不能适应时代发展的要求，于是党中央提出并实施干部人事制度改革，建立分类管理体制。由此，干部人事制度走上了分类管理的改革路径，分别建立了党政领导干部制度、公务员（党政机关干部）制度、国有企业人事制度、事业单位人事制度等不同类型的公共部门人力资源管理制度。在各项制度内部，也划分为不同类型的人员，实行不同的管理方式。例如，公务员分为综合管理类、行政执法类、专业技术类等。在坚持制度原则不变的前提下，通过不断调整制度形式来满足不同时期要求的基本经验，为干部人事制度的发展与改革提供了广阔的制度空间和灵活多样的制度形式选择，从而使这一制度不断焕发生机和活力，进而能够最广泛、最充分、最持久地调动各方面人才干事创业的主动性、积极性和创造性，破除一切不利于解放和发展人才生产力的思想观念和体制机制障碍，加快构建具有全球竞争力的人才制度体系。

三、中国共产党聚天下英才而用之制度体系的显著优势

从建设时期知识青年“滚一身泥巴，炼一颗红心”，到实行改革开放之后“尊重知识、尊重人才”蔚然成风，再到新时代树立好干部标准、深化人才发展体制机制改革，人才培养和发展向来被摆在国家治理的重要位置。不断脱颖而出的优秀干部、优秀人才，成为国家兴旺发达、人民安居乐业的中坚与基石。进入新时代，我们把人才优势转化为发展优势，把人才资源转化为发展资源，把人才工作成果转化为发展成果，成为实现中华民族伟大复兴的有力推手。

1. 坚持党管干部、党管人才、组织选人，确保了各级领导权牢牢掌握在忠于党和人民的人手中

党的领导是中国特色社会主义最本质的特征，也是中国特色干部人事工作的根本要求、鲜明底色，是各项法规制度的关键要义。回顾党的历史，什么时候党的领导坚强有力，党和人民需要的好干部就会充分涌现；什么时候党的领导被削弱，选人用人不正之风就会滋生蔓延。必须看到，过去一段时间，一些单位选人用人工作出现弱化、淡化、虚化党的领导的问题，导致正确用人导向没有得到很好体现，影响了党风政风。问题是时代的声音。顺应时代呼声、引领时代潮流，必须敢于直面问题、勇于解决问题。习近平指出，“必须把加强党的领导和充分发扬民主结合起来，发挥党组织在干部选拔任用工作中的领导和把关作用”，“如果领导班子、分管领导和组织部门都说不出哪个干部强、哪个干部弱，那就是失职!”[①] 坚持党管干部、党管人才、组织选人，确保了各级领导权牢牢掌握在忠于党和人民的人手中，也为提高干部选拔任用工作质量、选好人用对人提供了坚实保障。

党的十八大以来，各级党委（党组）及其组织人事部门认真学习领会习近平总书记指示要求，围绕坚持和加强党的全面领导，着力破解干部工作难题，推动干部工作取得显著进展、发生重大变化。一是改进民主推荐，对“唯票”问题“釜底抽薪”。重新定位民主推荐的功能，更好地发挥民主推荐应有的作用。二是改进竞争性选拔，让“唯分”倾向“偃旗息鼓”。合理确定竞争性选拔范围，明确不能将其作为选拔干部的主要方式甚至唯一方式，不能硬性规定竞争性选拔的频次和比例。三是完善考核工作，使“唯 GDP”的政绩观根

① 中共中央文献研究室．十八大以来重要文献选编：上．北京：中央文献出版社，2014：345.

本扭转。就改进干部政绩考核出台文件，强调不能简单地把经济增长速度与干部的德能勤绩廉画等号，防止简单以GDP论英雄。四是注重老中青梯次配备，推动“唯年龄”问题有效破解。统筹提出年轻干部常态化配备目标，促进了干部资源的优化配置，让干部队伍中的老中青都有劲头、有奔头。旗帜鲜明坚持党的领导，坚决纠正“四唯”偏向，干部从此不再为“票”、为“分”、为GDP、为年龄而纠结。

2. 坚持源头培养、跟踪培养、全程培养，确保干部成长的方向更加明确、路径更加优化

政治路线确定之后，干部就是决定因素。2013年6月28日，在全国组织工作会议上，习近平专门对着力培养选拔党和人民需要的好干部做出深刻论述，旗帜鲜明地提出新时期好干部标准。之后，习近平总书记又进一步提出了“三严三实”、忠诚干净担当、“四有”、“四个铁一般”、“五个过硬”等要求。新时期好干部标准的提出和不断的细化、实化、具体化，不仅为组织选人提供了遵循，也为组织培养人明确了重点，更为干部自身成长指明了方向。

党的十八大以来，中共中央组织部把学习贯彻习近平新时代中国特色社会主义思想作为培养选拔干部的首要政治任务，按照党中央要求，举办新进中央委员、候补委员和省部级主要领导干部专题学习研讨班，抓好县处级及以上领导干部集中培训，先后两次制定干部教育培训规划，召开全国干部教育培训工作会议，推进习近平新时代中国特色社会主义思想课程体系、教材体系、学科体系建设。各地各部门突出学懂弄通做实，普遍采取中心组学习、集中宣讲、干部轮训、专题研讨等多种方式，推进习近平新时代中国特色社会主义思想往深里走、往实里走、往心里走。

“德为才之帅，才为德之资。”对于领导干部而言，政治过硬才能步稳行健，本领高强方能负重致远。党的十八大以来，习近平反

复强调要克服干部队伍中的能力不足的问题。根据党中央要求，一方面，各级党组织应紧紧围绕党中央重大决策部署，开展务实管用的专业化培训；另一方面，应积极选派中央单位和经济发达地区优秀干部到脱贫攻坚一线挑重担，持续完善干部援藏援疆援青工作，选派优秀干部到艰苦边远地区、到雄安新区和海南自由贸易港等改革前沿锻炼成长。习近平特别强调“革命理想高于天”，理想信念是干部的精神之“钙”。近年来，党中央坚持固本培元，高度重视思想建设、政治建设，先后部署开展党的群众路线教育实践活动、“三严三实”专题教育、“两学一做”学习教育、“不忘初心，牢记使命”主题教育，广大干部受到了深刻的思想洗礼和党性教育。

实现中华民族伟大复兴，归根到底在于培养造就一代又一代可靠接班人。大力发现选拔优秀年轻干部，是事关党的事业薪火相传、国家长治久安的根本大计。我们党历来高度重视干部队伍的源头培养、新老干部之间的合作和交替。从召开优秀年轻干部培养选拔工作座谈会，到提出年轻干部常态化配备目标，从精心组织专题调研，到统筹构建选育管用全链条机制，党的十八大以来，各级党委（党组）及其组织人事部门努力推动和促进一大批优秀年轻干部涌现出来，成长起来。

3. 坚持政治标准、严格考核、群众公认，确保了人才选拔的机制更加科学、方式更加精准

干部工作政治性、政策性强，事关党和国家事业发展，事关广大党员干部人才的切身利益，必须做到精准科学、实事求是。中国共产党坚持干部考核经常化、制度化、全覆盖，既把功夫下在平时，全方位、多渠道了解干部，又注重了解干部在完成急难险重任务、处理复杂问题、应对重大考验中的表现，既在小事上察德辨才，又在大事上看德识才。在干部工作中践行精准科学的要求，涵盖识人理念、途径、机制等重要方面，为人才选拔提供了科学思想方法、

工作方法。“用人必考其终，授任必求其当。”干部考核是干部管理的重要环节，发挥着“指挥棒”的作用，必须精准科学。中共中央印发的《党政领导干部考核工作条例》，要求对党政领导班子和领导干部的政治素质、履职能力、工作成效、作风表现等进行了解、核实和评价，开展领导干部年度考核，不断优化指标设置，改进反馈方式。各地各部门不断完善平时考核、年度考核、任期考核、专项工作考核等工作，加强考核结果运用，积极解决干多干少、干好干坏、干与不干一个样的问题。通过科学规范的考核，重实际、说实话、办实事、求实效的干部受到了褒奖和鼓舞，不作为、慢作为、假作为、乱作为的干部得到了警醒和惩戒。

干部考核与干部考察，在知事识人、立体看人的过程中，相互印证、互为补充。近年来，各级党委（党组）及其组织人事部门在考准考实干部上采取了很多创新举措。比如，在省市县乡换届工作中，按照知情度、关联度和代表性要求，合理确定谈话范围，精心设计谈话口径。比如，重视考察干部“八小时”之外的社交圈、生活圈等情况。比如，写实写活干部考察材料，给干部精准生动“画像”，让干部个性特征和优缺点跃然纸上。干部考察，政治把关和政治素质考察是第一位的。“识人识面不识心。”政治上的“两面人”，装得很正、藏得很深，准确识别很难。各级党委（党组）及其组织人事部门在选人用人过程中，注意抓住具体行为特征来考察识别，既听其言，又观其行，既察其表，又析其里，对那些不能同党中央保持高度一致、不能坚决做到“两个维护”的，一票否决；对那些对党中央决策部署态度暧昧甚至心怀不满、另搞一套的，一票否决；对那些骨头不硬、见风使舵、爱惜羽毛，当所谓“开明绅士”，不敢担当的，一票否决。着眼拓展精准识人的手段，突出科学用人的重点，抓住公正看人的关键，切实加大分析研判和动议的分量，强调用好个别谈话等考察方式的同时，将与考察对象面谈作为一项程序单列并突出加以要求。特别是高度重视人选条件把关，鲜明树起选人用人的政治标尺，明确把政治素质考察作为重中之重，强化对干部道德品行的考察，注重了解干部的专业素养，加强对廉政情况的核查，将严把人选政治关、品行关、能力关、作风关、廉洁关的要求更加精准化。

4. 坚持事业为上、人事相宜、公道正派，确保了选贤任能的导向更加鲜明、来源更加广泛

伟大的事业需要伟大的实践，高素质干部正是伟大实践的主力军。习近平反复强调，坚持事业为上、公道正派，把好干部标准落到实处。党的十八大以来，干部工作的一个重要特征和鲜明导向，就是坚持事业为上，从党和人民事业出发选干部、用干部。无论是十九届中央“两委”人选考察、省市县乡领导班子换届，还是干部日常补充调整，都注重在统筹推进“五位一体”总体布局和协调推进“四个全面”战略布局、贯彻落实新发展理念、推进高质量发展、深化供给侧结构性改革、打好“三大攻坚战”中将表现优秀的干部发现出来、起用上来，真正根据事业发展的需要，把合适的人放到合适的岗位。在这次机构改革中，各级党委（党组）统筹考虑领导班子配备和人员安排，职数管理和干部选拔任用既不搞“一刀切”，也不简单“拉长板凳”，彰显了事业导向、事业需求。

当前，随着改革开放和社会主义现代化建设不断向前推进，各项工作对专业化、专门化、精细化提出了越来越高的要求，做好领导工作要有专业思维、专业素养、专业方法。实际工作中，各地各部门立足稳增长、促改革、调结构、惠民生、防风险，区分不同功能定位、发展阶段，大力选拔既具有领导才干又具有专业本领的干部，努力使领导班子的专业素养整体适应一个地方的发展需要、一个单位的核心职能、一个企业的主营业务，领导班子专业化水平显著提高。

“昆山积琼玉，广厦构众材。”五湖四海的事业，需要五湖四海

的人来干。坚持五湖四海、任人唯贤，广开进贤之路。打开视野、不拘一格，坚持干部工作一盘棋，除了党政机关，注重从企业、高等学校、科研院所等单位以及社会组织中发现并选拔党政领导干部，并对推动国有企事业单位、社会组织干部人才及时进入党政机关做出制度性安排，充分体现了我们党聚天下英才而用之的胸怀，努力把方方面面的优秀人才集聚到党和人民的事业中来。近年来，各地注重拓宽干部来源渠道，积极推进党政机关与国有企事业单位干部之间的交流，选拔了一批懂专业、有能力、实绩好的优秀企事业人才进入各级领导岗位。当前，一大批具有企业、高校、科研院所等工作经历的干部走上党政领导岗位，优化了干部队伍的结构，增强了领导班子的整体功能。

5. 坚持从严教育、从严管理、从严监督，确保了选人用人的生态更加良好、风气更加清朗

好干部是选出来的，更是管出来的。严管就是厚爱，是对干部的真正负责。中国共产党始终坚持从严教育、从严管理、从严监督，让每一个干部都习惯在监督和约束下工作生活。加强党内监督，贯彻民主集中制，严格组织生活，用好批评与自我批评的锐利武器，完善体制机制，管好关键人，管到关键处，管住关键事，管在关键时，特别是要把“一把手”管住管好。同时，要综合发挥群众监督、舆论监督等作用，形成监督合力。党的十八大以来，党中央打出的一套“组合拳”，将真管真严、敢管敢严、长管长严要求落到实处，扎紧了制度笼子，扫除了顽症积弊，净化了政治生态，纯洁了干部队伍，从源头上保证了选人用人的生态更加良好、风气更加清朗。

党的十八大以来，党中央以“永远在路上”的坚韧和执着，坚持从问题入手，从细节抓起，扭住不放，持续用劲，久久为功。一是从严思想教育。“小洞不补，大洞吃苦”。中共中央组织部出台

《关于组织人事部门对领导干部提醒、函询和诫勉的实施细则》，严格政治规矩和政治纪律的教育监督。各级党组织综合运用谈心谈话、巡视巡察、年度考核、日常了解等方式，对干部及时咬耳扯袖，使红脸出汗真正成为常态。二是从严问题整治。集中开展“三超两乱”“裸官”“吃空饷”，以及干部档案造假、领导干部违规兼职、因私出国（境）等专项整治。同时，突出“关键少数”，对掌握人财物决策权、支配权的重要岗位干部加强重点监督，完善领导干部经济责任审计制度。三是从严作风整顿。“四风”是群众深恶痛绝、反映最强烈的问题，也是损害党群干群关系的重要根源。党的十八大以来，党中央把解决“四风”顽症作为群众路线教育实践活动的重中之重，确定了21项专项整治任务，狠刹“舌尖上的浪费”“车轮上的腐败”“舞台上的奢华”“会所中的歪风”，持续对“四风”隐性变异问题进行整治，特别是坚决纠正新的形式主义、官僚主义等不正之风。各级党委（党组）及纪检监察机关、组织人事部门坚决贯彻落实党中央要求，抓好作风整治、监督和问责等工作，引导干部遵守中央八项规定及其实施细则精神，坚决反对“四风”。四是从严纪律约束。中共中央组织部印发防止干部“带病提拔”意见和推进干部能上能下的规定，出台加强干部选拔任用工作监督、干部选拔任用纪实、规范党委（党组）讨论决定干部任免事项等制度，开展巡视选人用人专项检查，严格执行“凡提四必”“双签字”制度，对廉政上有问题的，实行“零容忍”。

6. 坚持统筹施策、正向激励、鼓励担当，确保干事创业的担当更加自觉、氛围更加积极

一代人有一代人的长征路，一代人有一代人的职责使命。回顾我们党九十多年的风雨历程，任何时候的工作都离不开对广大干部积极性、主动性、创造性的调动和发挥。干部干部，要“干”字当头。这既是职责要求，也是从政本分。“善用人者，必使有材者竭其力，有识者竭其谋。”对干部最大的激励是坚持正确的用人导向，用好一个人能激励一大片。中国共产党始终将激励干部担当视作树立正确选人用人导向的应有之义，将推动改革创新、敢于担当纳入考察内容，强调推进领导干部能上能下，提出宽容干部在改革创新中的失误错误，对那些符合有关规定给予容错的干部，应当客观公正对待，有利于进一步形成“优者上、庸者下、劣者汰”的科学机制。增强广大干部的斗争精神，激励担当作为，既要靠从严管理，又要靠关心爱护，这从来都是“一枚硬币的两面”，是有机统一的整体。2018 年 5 月，中共中央办公厅印发《关于进一步激励广大干部新时代新担当新作为的意见》，抓住影响干部积极性的关键症结，在政治教育、思想引导、选拔任用、待遇保障、人文关怀等方面，提出很多务实管用的举措，不仅为广大干部成长提供了指南针，而且为加强和改进干部工作提供了导航仪。

近年来，党中央隆重表彰全国百名优秀县委书记，广泛开展向焦裕禄、罗阳、廖俊波等先进典型学习的活动，推进职务与职级并行，加强乡镇干部队伍建设，加大从优秀村干部、大学生村官和乡镇事业编制人员中选拔乡镇领导干部的力度，实施乡镇工作补贴制度，把党的关怀送到广大干部特别是基层干部的心坎上，极大地鼓舞和激励着干部奋发有为。各级党组织突出实践实干实效，坚持有为才有位，识人察人看担当、选人用人重作为，在各层级、各部门、各领域选拔配备了一大批想干事、能干事、干成事的精兵强将。坚持典型示范引领，让敢担当善作为的干部有舞台、受褒奖。激浊方能扬清。调整一个不作为、乱作为的干部，能够形成教育一片、警示一批的震慑效应。近年来，问责条例、领导干部能上能下若干规定等文件的实施，亮出了干部优与劣的标尺、“上”与“下”的准绳，各级党组织对不担当、不作为的干部，根据具体情节该免职的免职，该调整的调整，该降职的降职，真正让不作为、慢作为的干部让位子、受警醒。干事业总是有风险的，不能期望每一项工作只成功不失败。2016 年 1 月，习近平明确提出“三个区分开来”的重要要求。各级党组织认真贯彻落实这一重要要求，进一步明确和细化容错纠错原则、具体情形、工作程序等，目前很多地方已就此健全出台配套文件，坚持实事求是、具体问题具体分析，该容的大胆容错，不该容的坚决不容。

确保人民军队绝对忠诚于党和人民

习近平在庆祝中国人民解放军建军90周年大会上强调："党对人民军队的绝对领导是中国特色社会主义的本质特征，是党和国家的重要政治优势，是人民军队的建军之本、强军之魂。"① 党的十九届四中全会在阐述我国国家制度和国家治理体系所具有的多方面的显著优势时，就坚持党对人民军队的绝对领导问题指出："坚持党指挥枪，确保人民军队绝对忠诚于党和人民，有力保障国家主权、安全、发展利益的显著优势。"② 这些重要论述，对于我们深刻认识党对人民军队绝对领导在党、国家和军队事业全局中的特殊地位作用，具有重要指导意义。我们要从理论和实践的统一、历史和现实的结合上，深刻认识坚持党对人民军队的绝对领导所具有的历史必然性、科学真理性和制度优越性。

一、党对人民军队的绝对领导制度在建军治军的实践探索中形成发展

中国人民解放军是由中国共产党缔造和领导的人民军队，在艰

① 习近平．在庆祝中国人民解放军建军90周年大会上的讲话．北京：人民出版社，2017：14.

② 中共中央关于坚持和完善中国特色社会主义制度　推进国家治理体系和治理能力现代化若干重大问题的决定．人民日报，2019－11－06（1）.

苦恶劣的环境中诞生，坚持党对人民军队的绝对领导是我军从小到大、由弱到强、从胜利走向胜利的根本保证。历史告诉我们，坚持党对人民军队绝对领导的一整套制度，不是凭空产生的，而是我们党以鲜血和生命为代价换来的，是在艰辛探索中形成巩固并不断发展的。

1. 在建军初期筚路蓝缕的探索中发端奠基定型

习近平指出："党对军队绝对领导的根本原则和制度，发端于南昌起义，奠基于三湾改编，定型于古田会议，是人民军队完全区别于一切旧军队的政治特质和根本优势。"① 这一重要论述，清晰阐明了我们党在创建人民军队初期，探索建立坚持党对人民军队绝对领导制度的历史轨迹。

没有一支人民的军队，便没有人民的一切。大革命失败的血的教训，使我们党深刻认识到，"须知政权是由枪杆子中取得的"②。1927 年 8 月 1 日，南昌城头一声枪响，拉开了我们党武装反抗国民党反动派的大幕。"这是中国共产党历史上的一个伟大事件，是中国革命史上的一个伟大事件，也是中华民族发展史上的一个伟大事件。"③ 起义前夕，成立了中共中央前敌委员会，作为党领导起义部队及其工作的最高机关。在中共中央前敌委员会的领导下，起义部队军、师两级建立了党委，各团建立了党总支或党支部。随后，党又陆续发动和组织了秋收起义、广州起义等多次武装起义，起义部队大多建有党组织，设立党代表。由此可见，我军在创建之初，就和党天然地联系在一起，置于党的领导之下。

然而，当时各地起义部队所建立的党组织主要在团级以上，无

① 习近平．在庆祝中国人民解放军建军 90 周年大会上的讲话．北京：人民出版社，2017：6.

② 毛泽东．毛泽东文集：第 1 卷．北京：人民出版社，1993：47.

③ 同①2.

法切实掌握部队，加之部队几经挫折，作战失利，环境艰苦，出现了思想混乱、军心不固等严重情况。为此，毛泽东带领秋收起义部队在转移途中，于1927年9月在江西省永新县三湾村进行了著名的“三湾改编”。三湾改编的最大成果，就是将“支部建在连上”，从而使党的领导延伸到了最基层、最前沿，直达每一个士兵，党组织成为团结和领导士兵群众的核心。三湾改编是把工农革命军建设成为新型人民军队的重要开端，但只是开始奠定了新型的革命军队的基础，政治上、思想上的彻底改造，还需要一个长期的斗争过程。

1928年4月，毛泽东和朱德领导的部队在井冈山会师，成立工农革命军第四军（后改称红四军）。当时，部队中农民和从旧军队起义过来的人员占了大多数，旧思想错观念侵蚀着党和军队肌体，甚至损害了革命事业。1929年12月在福建上杭县古田召开了红四军党的第九次代表大会，会议通过的决议突出强调，红军是一个执行革命的政治任务的武装集团，必须绝对服从党的领导。为此，从思想上确立党的观念、组织上确立党的领导制度，进一步夯实了党领导军队的根基，指明了建设新型人民军队的前进方向。

2. 在革命战争的复杂严峻考验中巩固发展健全

古田会议所确立的建军原则，不但很快在红四军得到贯彻，后来在各地红军中也逐步得到实施，对坚持党对军队绝对领导产生了深远影响。然而，事物的发展不可能是一帆风顺的，党对军队绝对领导的原则和制度在发展过程中，面临着来自内外因素和形势变化的严峻考验。正是在应对这些考验的过程中，党对军队的绝对领导制度不断巩固完善。

土地革命战争时期，“左”倾错误阴云一度笼罩着红军。在1931年11月召开的中央苏区党的第一次代表大会（赣南会议）上，以王明为代表的“左”倾教条主义者，将红军实行的党委制说成是“党包办一切”而予以取消，代之以政治委员全权代表制，严重削弱了党对红军的绝对领导。需要指出的是，“左”倾教条主义者提出的这一主张，并没有在红军各部队中得到完全贯彻。彭德怀当时担任红三军团军团长，他后来回忆当时的情况说：“这时，军团内的行政管理、党委领导、政治工作制度等，王明路线还未完全统治得了，大体还是照旧。”① 但“左”倾领导对取消党委制的反复强调和强力推行，还是给红军建设带来了损害。一些部队的政治委员独断专行，不尊重军事指挥员和部队意见，个人决定重大问题的情况时有发生，这不仅造成了一些军政领导干部间的矛盾，而且造成了一些战斗损失。

长征途中，张国焘分裂党和红军的严重事件，是一个事关党指挥枪的重大原则问题。1935 年 6 月，红一、四方面军会师后，张国焘一意孤行率部南下，甚至另立中央，走上了分裂党和红军的道路，致使红军遭受严重损失。他妄图以枪制党，同党争个人的兵权，但由于党对军队绝对领导已成为红军官兵的坚定信念，他的政治野心与分裂活动只能以失败而告终。1938 年 11 月 6 日，在党的六届六中全会上，毛泽东针对张国焘同党争权的历史教训指出：“共产党员不争个人的兵权（决不能争，再也不要学张国焘），但要争党的兵权，要争人民的兵权。”他还进一步强调，“我们的原则是党指挥枪，而决不容许枪指挥党”②。

在抗日战争中，随着第二次国共合作的建立，党对军队的绝对领导制度遇到新的考验和挑战。在改编谈判的过程中，蒋介石坚持红军改编后不设统一的军事指挥机关，各师的参谋长由南京派遣，“政治训练处”只管联系、无权指挥，企图借“改编”之名达“收编”之实，从而控制和吞并我们党领导的这支革命军队。在我们党内，也出现了以王明为代表的右倾错误观点，主张“一切经过统一

① 彭德怀．彭德怀自述．北京：人民出版社，1981：177.

② 毛泽东．毛泽东选集：第 2 卷．2 版．北京：人民出版社，1991：546，547.

战线”“一切服从统一战线”，不注重党对军队独立的领导权。在改编过程中，既出现了以接受国民党委任做官为荣的现象，也出现了麻痹大意被国民党缴械的情况。为此，毛泽东反复告诫全党，一定要吸取第一次国共合作中不重视掌握武装斗争和军队领导权的教训，一定要坚持统一战线中的独立自主原则。为此，我们党顶住重重压力，揭穿险恶图谋，毫不妥协进行斗争，并通过组成中共中央革命军事委员会以及恢复政治委员制和政治机关制等一系列举措，保证了党对军队的绝对领导，为夺取革命胜利提供了坚强保证，也为巩固完善党对军队绝对领导进行了创造性实践。

解放战争时期，党对军队的绝对领导制度在面对新形势、应对新情况中得到坚定贯彻和健全完善。我们党见微知著，清醒看到因长期分散的游击环境带来的一些无纪律、无政府状态和地方主义、游击主义习气，坚决纠正了削弱和动摇党对军队绝对领导的模糊认识和失范行为，进一步完善了党对军队绝对领导制度，保证了党的路线方针政策在军队贯彻执行。正是由于人民军队在党的绝对领导下行动和战斗，紧紧依靠人民群众的支持，我们党才夺取了新民主主义革命的胜利，建立了新中国。

3. 在全面执政后从国家治理层面探索构建完善

新中国成立后，我们党从领导人民为夺取全国政权而奋斗的党，成为领导人民掌握全国政权并长期执政的党。如何将党缔造和领导的人民军队纳入国家体制，建立起与我国国体、政体相适应的基本军事制度，是我们党需要解决好的现实课题。新中国成立七十年来，我们党通过建立健全国家军事领导体制，制定和完善规范党、国家与军队的法律法规等，从国家治理层面把党指挥枪的建军原则上升为国家意志，实现了党领导军队与国家领导军队的有机统一。

新中国成立前夕，《共同纲领》这一具有临时宪法性质的文件规定：“中华人民共和国建立统一的军队，即人民解放军和人民公安部队，受中央人民政府人民革命军事委员会统率，实行统一的指挥，统一的制度，统一的编制，统一的纪律。”[①] 这一规定，标志着中国共产党在全国执政后，由其缔造和领导的人民军队成为国家的武装力量。随着建设现代化正规化国防军提上议事日程，在如何处理继承我军优良传统与学习苏军的关系问题上，存在认识不一致的情况，一些人主张照搬苏军“一长制”，取消政治委员。对此，全国军事系统党的高级干部会议明确提出“采取在党委统一（集体）领导下的首长分工负责制”。此后，从1954年新中国第一部宪法规定国家的军事领导体制，到1982年《宪法》指出“中华人民共和国中央军事委员会领导全国武装力量”，“中央军事委员会实行主席负责制”，再到1997年《国防法》强调“中华人民共和国的武装力量受中国共产党领导”，党指挥枪的建军原则上升为国家意志，党对军队绝对领导的制度在实践中不断发展和完善。

党的十八大以来，中国特色社会主义进入新时代，国防和军队建设也进入新时代，在进行具有许多新的历史特点的伟大斗争中如何铸牢军魂，面临新形势新情况新挑战。以习近平同志为核心的党中央，把坚持党对人民军队绝对领导作为我军的命根子紧抓不放，要求全军全面贯彻党领导军队的一系列根本原则和制度，并且在创新中做出一系列体制设计和制度安排，推动党对人民军队绝对领导严起来、实起来、硬起来。重塑我军领导指挥体制，优化规模结构和力量编成，形成更加有利于坚持党对人民军队绝对领导的全新体制架构。建立请示报告、督促检查、信息服务三项工作机制，印发《关于全面深入贯彻军委主席负责制的意见》，为贯彻落实军委主席负责制提供制度支撑。特别是党的十九大把“坚持党对军队的绝对领导”上升为新时代坚持和发展中国特色社会主义的一条基本方略，

① 中共中央文献研究室．建国以来重要文献选编：第1册．北京：中央文献出版社，2011：6.

党的十九届四中全会就“坚持和完善党对人民军队的绝对领导制度”进行部署，从而进一步明确了坚持和完善党对人民军队绝对领导制度的根本指导、实现路径和目标方向。

纵观我党我军的发展历程可以清晰地看到，党对人民军队的绝对领导制度形成发展于创建新型人民军队的伟大实践，这一军事制度是我们党的伟大创造，是与中国国情政情军情相符合的科学建军原则和先进军事制度。“前进道路上，人民军队必须牢牢坚持党对军队的绝对领导，把这一条当作人民军队永远不能变的军魂、永远不能丢的命根子，任何时候任何情况下都以党的旗帜为旗帜、以党的方向为方向、以党的意志为意志。”①

二、党对人民军队的绝对领导制度支撑起科学完备的治军之道

党对人民军队的绝对领导不是一个抽象的原则要求，我们党在斗争实践中探索形成了坚持党对人民军队绝对领导的一整套制度，主要包括：坚持军队的最高领导权和指挥权属于党中央，中央军委实行主席负责制，实行党委制、政治委员制、政治机关制，实行党委统一的集体领导下的首长分工负责制，实行支部建在连上，等等。

1. 坚持军队的最高领导权和指挥权属于党中央

这是党对军队绝对领导的集中体现。党的最高领导机关，是党的全国代表大会和它所产生的中央委员会，在全国代表大会闭会期间，中央委员会执行全国代表大会的决议，领导党的全部工作，对外代表中国共产党。

---

① 习近平．在庆祝中国人民解放军建军 90 周年大会上的讲话．北京：人民出版社，2017：7.

军队的最高领导权和指挥权属于党中央，表明国防和军队建设的一切重大问题由党中央做出决策，要求全军各部队和所有人员必须在思想上政治上行动上始终与党中央保持高度一致，坚决维护党中央权威，任何时候任何情况下都坚决听从党中央指挥；绝不允许向党闹独立性，不允许其他政党在军队中建立组织和进行活动，也不允许任何个人向党争夺兵权；未经党中央授权，任何人不得插手军队，更不得擅自调动和指挥军队。这些都规定了中国共产党是我军唯一的独立的领导者和指挥者，枪杆子必须牢牢掌握在党的手中。

坚持军队的最高领导权和指挥权属于党中央，能够最集中地代表党的意志，保证国家和人民的根本利益，有效防止一切野心家、阴谋家篡夺军权的活动；能够确保我军高度集中统一，坚决听从指挥，做到党指向哪里就打到哪里，不折不扣地完成党赋予的任务。

2. 中央军委实行主席负责制

这是坚持党对人民军队绝对领导的根本制度和根本实现形式，是宪法和党章规定的根本制度，在党领导军队的一整套制度体系中处于最高层次，居于统领地位。军委主席负责制的内涵主要包括以下三个方面：一是中央军委主席负责中央军委全面工作，中央军委工作职权范围内的事项由军委主席全面领导、全权负责；二是中央军委主席领导指挥全国武装力量，对中国人民解放军现役部队和预备役部队、中国人民武装警察部队、民兵等所有人民武装力量，拥有宪法、党章和法律赋予的最高领导权和指挥权；三是中央军委主席决定国防和军队建设一切重大问题，对中央军委职权范围内的事项有完全决定权，最后拍板、一锤定音。

中央军委实行主席负责制，有利于更好落实管党治党责任，确保党对人民军队绝对领导根本原则和制度有效贯彻，永葆人民军队性质宗旨本色；有利于统揽军事力量建设和军事斗争全局，加强对国防和军队建设的战略运筹和顶层设计，强化军委集中统一领导，确保全国武装力量有效履行党和人民赋予的使命任务。

3. 实行党委制、政治委员制、政治机关制

这是我军建设的重要组织制度，是坚持党对军队绝对领导的重要保证。早在大革命时期，我党就帮助国民党在黄埔军校和国民革命军中建立了党代表和政治部，很多共产党人担任各级党代表和政治部主任。在土地革命战争时期，红军党委制、政治委员制、政治机关制的建立，从制度上保证了中国共产党对红军的领导，保证了红军的人民军队性质。这是红军区别于一切旧军队的重要标志。

目前，我军在团及以上部队和相当于团及以上的单位设立党委、政治委员和政治机关，在营和相当于营的单位设立党的基层委员会和政治教导员，在连和相当于连的单位设立党的支部和政治指导员。政治委员与军事主官同为所在部队的首长，在同级党的委员会领导下，对所属部队的各项工作共同负责。政治委员是党的委员会日常工作的主持者。政治委员隶属于直接上级首长，在政治工作上，服从上级政治委员和政治机关；在军事工作上，服从上级军事指挥员、政治委员和军事机关。

确立政治委员和政治机关制度，确保了党从思想上政治上组织上对人民军队的领导，有专门的首长和机构负责落实，有利于从组织制度上保证党的决策指示在部队的贯彻落实。毛泽东曾高度评价政治委员和政治机关制度，1937 年 10 月在与英国记者贝特兰的谈话中，在谈到大革命时期国民革命军建设问题时曾说：“那时军队设立了党代表和政治部，这种制度是中国历史上没有的，靠了这种制度使军队一新其面目。一九二七年以后的红军以至今日的八路军，是继承了这种制度而加以发展的。”[①] 对此，我们要深刻认识到：“党委制、双首长制、政治委员制是一种制度安排，更是一种政治设计。

① 毛泽东．毛泽东选集：第 2 卷．2 版．北京：人民出版社，1991：380.

对这个问题不理解或理解不正确，说明政治上还没有完全合格、完全够格。”①

4. 实行党委统一的集体领导下的首长分工负责制

习近平指出：“坚持党对军队绝对领导是有一整套制度作保证的，起定海神针作用的是党委统一的集体领导下的首长分工负责制。”② 党委统一的集体领导下的首长分工负责制，主要包括党委统一领导、集体领导和首长分工负责三个紧密联系、不可分割的部分，构成了一个有机的整体。党委统一领导指出党委领导的地位、范围，要求一切组织、人员和工作必须置于党的各级委员会的领导之下，部队中的一切重大问题必须由党委集体讨论决定。党委集体领导是党委领导、党委决策的原则，凡属重大问题都必须由党委民主讨论，集体做出决定。首长分工负责是党委决策的执行机制，党委做出决定后，由军政首长按照职责分工负责贯彻执行，属于军事工作方面的，由军事主官负责组织实施；属于政治工作方面的，由政治主官负责组织实施。

党委统一的集体领导下的首长分工负责制，结合了委员会制和首长制两种制度的优点，既能充分调动集体智慧，最大限度保证党委决策的正确性，又能保证首长带领部队快速、高效地完成作战等各项任务。

5. 实行支部建在连上

支部建在连上，是我们党建军治军的重大创举，是保证党对人民军队绝对领导在基层落实的重要制度。作为党在军队最基层的一级组织，党支部是我们党掌握士兵群众最直接最重要的形式，是党

---

① 中共中央文献研究室．十八大以来重要文献选编：中．北京：中央文献出版社，2016：198.

② 同①197.

的力量增长的源泉，是军队全部工作和战斗力的重要基础。党支部是基层连队的核心和灵魂，对连队全面建设和遂行任务发挥着政治定向、统一领导、监督执行等重要作用，能够确保党的领导贯彻体现到每个组织成员、每个战斗节点，使党对军队绝对领导真正在末端得到落实。党支部是广大党员学习工作和战斗的组织依托，党只有通过党支部，才能把分散的党员组织起来，形成一个有机整体，汇聚起贯彻党的意志主张、完成党的任务的强大力量。党支部是党联系广大官兵的桥梁和纽带，党的理论和路线方针政策、上级的命令指示和决议决定，归根到底要依靠党支部来进行宣传阐释和具体落实，使之变成广大官兵的自觉行动。历史充分证明，我军之所以始终在党的绝对领导下行动和战斗，有效履行党和人民赋予的使命任务，很重要的是党支部发挥了战斗堡垒作用。

党对军队绝对领导的一系列根本制度，是我们党在领导人民军队进行革命、建设和改革的实践中探索总结出来的，构成了一个科学严密的制度体系。这些制度紧密联系、相互衔接、共同作用，形成了一个“闭合的回路”，是系统、完整、成熟的制度架构。从实践上看，实行这一系列制度，实现了党的组织与军队建制的统一、坚持集体领导与首长分工负责的统一、思想政治领导与军事行政领导的统一，为党对军队绝对领导提供了坚如磐石的制度保证，支撑起了具有中国特色的科学完备的治军之道。

三、党对人民军队的绝对领导制度赋予人民军队先进特质和根本优势

我军是党缔造和领导的人民军队，从诞生那天起，便从我们党这个先进的“母体”中传承了先进的红色基因。中央军委印发的《传承红色基因实施纲要》指出：“红色基因，是我党我军性质宗旨本色的集中体现，蕴含着鲜明的政治立场、坚定的信仰信念、先进

的制胜之道、崇高的革命精神、优良的作风纪律。"① 人民军队从红色基因中汲取着战无不胜的伟大力量，从而具有无可比拟的先进特质和根本优势。

1. 赋予人民军队绝对忠诚的伟大力量

九十多年来，我军高度自觉地听党指挥，始终在党的绝对领导下行动和战斗，忠实履行党和人民赋予的神圣使命。可以说，我军之所以能始终保持强大的凝聚力、向心力、战斗力，经受住各种考验，从小到大，由弱到强，无往而不胜，最根本的就是靠党的坚强领导。

坚持党对人民军队绝对领导，赋予人民军队先进特质。阶级属性是决定军队先进性，进而决定一支军队前途命运的关键因素。我们党作为工人阶级的先锋队，坚持不懈地把工人阶级的先进性贯注于创建和领导革命武装力量的过程中，缔造了一支完全新型的人民军队。我们党以科学先进的思想理论武装官兵头脑，铸牢官兵听党指挥、奋勇杀敌的思想基础，正因为如此，"红军像一个火炉"，"同样一个兵，昨天在敌军不勇敢，今天在红军很勇敢"②。人民军队之所以能够始终跟上历史进步的潮流，成为推动中国社会发展的重要力量，最根本的就是靠党的绝对领导，靠无产阶级这种先进的阶级属性。

坚持党对人民军队绝对领导，保证人民军队坚如磐石。判断一种军事制度是否先进，不仅要看它体现哪个阶级的意志，为什么样的政治目的服务，也要看它是否有利于保证政令军令畅通和军队的高度集中统一。党对人民军队绝对领导就是能够解决这些问题的好制度，是科学完备的治军之道。党对人民军队绝对领导的根本原

---

① 中央军委印发《传承红色基因实施纲要》. 解放军报，2018－06－19（1）.

② 毛泽东：毛泽东选集：第1卷. 2版. 北京：人民出版社，1991：65.

则和制度，越是在重大考验面前越能显现作用。从中外历史和现实看，在有些国家，军队指挥官甚至一个中下级军官就可以把队伍拉起来造反。而在我军历史上，从来没有一支成建制的队伍被敌人拉过去，也没有任何人能利用军队来达到其个人目的。事实表明，党对人民军队绝对领导的根本原则和制度是管用的，对维护国家政治大局稳定、防止野心家阴谋家篡党夺权，具有极其重要的作用。

坚持党对人民军队绝对领导，铸就了人民军队忠诚品格。坚持党对军队绝对领导，要求每位革命军人对党绝对忠诚，从而有利于凝聚和激发全体军人的意志和力量，有利于保证军事行动的快捷高效，有利于有效履行军队的使命任务。革命征程中，千千万万革命将士矢志不渝听党话、跟党走，在挫折中愈加奋起，在困苦中勇往直前，铸就了拖不垮、打不烂、攻无不克、战无不胜的钢铁雄师。在风雨如磐的漫长革命道路上，我军将士讲得最多的一句话是：只要跟党走，一定能胜利。忠诚，造就了人民军队对党的赤胆忠心，造就了人民军队和人民的鱼水之情，造就了人民军队为党和人民冲锋陷阵的坚定意志。

2. 赋予人民军队理想信念的伟大力量

理想，是对未来事物的美好想象和希望，也就是目标；信念，就是坚信自己的理想一定会实现，一定能够实现，也就是说我们的目标一定要达到，我们的目标一定能够达到。习近平指出：“崇高的理想，坚定的信念，是中国共产党人的政治灵魂，是人民军队的精神支柱。”

中国共产党及其领导下的人民军队，把实现共产主义作为最高理想，矢志不渝为之不懈奋斗。马克思主义科学揭示了人类社会最终走向共产主义的必然趋势，坚信历史潮流奔腾向前，只要人民成为自己的主人、社会的主人、人类社会发展的主人，共产主义理想就一定能够在不断改变现存状况的现实运动中一步一步实现。对比近代以来那些传入中国的各种“主义”理想，只有共产主义的远大理想，奠基于马克思主义的科学理论，昭示着为人民利益而奋斗的根本宗旨。

崇高理想信念是人民军队勇往直前的精神力量。理想信念在认识上表现为对科学真理的渴求，在情感上表现为对美好未来的向往，在意志上表现为坚定执着的实践和奋斗精神。邓小平曾经指出：“为什么我们过去能在非常困难的情况下奋斗出来，战胜千难万险使革命胜利呢？就是因为我们有理想，有马克思主义信念，有共产主义信念。”① 有了崇高的理想信念，就能看清前进的道路、奋进的目标，就拥有了无论什么情况都绝不屈服、绝不退缩、绝不妥协的精神力量。

“风雨侵衣骨更硬，野菜充饥志越坚；官兵一致同甘苦，革命理想高于天”，这是人民军队崇高理想信念的真实写照。党和红军几经挫折而不断奋起，历尽苦难而淬火成钢，归根到底在于心中的远大理想和革命信念始终坚定执着，始终闪耀着火热的光芒。从南昌起义的第一声枪响到艰苦卓绝的井冈山斗争，从千难万险的长征路到波澜壮阔的抗日战争，从摧枯拉朽的解放战争到“以气胜钢”的抗美援朝战争，从坚决捍卫国家主权、安全、领土完整的英勇斗争到抢险救灾、保卫人民生命财产安全的顽强拼搏，从支援国家经济社会建设的无私奉献到维护世界和平的实际行动，崇高理想信念的灯塔指引人民军队一路向前。

3. 赋予人民军队改革创新的伟大力量

改革创新是指改掉事物中旧的、不合理的部分，或改变旧的、不合理的事物，使事物更加合理完善，或开创出新的事物。创新是

① 邓小平．邓小平文选：第3卷．北京：人民出版社，1993：110.

一个国家发展进步的灵魂，也是一支军队发展进步的灵魂。惟创新者进，惟创新者强，惟创新者胜。人民军队成长发展史，就是一部改革创新史。人民军队靠改革创新走到现在，也要靠改革创新赢得未来。

人民军队改革创新是党的思想路线在军事领域的具体运用。党的思想路线是我们党认识问题、分析问题、处理问题所遵循的最根本的指导原则和思想基础。在长期的革命实践中，我们党确立了马克思主义思想路线，即一切从实际出发，理论联系实际，实事求是，在实践中检验和发展真理，其精髓是解放思想、实事求是、与时俱进、求真务实。九十多年来，我们党坚持把马克思主义与中国革命实际相结合，一切从我国的国情、我军的军情出发，研究人民军队建设和武装斗争的特殊规律，按照实际情况决定战争策略和工作方针，在改革创新中正确地解决自身建设、作战等一切方面的问题，使党的思想路线在军事领域得以正确运用和生动展开。

大革命失败后，中国共产党人从血的教训中认识到建立一支革命军队的极端重要性，走上了创建革命军队、武装夺取政权的道路。如何认识中国革命发展的客观规律，走出一条符合中国国情的革命道路？党领导人民军队按照一切从中国的实际情况出发的思想路线，逐渐开创了一条农村包围城市、武装夺取政权的道路。为了使全党全军认识和接受这条正确的革命道路，以毛泽东同志为主要代表的中国共产党人坚持不懈地阐发和倡导一切从实际出发、解放思想、实事求是的思想路线，坚决反对教条主义、经验主义等主观主义错误，为人民军队改革创新奠定了坚实的基础。人民军队在党的领导下，坚持从实际出发，努力探讨自身建设和战争指导规律，不固守外国的经验和“本本”，也不固守自己的经验，善于适应不同时期党的任务和政策的变化、具体环境和条件的变化，针对新情况解决新问题，在实践中不断改革创新。

改革创新、与时俱进，是人民军队不断发展的康庄大道。在马克思主义军事理论、中国革命战争和人民军队建设实践、外国先进军事理论、中华传统兵法相结合的过程中，我们党靠不断创新，逐步形成了一整套建军治军的原则和制度，创造了人民战争的战略战术，形成了我军的特有优势。在军队建设问题上，我们党立足于我国特殊的国情和我军特殊的成分、特殊的战斗环境，努力探索把我军建设成为一支无产阶级性质的新型人民军队的基本规律，确立了思想建党、政治建军的原则，制定了“三大纪律”“八项注意”，强调实行政治、经济、军事三大民主，实行官兵一致、军民一致和瓦解敌军的原则，等等。土地革命战争时期，我军创立一整套建军原则制度，抗日战争时期实行精兵简政，解放战争时期组建五大野战军，新中国成立后多次调整体制编制，人民军队边战边改，边建边改，愈改愈强。

在战争问题上，人民军队在党的领导下，努力探索研究中国革命战争的特殊规律，并从这种特殊规律出发，制定和运用灵活机动的战略战术。土地革命战争时期，人民军队开始实行由“打大仗”到“打小仗”的重大转变，在游击战争中发展出以“十六字诀”为代表的一整套游击战术，形成了独具特色的积极防御战略思想。抗日战争时期，根据民族战争的新形势新特点，创立持久战战略总方针和“基本的是游击战，但不放松有利条件下的运动战”的作战方针，发动群众性抗日斗争，发展出地道战、地雷战、麻雀战、破袭战、翻边战等各种各样的战法。解放战争时期，人民军队战略战术思想进一步丰富，创造性地提出了“十大军事原则”，发展了战略决战、战略追击思想。抗美援朝战争中，鉴于装备水平与强敌存在较大差距的实际，对强敌实施“零敲牛皮糖”，实现由打大歼灭战到打小歼灭战的转变；在坚守防御中构筑了以坑道为骨干的坚固防御体系，创造了一套依托坑道进行攻防作战的战术。新中国成立后，根据形势变化多次调整军事战略方针，根据实际情况确定军事斗争准备基点和重点方向，有效应对各战略方向突发情况。人民军队从战争中学习战争，从实践中探索规律，在世界军事史上书写了战争指导艺术不断创新的生动篇章。

4. 赋予人民军队战斗精神的伟大力量

战斗精神是由军人的信念、情感、意志和行为等浓缩升华的一种战争力量，是直接影响和支配军人战斗行为的一种精神状态，是军队战争准备和战争行动的一种气质特征。人民军队在艰苦斗争中诞生，在流血牺牲中成长，锻造和熔铸了以“一不怕苦、二不怕死”为核心内容的战斗精神。这种战斗精神，鼓舞着人民军队敢于压倒一切困难，敢于压倒一切敌人，完成党和人民赋予的各种任务。

一不怕苦、二不怕死是人民军队战斗精神的核心内容。人民军队的战斗精神，是革命军人基于马克思主义信仰、爱国主义情感和忠于党忠于人民的精神气质和可贵品质，核心是一不怕苦、二不怕死的精神。“不怕苦”，就是始终保持以苦为荣、以苦为乐的革命乐观主义精神，无论遇到多么难以忍受的艰难困苦，都坚忍不拔、迎难而上，敢于战胜一切困难而绝不被困难吓倒。“不怕死”，就是具有勇于献身、视死如归的革命英雄主义气概，无论遇到多么强大的敌人或危险，都毫无畏惧、毫不退缩，关键时刻不惜牺牲个人生命。在革命征程中，人民军队的无数英雄和革命先烈，用生命诠释了这种战斗精神和英雄气概。

人民军队的战斗精神，是建立在为人民谋幸福、为民族谋复兴的崇高使命和政治基础之上的，它要求和鼓舞着全军官兵以最积极、最自觉、最坚决的人生态度，去艰苦奋斗，去流血牺牲，并在这种奋斗和牺牲之中实现最辉煌、最灿烂的人生价值。由此，革命军人懂得了为谁扛枪、为谁打仗的道理，有了坚定正确的政治方向和明确的奋斗目标，从而能够最大限度地激发自觉自愿的吃苦精神和慷慨赴难的牺牲精神。有了这一条，就能够最彻底地把个人的得失和生死置之度外，敢于压倒一切困难和一切敌人。

人民军队不怕艰难困苦，敢于压倒一切困难。人民军队成长壮大的历程中，经历了数不清的艰难困苦，经常面临物质条件的奇缺和斗争环境的残酷。面对这种威胁和考验，人民军队以顽强的意志战胜艰苦，以革命乐观主义对待困境。井冈山时期，面对艰苦的物质生活条件，红军官兵以顽强的革命意志和坚忍不拔的艰苦努力，克服重重困难，坚持革命斗争。万里长征的行程之长、经历之苦，世所罕见，红军官兵爬雪山、过草地，吃草根、煮皮带，战胜严寒、积雪、冰雹、饥饿等各种困难，最终胜利到达陕北。抗日战争的相持阶段，敌后抗日根据地遇到严重困难，人民军队发扬南泥湾精神，渡过了重重难关，推动了抗日高潮的到来。在那种困难和危急的岁月里，广大官兵把战胜困难的顽强意志同革命乐观主义结合起来，极大地激发了以苦为乐、以苦为荣的奋斗热情。人民军队就是以这样的气魄和情操对待艰难困苦，条件越艰苦，革命斗志越旺盛；环境越险恶，战斗热情越高涨。

人民军队不怕流血牺牲，敢于压倒一切敌人。以这种不怕牺牲的精神做基础，人民军队形成了勇猛顽强的战斗作风，敢于压倒一切敌人，而绝不被敌人所屈服。长征路上，红军发扬“事到万难须放胆”的精神，一昼夜奔袭 240 里，飞夺泸定桥。解放战争时期，刘邓大军以“狭路相逢勇者胜”的战斗作风，冒着敌人的轰炸扫射，抢渡汝河，为我军“大举出击，经略中原”杀开了一条血路。这种勇猛顽强战斗作风的最高表现，就是无论在任何艰难困苦的场合，只要还有一个人，就要与敌人血战到底。“狼牙山五壮士”共同宣誓“决不活着当俘虏”，“刘老庄连”全部壮烈牺牲，董存瑞用手托起炸药包炸掉敌人碉堡，黄继光用胸膛堵住敌人的机枪射孔等壮烈事迹，都典型地表现出革命军人与敌人血战到底的英雄气概。

总之，在艰苦卓绝的环境里、在枪林弹雨的战场上，人民军队以一不怕苦、二不怕死的精神，藐视一切困难，战胜一切敌人，演出了一幕幕战争史上“威武雄壮的活剧”，创造了无数惊天地、泣鬼神的奇迹。人民军队曾经发出了“三个不相信”的英雄宣言：在革命战士面前，不相信有完不成的任务，不相信有克服不了的困难，不相信有战胜不了的敌人！英勇顽强、视死如归、血战到底，人民军队用大无畏的气概赢得了党的信任、人民赞誉，也赢得了世界尊敬。

5. 赋予人民军队革命纪律的伟大力量

纪律，是指为维护集体利益并保证工作顺利进行而要求成员必须遵守的规章条文，是一个集体必须遵守的行为规则。军队作为暴力机构，其成员的言行更加需要纪律的规范和约束。纵观人类战争史，凡是那些攻无不克、战无不胜、威名赫赫的雄师劲旅，无不军纪严明、军风严整。而那些一打就垮、不打自溃、声名狼藉的疲敝之师，往往骄奢淫逸、松弛散漫。人民军队素以纪律严明著称于世。严明的军纪、优良的作风，是人民军队的鲜明特色和传统优势，是人民军队高度团结统一的重要保证。

人民军队的革命纪律是建立在维护人民利益的基础之上的。人民军队纪律的提出、形成和确立，以及对纪律内容的调整和补充，始终是以体现全心全意为人民服务的宗旨、以最大限度维护人民利益为目的的。八一南昌起义后，起义部队便做出了不准鸣枪抓夫、不准摘食田里的瓜果等保护人民利益的纪律规定。在创建井冈山革命根据地的斗争中，毛泽东针对部队刨食老百姓的红薯等现象，逐步形成了“三大纪律”“八项注意”。无论是在战争环境中，还是在和平建设条件下，人民军队严守革命纪律，军之所至，秋毫无犯，使人民群众的利益得到了充分的维护。

人民军队的革命纪律是建立在高度政治自觉的基础之上的。人民军队在严格执行纪律的同时，十分重视培养广大官兵的政治自觉，坚持把先进的思想贯注于部队之中，以艰苦细致的思想政治教育启发官兵遵守纪律的自觉性。坚持以革命道理来启发官兵的政治觉悟，使人民军队的革命纪律转化为广大官兵的坚定信念和自觉行为。辽沈战役中，在总攻锦州前，一支部队住在苹果园里，战士们尽管饥渴难耐，但没吃一个苹果。毛泽东说："在这个问题上，战士们自觉地认为：不吃是很高尚的，而吃了是很卑鄙的，因为这是人民的苹果。我们的纪律就建筑在这个自觉性上边。"① 实践说明，只有建筑在高度政治自觉基础上的纪律，才是铁的、不可动摇的、有效的纪律。

自觉的铁的纪律使人民军队始终保持强大的凝聚力和战斗力。人民军队自创建之日起就把革命的坚定性、政治的自觉性、纪律的严肃性结合起来，统一意志、统一指挥、统一行动，千军万马有令必行、有禁必止，攻如猛虎、守如泰山。朱德曾经说："自觉地遵守纪律的精神的养成和提高，就是使各个指挥员战斗员的忠实勇敢，服从纪律，汇合成为全军的忠实勇敢，服从纪律。有了这样自觉地遵守纪律的红军，就是铁的红军。"正是由于有了建筑在高度政治觉悟基础上的革命纪律，人民军队始终是高度团结统一的战斗集体，始终保持了强大的凝聚力和战斗力。

自觉的铁的纪律使人民军队保持高度统一，以战胜任何艰难险阻。红军时期有一首歌谣唱道"军令如山重，纪律似铁坚"，这是人民军队纪律严明的生动写照。九十多年来，我军官兵无论在什么情况下，都坚决做到听从指挥不打折扣、不讲条件，执行命令完全彻底、不畏艰险，只要一声号令，就坚决完成战斗任务。自觉的铁的纪律是军队的生命，是军队战斗力的重要组成部分，人民军队从胜利走向胜利，严格的组织纪律性是一个重要原因。

自觉的铁的纪律使人民军队秋毫无犯，赢得了人民群众的衷心拥护。纪律是军队性质的反映，人民群众对军队性质的认识，常常是从纪律上来判断的。同时，军队也以其纪律对人民群众做着日常

① 毛泽东．毛泽东文集：第7卷．北京：人民出版社，1999：162.

宣传工作，塑造着自己在人民群众心目中的形象。在长期的革命战争中，人民军队以良好的群众纪律，塑造了举世无双的文明之师的形象，赢得了人民群众的热情支持和衷心拥护，从而成为战无不胜的胜利之师。1949 年 5 月上海解放，打了胜仗的人民解放军为了不惊扰市民，在蒙蒙细雨中和衣睡在潮湿的街头，上海全城轰动。竺可桢称赞“纪律之佳，诚难得也”，荣毅仁则说，“国民党再也回不来了”。解放军纪律严明，在群众中有口皆碑、道路相传，在人民群众的大力支持下，人民军队声威所至，摧枯拉朽，势如破竹。

6. 赋予人民军队军民团结的伟大力量

军民团结是指人民军队牢记根本宗旨，竭诚为人民服务，人民群众顾全国防大局，热情支持军队各项工作，形成军爱民民拥军、军民团结如一人的良好局面。九十多年来，人民军队始终和人民同呼吸、共命运、心连心，完全彻底为人民奋斗，哪里有敌人，哪里有危难，哪里就有人民子弟兵。谁把人民放在心上，人民就把谁放在心上。“最后一碗米送去做军粮，最后一尺布送去做军装，最后一件老棉袄盖在担架上，最后一个亲骨肉送去上战场。”这首战争年代广为传唱的民谣，就是军民团结如一人的生动体现。

军民团结的良好局面，最根本的在于人民军队始终践行全心全意为人民服务的宗旨。军民团结不是与生俱来、自然形成的。军民关系是鱼水关系还是水火关系、军民是否团结，取决于军队的性质以及军队对人民的态度。我国历史上，反动军队在人民头上作威作福，人民对其痛恨不已、厌恶至极，军民关系形同水火的情况不在少数。1945 年，朱德在党的七大上曾经指出：“过去和现在，都有两种军队。一种，是把人民组织起来，武装起来，训练起来，保卫人民利益，替人民服务的军队。另一种，也是把人民组织起来，武装起来，训练起来，但其目的，是为了保护大地主、大买办、大银行家极少数人的利益，来压迫人民、剥削人民、奴役人民。”① 由此可见，“为什么人服务”的问题是一个原则性问题，关乎军队的性质和发展方向，关乎军民关系的基本格局。

以全心全意为人民服务为根本宗旨，这在人民军队创立伊始就有明确的规定。南昌起义的政治纲领提出“实行土地革命，废除苛捐杂税，维护工农利益”。秋收起义部队命名为“中国工农革命军”，就是强调这支军队是为工农求解放的队伍。1945 年，毛泽东在《论联合政府》中，对人民军队的根本宗旨做了明确而具体的表述：“紧紧地和中国人民站在一起，全心全意地为中国人民服务，就是这个军队的唯一的宗旨。”② 这一宗旨表明，人民军队不是为着少数人或狭隘集团的私利，而是为着广大人民群众的利益，为着全民族的利益而结合、而战斗的。

把全心全意为人民服务作为根本宗旨，是由人民军队的性质决定的。任何军队都属于一定的阶级并为这个阶级的利益服务。一切反动军队，都是维护剥削阶级利益的工具，是与广大人民群众相对立的，其关系必然形同水火。我军是中国共产党缔造和领导的新型人民军队，我军的阶级性质和同人民群众的血肉联系，决定了我军能够坚定地站在人民的立场上，一切行动都从人民的利益出发。九十多年来，人民军队为求人民解放浴血奋战，为保人民安宁甘于奉献，为谋人民幸福勇挑重担，为护人民安危挺身而出，因而能够赢得人民群众的衷心拥护和爱戴，形成军民团结如一人的良好局面。

军民团结体现了战争制胜规律，是人民军队从胜利走向胜利的力量源泉。唯物史观认为，人民群众是历史的创造者。同样道理，人民群众也是战争胜利的创造者。毛泽东曾深刻指出，战争的威力之最深厚的根源，存在于民众之中。我军自觉履行全心全意为人民

① 朱德．朱德选集．北京：人民出版社，1983：157.

② 毛泽东．毛泽东选集：第 3 卷．2 版．北京：人民出版社，1991：1039.

服务的宗旨，赢得了民心，反映了民意，积聚了民力。战争年代，人民群众积极参军作战，为人民军队的发展壮大提供了源源不断的兵员和大量的人力物力支援。在解放战争的三大战役中，人民群众参军参战的热情高涨，仅辽沈战役就有160多万，平津战役有154万，淮海战役有540多万。陈毅曾感慨地说，淮海战役的胜利，是人民群众用小车推出来的。

人民群众的大力支持，也为我军创造和运用人民战争的战略战术奠定了坚实基础，“军队须和民众打成一片，使军队在民众眼睛中看成是自己的军队，这个军队便无敌于天下”①。我军战胜敌人的一整套战略战术，都是以人民群众的直接参与和大力支持为前提的。同我军交过手的国民党军队和日本军队，陷于人民战争的汪洋大海之中，最终遭受灭顶之灾。他们曾组织力量认真研究我军的战略战术，到头来仍旧是扼腕而叹，无计可施。因为这些战略战术是人民军队所特有的，任何反人民的军队都不可能创造出来。

科学的理论和历史的发展深刻揭示了坚持党对人民军队的绝对领导制度优势之所在，我们要站在历史和时代的高度，结合新形势新情况，坚持和完善党对人民军队的绝对领导制度，深入推进军事政策制度改革，把党对人民军队的绝对领导贯彻和体现到军队建设各领域全过程，确保人民军队忠实履行新时代使命任务。

① 毛泽东．毛泽东选集：第2卷．2版．北京：人民出版社，1991：512.

坚持“一国两制”

党的十九届四中全会通过的《决定》把“坚持‘一国两制’，保持香港、澳门长期繁荣稳定，促进祖国和平统一”作为我国国家制度和治理体系所具有的十三个显著优势之一，并就坚持和完善“一国两制”制度体系建设展开论述。这些论述充分表明了“一国两制”在促进港澳两个特别行政区治理和推进祖国和平统一进程方面的显著优势，反映出中央对“一国两制”实践的规律性认识达到了新的高度，具有重大理论和现实意义。

“一国两制”是党领导人民实现祖国和平统一的一项重要制度，是中国特色社会主义的一个伟大创举。它是中国政府处理香港、澳门事务的基本方针，是中央治理香港、澳门两个特别行政区的基本制度，也是解决台湾问题、实现祖国和平统一的一项重要制度。实践证明，“一国两制”推进了祖国和平统一进程，推动了改革开放向纵深发展，保持了香港、澳门长期繁荣稳定，已经并将继续显示出强大的优越性与生命力。

一、“一国两制”是中国特色社会主义的一个伟大创举

“一国两制”是中国特色社会主义的一个伟大创举，是一项前无古人的开创性事业。中国共产党和中国政府坚持从实际出发，充分

尊重历史和港澳台同胞的根本利益，充分理解和支持港澳台同胞当家作主的愿望，创造性地提出按照“一国两制”方式实现国家统一。这种博大的胸襟和包容的气度，在世界国家发展史和政党史上是罕见的，可以说是开创了历史先河，也“是中国为国际社会解决类似问题提供的一个新思路新方案，是中华民族为世界和平与发展作出的新贡献，凝结了海纳百川、有容乃大的中国智慧”①。

1. “一国两制”伟大构想的提出

推进祖国和平统一进程，实现祖国的完全统一，是包括港澳台同胞在内的全体中华儿女的共同愿望，是整个中华民族的根本利益所在，也是实现中华民族伟大复兴的题中之义。“一国两制”伟大构想的提出是尊重历史与现实的决策，来源于港澳台自古以来就是中国领土的历史，又根植于中国和世界的现实。

香港、澳门、台湾自古以来就是中国领土，同祖国紧密相连、休戚与共。早在新石器时代，内地先民就陆续迁徙到港澳地区生活，台湾先民也是古越人的一支，最早是从中国大陆直接或间接移居过去的。据历史记载，自秦始皇建立中央集权的统一国家之后，港澳地区就一直在中央政权的统辖之下，台湾最早有文字记载的历史，也可以追溯到公元230年三国时期沈莹的《临海水土志》。12世纪中叶，南宋朝廷将澎湖地区划归福建泉州晋江县管辖并派兵驻防，元朝在澎湖设立巡检司，明朝万历年间公文开始正式使用“台湾”的称谓。1885年，清政府将台湾划为当时中国的第20个行省。1895年，中日不平等条约《马关条约》签订后，台湾被日本割占，但在抗战胜利后根据《开罗宣言》和《波茨坦公告》的相关规定，台湾、澎湖列岛重归中国主权管辖之下，台湾在法律上、事实上归还中国。

---

① 习近平．在庆祝香港回归祖国二十周年大会暨香港特别行政区第五届政府就职典礼上的讲话．北京：人民出版社，2017：5.

香港、澳门问题是近代以来帝国主义侵占的结果，台湾问题是近代以来中国解放战争遗留的历史问题。近代以来，国破山河碎、同胞遭蹂躏的悲惨历史刻骨铭心，英国通过《南京条约》《中英北京条约》《展拓香港界址专条》三个不平等条约占领了整个香港地区，葡萄牙通过《中葡和好通商条约》获得对澳门“永居管理”的地位。1949年解放战争结束后，国民党统治集团退踞台湾，在美国的阻挠和其对台湾当局的扶持下，台湾问题也长期悬而未决。

党的十一届三中全会以后，邓小平在尊重既定历史，尊重国内国际现实情况的基础上，创造性提出“一国两制”的科学构想。“你可知‘妈港’不是我的真名姓？我离开你的襁褓太久了，母亲！但是他们掳去的是我的肉体，你依然保管着我内心的灵魂……”在《七子之歌·澳门》中，闻一多用哭诉的口吻倾诉“失养于祖国，受虐于异类”的悲哀之情和渴望重回祖国母亲怀抱的感情。帝国主义的侵略和解放战争遗留的问题改变不了港澳台属于中国的事实，海水悠悠抵挡不住对祖国母亲的情思绵绵。

此外，20世纪70年代以来，中美关系不断升温，两国于1979年1月1日正式建交，实现了中美关系正常化，为“一国两制”方针的形成提供了有利的国际背景。根据国内外形势的变化发展，中国共产党将争取实现包括台湾在内的祖国统一作为三大历史任务之一。在这样的历史背景下，面对港澳台同属一个中国的既定历史和中美关系缓和的国际背景，面对历史因素造成的社会制度、生活方式等各方面差异，面对同胞“血脉相连一家亲”的情感诉求，“一国两制”在照顾到各方利益并能为各方所接受的基础上应运而生。

1979年1月1日，全国人大常委会发表《告台湾同胞书》，郑重宣告了中国政府在新的历史条件下争取祖国和平统一的大政方针及一系列政策主张，呼吁两岸就结束军事对峙状态进行商谈，表示“在解决统一问题时尊重台湾现状和台湾各界人士的意见，采取合情合理的政策和办法，不使台湾人民蒙受损失”[①]。同月，邓小平在访美期间表示：“我们不再用‘解放台湾’这个提法了。只要台湾回归祖国，我们将尊重那里的现实和现行制度。”

1981 年 9 月 30 日，全国人大常委会委员长叶剑英向新华社记者发表谈话，就台湾回归祖国、实现和平统一提出九条方针（“叶九条”）。叶剑英表示，在完成国家统一后，“台湾现行社会、经济制度不变，生活方式不变，同外国的经济、文化关系不变”[②]。1982 年 1 月，邓小平在会见美国华人协会主席李耀基时表示，叶剑英的九条方针实际上就是“一个国家，两种制度”，并指出在实现国家统一的前提下，国家的主体实行社会主义制度，台湾实行资本主义制度。这是邓小平第一次明确提出“一国两制”的概念。同年 12 月，五届全国人大五次会议修订通过的《中华人民共和国宪法》第三十一条明确规定，“国家在必要时得设立特别行政区。在特别行政区内实行的制度按照具体情况由全国人民代表大会以法律规定”[③]。这一规定实际上已经将“一国两制”写进了宪法，为“一国两制”的实施提供了法律依据。1983 年 6 月 26 日，邓小平在会见美国新泽西州西东大学教授杨力宇时，进一步阐述了实现祖国和平统一的构想，表示台湾回归后“可以实行同大陆不同的制度”，“台湾的党、政、军等系统，都由台湾自己来管”[④]，从而丰富、充实、系统化了“一国两制”的伟大构想。

2. “一国两制”基本方针的实践

“一国两制”着眼于台湾，但是在条件相对成熟的香港和澳门取

---

① 中华人民共和国全国人大常委会．告台湾同胞书．人民日报，1979－01－01（1）．

② 叶剑英向新华社记者发表的谈话（1981 年 9 月 30 日）．中央政府门户网站，2006－02－28．

③ 中共中央文献研究室．十三大以来重要文献选编：中．北京：人民出版社，1991：1007．

④ 邓小平．邓小平文选：第 3 卷．北京：人民出版社，1993：30．

得率先突破，获得成功实践。按照“一国两制”方针，中国政府分别与英国政府、葡萄牙政府进行谈判，并最终成功解决历史遗留问题，实现了香港和澳门的回归。港澳回归祖国后，“一国两制”基本方针得以全面付诸实践，按照宪法和基本法，港澳重新纳入国家治理体系并实行高度自治，继续保持了繁荣与稳定。

1997 年 7 月 1 日，香港回归；1999 年 12 月 20 日，澳门回归。祖国统一大业取得了突破性进展，民族耻辱得以洗刷，党在中华民族史册上立下了千秋功业。

20 世纪 70 年代末 80 年代初，随着香港新界“租期”的临近，解决香港问题提上日程。1979 年 3 月，第 25 任香港总督麦理浩访问北京，邓小平在会见他时首次公开了对香港问题的想法：在本世纪和下世纪初相当长的时期内，香港还可以搞它的资本主义，我们搞我们的社会主义，因此，请各国投资者放心①。1982 年 9 月，以“铁娘子”著称的英国首相撒切尔夫人访华，她认为，中国共产党不能把香港治理好，因此想要以主权换治权。邓小平则以强硬的态度表达了中国政府的基本立场：“主权问题不是一个可以讨论的问题”②，并且明确提出将在中华人民共和国成立 48 周年之际，即 1997 年把香港收回。这两次重要会见，不仅向外透露了中国政府关于香港问题的态度和立场，还拉开了中英关于香港问题谈判的序幕。

在中英两国政府关于香港问题的两轮谈判中，英国政府在谈判桌上要求延长对香港的管治，在谈判桌外还通过美化英国统治下香港的现行体制，打“民意牌”“经济牌”，用各种手段向中方施压。中英双方围绕主权和治权问题的斗争贯穿谈判始终，但是不论英方使用什么伎俩、变换什么手法，中方都矢志不渝地坚持“一国两制”基本方针。中国政府坚决的态度和立场让英国原先抱有的“以主权

① 中共中央文献研究室．邓小平思想年谱（1975—1997）．北京：中央文献出版社，1998.

② 邓小平．邓小平文选：第 3 卷．北京：人民出版社，1993：12.

换治权”的一切幻想都破灭了。1984 年 12 月 19 日，中英双方在北京正式签署《中英联合声明》，1997 年 7 月 1 日，中华人民共和国中央人民政府对香港恢复行使主权，香港特别行政区成立，开辟了香港历史的新纪元。

澳门问题的解决相对来说是较为顺利的。1984 年《中英联合声明》发表后，葡萄牙总统埃内亚斯于 1985 年访华，开始了中葡双方谈判，在一开始的谈判中，葡方提出 21 世纪之后再将澳门的治权交给中国。中国政府则发表声明，态度鲜明地指出，“任何关于超越 2000 年后交回澳门的主张都是不能接受的”。1986 年 6 月 30 日，中葡两国政府开始了历时 9 个月的 4 轮谈判，最终双方就有关澳门政权交接安排达成共识，于 1987 年 4 月 13 日在北京正式签署《关于澳门问题的联合声明》。1997 年 12 月 20 日，中华人民共和国中央人民政府对澳门恢复行使主权，澳门特别行政区成立，由此翻开澳门历史崭新的一页。

香港、澳门回归后重新纳入国家治理体系，中央依法对特别行政区实行管治权，特别行政区依法实行高度自治，在宪法和基本法的保障下，在“一国两制”基本方针的实践中，港澳继续保持了繁荣稳定。邓小平在向撒切尔夫人解释“一国两制”构想时，曾生动形象地比喻香港回归中国后“马照跑、舞照跳、股照炒”。事实证明，香港回归后，马照跑，跑得更欢了；舞照跳，跳得更美了；股照炒，炒得更大了。在中央的正确领导下，“一国两制”方针在香港、澳门成功实践，港澳政治经济大局保持稳定，各项事业向前发展，这是主流和大势所趋。

但我们也应该清醒地看到，“一国两制”作为一个新兴事物，没有现成的做法和经验可以遵循，在港澳的实践中也存在一些新情况新问题。习近平在庆祝香港回归祖国二十周年大会暨香港特别行政区第五届政府就职典礼上指出：“香港维护国家主权、安全、发展利益的制度还需完善，对国家历史、民族文化的教育宣传有待加强，社会在一些重大政治法律问题上还缺乏共识，经济发展也面临不少挑战，传统优势相对减弱，新的经济增长点尚未形成，住房等民生问题比较突出。”① 澳门在回归祖国以来，一些长期积累的问题与矛盾也有所显现，如博彩业“一业独大”、经济适度多元发展知易行难、政府施政能力有待进一步提高等。“囿于地域、经济结构和体量、市场空间等条件，港澳仅靠自身力量难以解决这些影响社会稳定和长远发展的深层次矛盾和问题”②，因此，保持香港、澳门的长期繁荣稳定，任重道远。

3. “一国两制”制度体系的不断完善

在历史接力棒的传递中，中国共产党和中国政府敏锐洞察到国内外形势和港澳台新情况，在实践中对“一国两制”制度体系的规律性认识达到新高度，不断推进“一国两制”制度体系的完善。新中国成立七十年来，中共中央对港澳台工作大政方针既一脉相承、一以贯之，又与时俱进、丰富发展。邓小平创造性地提出“一国两制”科学构想，为祖国和平统一开辟了崭新道路。以江泽民同志为主要代表的中国共产党人按照“一国两制”方针，成功实现香港、澳门顺利回归祖国。以胡锦涛同志为主要代表的中国共产党人，妥善处理了对港澳政治、经济社会有重大影响的事件和问题。

党的十八大以来，习近平站在党和国家发展全局与中华民族伟大复兴的战略高度，完善“一国两制”制度体系，引领“一国两制”实践在乘风破浪中取得新成功。习近平就港澳台工作做出的一系列重要论述，系统而又全面地回答了如何坚持和发展“一国两制”等基本问题，提出了许多立意高远、思想深邃、内涵丰富的重要理念

---

① 习近平．在庆祝香港回归祖国二十周年大会暨香港特别行政区第五届政府就职典礼上的讲话．北京：人民出版社，2017：5.

② 《中共中央关于坚持和完善中国特色社会主义制度　推进国家治理体系和治理能力现代化若干重大问题的决定》辅导读本．北京：人民出版社，2019：349.

和方针政策，为我们做好新时代港澳台工作指明了前进方向，提供了根本遵循。

一是对“一国两制”的规律性认识进一步深化。党的十八大报告旗帜鲜明地指出了“一国两制”方针的核心要求和基本目标，即“中央政府对香港、澳门实行的各项方针政策，根本宗旨是维护国家主权、安全、发展利益，保持香港、澳门长期繁荣稳定”①。党的十九大报告将“坚持‘一国两制’和推进祖国统一”列入新时代坚持和发展中国特色社会主义的基本方略②。党的十九届四中全会又将“坚持‘一国两制’，保持香港、澳门长期繁荣稳定，促进祖国和平统一”总结概括为我国国家制度和治理体系的显著优势之一，并就坚持和完善“一国两制”制度体系建设展开论述。可以看到，“一国两制”在历次大会文件中的分量逐渐加重，表述趋于完善，这充分彰显了“一国两制”在国家治理中的显著优势，反映出中共中央对“一国两制”实践的规律性认识达到了新的高度。

二是依法治港治澳不断形成制度成果。依法保障“一国两制”实践是实现国家治理体系和治理能力现代化的必然要求。2016 年 11 月 7 日，针对香港特别行政区第六届立法会议员宣誓过程中部分候任议员违规宣誓的行为，全国人大常委会主动对香港基本法第一百零四条有关规定做出解释，通过主动释法遏制和反对“港独”行径。2019 年 2 月 26 日，中央人民政府向香港特别行政区行政长官发出公函，就香港特别行政区政府依法禁止“香港民族党”运作一事表明意见，进一步确立了中央就重大事项发出指令的制度和机制。澳门特别行政区也启动了国歌法本地立法工作，设立了维护国家安全委员会，推动依法治澳不断取得新进展。

---

① 胡锦涛．坚定不移沿着中国特色社会主义道路前进　为全面建成小康社会而奋斗：在中国共产党第十八次全国代表大会上的报告．北京：人民出版社，2012：43.

② 习近平．决胜全面建成小康社会　夺取新时代中国特色社会主义伟大胜利：在中国共产党第十九次全国代表大会上的报告．北京：人民出版社，2017：55.

三是融入国家发展大局迈出坚实步伐。习近平在党的十九大报告中指出，“要支持香港、澳门融入国家发展大局，以粤港澳大湾区建设、粤港澳合作、泛珠三角区域合作等为重点，全面推进内地同香港、澳门互利合作”[①]，为港澳谋划发展和保持长期繁荣稳定规划了蓝图和方向。一方面，香港和澳门在参与和助力“一带一路”建设方面取得积极进展，在新时代国家改革开放进程中发挥着不可替代的独特优势；另一方面，港澳与内地的互利合作深入推进，党的十八大以来，中央出台了一系列支持内地与港澳互利合作的政策措施。

四是增强国家观念和爱国精神的各项举措稳步实施。香港、澳门回归以来，爱国爱澳力量不断发展壮大，为“一国两制”事业蓬勃发展提供了重要保证。以习近平同志为核心的党中央着眼保护和促进内地与港澳关系的和谐，加强与港澳社团和专业届代表人士在经济、科教、文化、卫生、体育等领域的交流合作。把工作着力点放在人心回归上，继续通过举办各类教育和培训活动，加深港澳同胞对祖国、对“一国两制”方针、对基本法的认同，不断增进香港、澳门社会各界促进发展、保持和谐的共识，让国家观念和民族意识成为港澳的主流民意，促使爱国爱港、爱国爱澳成为广大港澳同胞的主流心态。

五是探索“一国两制”的台湾方案。“一国两制”的伟大构想本身就是为解决台湾问题而生的，然而，“一国两制”在台湾长期遭到台湾当局特别是部分别有用心的“台独”势力的诋毁抹黑，他们戴着有色眼镜看待“一国两制”基本方针，致使部分台湾同胞受到误导和蒙骗，这不利于祖国和平统一的实现。基于台湾问题这些不同于港澳问题的特点，习近平指出：“‘一国两制’在台湾的具体实现

① 习近平．决胜全面建成小康社会　夺取新时代中国特色社会主义伟大胜利：在中国共产党第十九次全国代表大会上的报告．北京：人民出版社，2017：55－56.

形式会充分考虑台湾现实情况，会充分吸收两岸各界意见和建议，会充分照顾到台湾同胞利益和感情。”①

二、全面准确把握“一国两制”的制度内涵

党的十九届四中全会就如何坚持和完善“一国两制”制度体系展开论述，强调“必须坚持‘一国’是实行‘两制’的前提和基础，‘两制’从属和派生于‘一国’并统一于‘一国’之内。严格依照宪法和基本法对香港特别行政区、澳门特别行政区实行管治，坚定维护国家主权、安全、发展利益，维护香港、澳门长期繁荣稳定，绝不容忍任何挑战‘一国两制’底线的行为，绝不容忍任何分裂国家的行为”。要确保“一国两制”实践不变形、不走样，就必须全面准确把握“一国两制”的制度内涵。

从制度上说，党的十八大以来，党中央在谋划和推进治港治澳的制度建设中形成了许多新的制度成果，如行政长官普选的基本制度、公职人员宣誓的有关制度、中央就重大事项发出指令的制度和机制等。从概念上说，“一国两制”具有多重含义，主要是：“在一个中国的前提下，国家主体实行社会主义制度，香港、澳门和台湾继续实行资本主义制度。两种社会制度在一国之内和谐共存，既实现国家的统一，又有利于国家和地区的发展。”②

1. 宪法与基本法确定了特别行政区的宪制秩序

维护宪法与基本法确定的宪制秩序，指明了“一国两制”的基本原则和制度要求。习近平在庆祝澳门回归祖国十五周年大会上指

① 习近平．为实现民族伟大复兴　推进祖国和平统一而共同奋斗：在《告台湾同胞书》发表40周年纪念会上的讲话．北京：人民出版社，2019：6.

② 全国干部培训教材编审指导委员会．坚持“一国两制”　推进祖国统一．北京：人民出版社，2019：25.

出：“依法治理是最可靠、最稳定的治理，要善于运用法治思维和法治方式进行治理。”① 不存在一个脱离宪法的“宪制”，也不存在一个脱离宪法的“法治”。港澳正是严格依照宪法和基本法办事，用法治思维，在法治轨道上把“一国两制”事业推向前进。

宪法和基本法共同构成特别行政区的宪制基础，港澳在宪法和基本法的规定下办事。“宪法是国家根本大法，是全国各族人民共同意志的体现，是特别行政区制度的法律渊源。基本法是根据宪法制定的基本法律，规定了在香港特别行政区实行的制度和政策，是‘一国两制’方针的法律化、制度化，为‘一国两制’在香港特别行政区的实践提供了法律保障。”② 由此，特别行政区的一切行政、立法、司法行为都是以宪法和基本法的规定作为最高准则。

但是，长期以来，港澳社会部分人对这一重要问题的认识存在误区，不承认宪法在特别行政区法律体系中的最高法律地位，不认同宪法对基本法实施的规范作用，不了解全国人大常委会的相关主体作用。如 2019 年 10 月初，香港特别行政区政府根据《紧急情况规例条例》制定并实施《禁止蒙面规例》，对止暴制乱发挥了积极作用，得到香港市民的广泛支持。然而香港特别行政区高等法院原讼庭在 11 月 18 日裁定紧急条例部分条款不符合香港基本法，《禁止蒙面规例》具体条文违宪，引发舆论哗然。全国人大常委会法制工作委员会迅速澄清：“宪法和基本法共同构成特别行政区的宪制基础。香港特别行政区法律是否符合香港基本法，只能由全国人大常委会作出判断和决定，任何其他机关都无权作出判断和决定。”③

徒法不足以自行，港澳以行之有效的制度载体和体制机制来保

① 习近平．在庆祝澳门回归祖国十五周年大会暨澳门特别行政区第四届政府就职典礼上的讲话．人民日报，2014－12－21（2）.

② 习近平．在庆祝香港回归祖国二十周年大会暨香港特别行政区第五届政府就职典礼上的讲话．北京：人民出版社，2017：7.

③ 全国人大常委会法工委发言人就香港法院有关司法复核案判决发表谈话．人民日报，2019－11－20（4）.

障宪法和法律的实施。基本法是特别行政区的宪制性法律，对“一国两制”方针和特别行政区的基本制度和基本原则做了规定，但不可能也没有必要对特别行政区方方面面的活动和事务都做出详细规定。随着“一国两制”的不断深入，港澳在宪法和基本法的基础上进一步完善了相关制度和机制。从中央层面来看，关键是确保中央对特别行政区的全面管治权，将基本法中规定的中央对特别行政区行使的权力落实到位。从特别行政区层面来看，基本法规定特别行政区依法享有各项权力，完善与之相关的制度和机制则保障了这些权力的行使。该制定的法律要制定，该修改的法律要修改，该废除的法律要废除，该补充的制度要补充，该配套的机制要配套，如国家安全、国民教育等。

宪法和基本法的规定是最高准则，港澳社会协力推进了宪法和基本法宣传教育。法治是香港、澳门保持长期稳定的重要基石，也是港澳社会长期珍视的价值观念，而宪法和基本法则是特别行政区维护法治的立足点和落脚点。首先，通过宣传教育让港澳同胞深入了解国家和民族的历史，了解为什么港澳台同属一个中国，了解港澳台问题的历史和由来，特别是了解中国近代以来受西方列强蹂躏的屈辱历史，从而理解中国现在走的道路是历史的选择、人民的选择和实践的选择。其次，通过宣传教育让港澳同胞融入中华民族发展的大局观中，了解国家和民族的奋斗目标，了解中华民族伟大复兴的中国梦，从而理解国家现行制度的必要性，自觉尊重、维护宪法和基本法确定的宪制秩序。目前，香港和澳门都连续多年开展了国家宪法日的宣传教育活动，增强了港澳各界对宪法和基本法的了解和认同。

此外，落实基本法第二十三条，维护国家主权、安全和发展利益，是“一国两制”的核心要求，也是维护港澳宪制秩序的责任所在。香港和澳门基本法第二十三条均规定，特别行政区应自行立法禁止任何叛国、分裂国家、煽动叛乱、颠覆中央人民政府及窃取国家机密的行为，禁止外国的政治性组织或团体在特别行政区进行政治活动，禁止特别行政区的政治性组织或团体与外国的政治性组织或团体建立联系。目前，澳门已经率先完成了第二十三条的立法工作，但是香港却在反对派和反动媒体的抹黑、妖魔化下迟迟未能完成立法工作，相应执行机构也没有配套设立，这也成为近几年来香港本土激进势力愈发猖獗的主要原因之一。完成基本法第二十三条的立法工作，是香港特别行政区的宪制责任，建立并完善特别行政区维护国家安全的法律制度和执行机制，已成为摆在香港特别行政区政府和社会各界人士面前的突出问题和紧迫任务。

2. “一国”和“两制”的辩证统一关系

“一国”和“两制”的关系，贯穿于港澳台问题的核心内容和主线，包含了中华文化中“和”的理念，体现出“求大同，存小异”的精神，是一种整体与部分的关系、一种单一制国家之内中央与地方的关系。习近平生动地指出：“‘一国’是根，根深才能叶茂；‘一国’是本，本固才能枝荣。”①

“一国”是定论和基础，指一个中国即中华人民共和国。世界上只有一个中国，香港、澳门、台湾都属一个中国，都是中国不可分割的一部分。对于香港和澳门来说，特别行政区是直辖于中央人民政府的地方行政区域；对于台湾来说，两岸虽然还尚未实现完全统一，但台湾是中国的一部分、大陆和台湾同属一个中国的事实从未改变。“一国两制”的提出，是为了照顾台湾问题的历史事实和现实情况，维护台湾同胞的利益福祉。

树立“一国”意识、坚持“一国”原则的根本在于维护国家主权、安全、发展利益，尊重国家实行的根本制度以及其他制度和原

① 习近平．在庆祝香港回归祖国二十周年大会暨香港特别行政区第五届政府就职典礼上的讲话．北京：人民出版社，2017：6.

则，坚决反对、绝不容忍“港独”等触及和挑战“一国两制”底线的言行。若“一国”意识受到动摇，“两制”和谐的基础也恐难以谈起。习近平曾明确宣示，任何危害国家主权安全、挑战中央权力和香港特别行政区基本法权威、利用香港对内地进行渗透破坏的活动，都是对底线的触碰，都是绝不能允许的[①]。国家的领土和主权不可分割，这是一个不可以讨论的问题。

与此同时，在“一国”的基础上，“两制”是指在一个中国的前提下，国家的主体实行社会主义制度，香港、澳门、台湾地区保持原有的资本主义制度不变，两种不同的社会制度统一在一个中国里长期并存。中央从实际出发，充分尊重香港、澳门、台湾的历史和港澳台居民依法享有的各种权利和自由，允许其保持资本主义制度长期不变。在“一国”之内，社会主义制度和资本主义制度完全能够做到长期并存、融合相处。

首先，“两制”不能等量齐观。国家的主体实行也必将继续实行社会主义制度，这是坚定不移、不会改变的。在国家主体实行社会主义制度的大前提下，允许特别行政区实行资本主义制度。其次，“两种制度”要相互尊重、相互包容、相互学习。特别行政区在继续保持资本主义制度的基础上，必须坚持一个中国的基本原则，充分尊重国家主体实行的社会主义制度、政治体制，包括坚持中国共产党领导这一核心内容在内的根本领导制度。国家主体在坚持社会主义制度的同时，也要尊重、理解和包容特别行政区实行的资本主义制度和依法享有的高度自治权，以及意识形态领域的差异。不能按照内地的价值观去衡量香港、澳门的事务，更不能用内地的标准来处理香港、澳门事务，要避免简单套用内地思维，避免搞双重标准。总之，“两制”的关系完全可以做到和谐相处、相互促进，实行社会

① 习近平．在庆祝香港回归祖国二十周年大会暨香港特别行政区第五届政府就职典礼上的讲话．北京：人民出版社，2017：6.

主义制度的内地和实行资本主义制度的港澳可以在坚持“一国”的前提下充分尊重“两制”的差异。

“一国”与“两制”是本与末、源与流的辩证统一关系，“一国”是实行“两制”的前提和基础，“两制”从属和派生于“一国”并统一于“一国”之内，两者既能够同时兼顾、并行不悖，又能够相互促进、相得益彰，在任何时候都不应偏废。然而，港澳长期存在着对“一国两制”方针理解的不全面、不准确，重“两制”轻“一国”，甚至以“两制”为武器挑战“一国”底线等问题。坚守“一国”之本、善用“两制”之利，任何时候都不能割裂甚至对立起来。

3. 以爱国者为主体的“港人治港”、“澳人治澳”、高度自治

坚持以爱国者为主体的“港人治港”、“澳人治澳”、高度自治，指出了“一国两制”的主体逻辑和政治要求。对国家效忠是从政者必须遵循的基本政治伦理，“港人治港”、“澳人治澳”、高度自治是有明确清晰的界限和标准的，特别行政区的管治团队是由中央信任的爱国者组成的。特别行政区管治团队肩负贯彻执行基本法，维护国家主权、安全、发展利益，保持港澳长期繁荣稳定的重要职责，如果治理者不是以爱国者为主体，治理者没有正确的、坚定的政治立场，那么就难以在大是大非面前始终保持政治清醒，“一国两制”在港澳的实践也会偏离方向。方向决定道路，道路决定命运，“走什么路、举什么旗”关乎“一国两制”和特别行政区事业的前途。

一是港澳同胞的国家意识和爱国精神不断增强，促进了“人心回归”。爱国爱港爱澳力量的发展壮大，是“一国两制”事业蓬勃发展的重要保证。爱国为根，就是要热爱祖国、热爱香港，深深根植于我们赖以生存和发展的这方热土。爱国主义是中华民族生生不息的不竭动力，是维系民族团结和国家统一的伟大旗帜。在“一国两制”的社会历史条件下，爱国者的标准是非常宽泛的，邓小平早就讲过，“尊重自己民族，诚心诚意拥护祖国恢复行使对香港的主权，

不损害香港的繁荣和稳定”，不管信仰什么主义，都是爱国者①。

“人心回归”就是让国家观念和民族意识逐渐成为港澳的主流民意，使爱国爱港、爱国爱澳逐渐成为广大港澳同胞的主流心态。港澳回归后，通过举办各类教育和培训活动，加深了港澳同胞对祖国、对“一国两制”方针、对基本法的认同，不断增进香港、澳门社会各界促进发展、保持和谐的共识，并且根据港澳特殊的社会状况和政治环境，积极为爱国爱港、爱国爱澳力量发展壮大创造条件，推动他们在港澳事务和国家政治生活中发挥更大的作用，以实现爱国者为主体的“港人治港”“澳人治澳”，促进港澳长期繁荣稳定。

二是加强了对青少年的爱国教育，逐步实现爱国主义旗帜下最广泛的团结。要实现爱国爱港爱澳光荣传统代代相传，就要加强对青少年的教育培养，认真研究“一国两制”条件下港澳爱国政治人才成长的规律、机制和途径，为特别行政区政权建设提供人才保障。鼓励和支持他们努力做中国现代化建设的积极参与者，做中国统一大业的坚定促进者，做中华文明的真诚传播者，做中国人民和世界各国人民友好交往的热情推动者，为中国的繁荣与进步，为世界的和平与发展做出更大的贡献。

青少年是祖国和港澳的未来，是“一国两制”行稳致远的希望所在。习近平非常关心香港和澳门青少年的成长。在 2018 年 2 月 14 日春节来临之际，习近平给香港“少年警讯”成员回信，勉励他们“读万卷书、行万里路，多学点历史，多了解点国情，开阔视野，增长见识，锤炼本领，早日成才，以实际行动服务香港、报效国家”②。2019 年，习近平在给澳门小学生回信中指出，要“传承好爱国爱澳优良传统，珍惜时光，刻苦学习，健康成长”③。“一国两制”事业的

---

① 邓小平．邓小平文选：第 3 卷．北京：人民出版社，1993：61.

② 习近平给香港“少年警讯”成员的回信．人民日报，2018－02－16（1）.

③ 习近平回信勉励澳门少年儿童　祝全国小朋友们“六一”国际儿童节快乐．人民日报，2019－06－02（1）.

接续推进，需要港澳青少年的责任与担当，要增强他们投身“一国两制”和港澳发展事业的历史责任感与时代使命感，为他们成长、成才创造良好条件。

三是港澳同胞的历史责任感不断增强，更加珍惜和维护团结稳定的大局。广大港澳同胞素有长期的爱国主义传统，翻开历史的画卷我们不难发现，每逢国难当头、社稷倾危之际，港澳两地总会涌现出大批爱国主义志士，为争取独立与解放不懈奋斗。如今，港澳已经回归祖国怀抱，实现中华民族伟大复兴的中国梦，是时代的召唤，是包括港澳同胞在内的全体中华儿女共同的梦想。人心回归要与政治回归、经济回归同向同行，香港是中国的香港，是香港人的香港，我们自己的事情自己办是理所当然的，我们有智慧有能力把自己的事情办好。因此，建立港澳同胞对国家和民族的理性认知与情感认同，引导广大港澳同胞珍惜和维护团结稳定的大局，为维护港澳地区的社会稳定、繁荣和发展多出主意，多讲有利于港澳稳定的话，多想有利于港澳发展的办法，多做有利于港澳整体利益的事情，是实现“两个一百年”奋斗目标和中华民族伟大复兴中国梦的重要保障。

4. 中央对特别行政区的全面管治权

我国实行单一制的国家结构形式，特别行政区在不享有独立主权的前提下行使高度自治权，中央对包括香港、澳门特别行政区在内的所有地方行政区域具有全面管治权。也就是说，特别行政区不是一个政治实体，不具有任何主权特征，香港、澳门享有的高度自治权不是固有的，而是由中央通过宪法和基本法进行授权。2014 年 6 月，《“一国两制”在香港特别行政区的实践》白皮书明确规定：“中央拥有对香港特别行政区的全面管治权，既包括中央直接行使的权力，也包括授权香港特别行政区依法实行高度自治。对于香港特别行政区的高度自治权，中央具有监督权力。”[①] 一方面，中央依法履行宪法和香港基本法赋予的全面管治权和宪制责任，有效管治香港特别行政区，特别行政区的高度自治权以中央的全面管治权为前提和基础，两者不能对立起来；另一方面，特别行政区享有高度自治权，保持原有资本主义制度和生活方式不变、法律基本不变，充分行使行政管理权、立法权、独立的司法权和终审权。

对特别行政区行使全面管治权，就要求中央依法把各项权力切实用起来，这是依法治港治澳的应有之义。根据宪法和基本法，中央对特别行政区直接行使的权力主要包括：

负责管理特别行政区的外交事务和防务。外交事务是国与国之间的交往，必须以独立主权国家的名义进行。因此，中央人民政府在特别行政区设立机构处理外交事务，同时，授权特别行政区依照本法自行处理有关的对外事务，香港和澳门可以以“中国香港”“中国澳门”的名义在经贸金融、航运通信、文化旅游、体育等领域活动。中央在特别行政区派驻负责防务的军队，这是中央人民政府的权力和责任，是国家主权的重要体现。根据驻军法，驻军职责包括：防备和抵抗侵略，保卫特别行政区的安全；担负防卫勤务；管理军事设施；承办有关的涉外军事事宜。

解释、修改基本法，对特别行政区制定法律进行备案监督。一方面，特别行政区享有立法权，并须报全国人大常委会备案，备案不影响该法律的生效，但经全国人大常委会发回的法律立即失效，除特别行政区的法律另有规定外，无溯及力。另一方面，基本法的修改权属于全国人大，基本法的修改提案权属于全国人大常委会、国务院和特别行政区，基本法的解释权属于全国人大常委会。全国人大常委会曾于1999年、2004年、2005年、2011年、2016年对香

① 中华人民共和国国务院新闻办公室．《“一国两制”在香港特别行政区的实践》白皮书．北京：人民出版社，2014：7.

港基本法做出过五次解释，于 2001 年对澳门基本法做出过一次解释。

任命特别行政区行政长官和主要官员，决定修改行政长官和立法会的产生办法。特别行政区行政长官在当地通过选举或协商产生，由中央人民政府任命，并根据行政长官的提名和建议，任命或免除特别行政区主要官员。需要注意的是，中央的这种任免权是实质性的。此外，中央享有对特别行政区政制发展的决定权和主导权，批准或备案特别行政区行政长官和立法会产生办法修正案。在此基础上，特别行政区可以根据自身实际情况和特点，循序渐进发展民主。

决定在特别行政区实施全国性法律，对特别行政区做出新的授权。根据“一国”基本原则，全国性法律理应在两个特别行政区实施，这是国家主权和统一的重要体现。根据基本法规定，全国人大常委会可对基本法“附件三”所列在特别行政区实施的全国性法律做出增减。此外，中央还可以根据实际情况和现实需要，向特别行政区做出新的授权。如 2006 年 10 月，中央授权香港特别行政区对深圳湾口岸港方口岸区实施管辖；2009 年 6 月，中央授权澳门特别行政区对设在珠海横琴岛的澳门大学新校区实施管辖。

决定特别行政区进入紧急状态。全国人大常委会决定宣布战争状态或因特别行政区内发生特别行政区政府不能控制的危及国家统一或安全的动乱而决定特别行政区进入紧急状态，中央人民政府可发布命令将有关全国性法律在特别行政区实施。

中央对特别行政区的“全面管治权”与特别行政区的“高度自治权”并不矛盾，两者应当有机统一，任何情况都不能将这两者割裂开来、对立起来。2014 年，国务院新闻办发布《“一国两制”在香港特别行政区的实践》白皮书，提出中央的全面管治权后，曾有西方媒体和部分香港人士质疑，认为这是中央开始收紧对港政策，削弱高度自治的标志。经过几年来的实践，事实表明，中央对港澳的“全面管治权”是“中国对港澳主权”的必然要求，与“高度自治”

相互联系、内在一致，并不矛盾。中央的全面管治权针对的是主权层面的问题，特别行政区在中央授权下的高度自治权针对的是主权行使层面的问题，前者是后者的前提和基础，后者是前者的体现。

三、深刻理解“一国两制”制度体系的显著优势

党的十九届四中全会通过的《决定》充分彰显了“一国两制”在促进港澳两个特别行政区治理和推进祖国和平统一进程方面的显著优势，显示了中央坚持“一国两制”方针不动摇的制度自信。邓小平在创造性运用辩证唯物主义和历史唯物主义的基础上，提出了“一国两制”的伟大构想。“一国两制”制度体系也在香港和澳门进行了成功实践，并且不断丰富与发展，在推进祖国和平统一进程、推动改革开放向纵深发展、保持港澳长期繁荣稳定等方面展现出显著优势。实践证明，“一国两制”是香港、澳门保持长期繁荣稳定的最佳制度，“和平统一、一国两制”是实现国家统一的最佳方式，“只要对‘一国两制’坚信而笃行，‘一国两制’的生命力和优越性就会充分显现出来”①。

1. 推进了祖国和平统一进程

“天下大势，浩浩汤汤，顺之者昌，逆之者亡。”这浩荡的大势，便是中华民族伟大复兴；推进祖国和平统一进程，解决台湾问题，进而实现祖国完全统一，则是民族复兴的重要标志和必然要求。这既是包括台湾同胞在内的全体中华儿女的共同愿望，是整个中华民族的根本利益所在，也是实现中华民族伟大复兴的题中之义。新中国成立七十年来，党和政府在充分尊重既定历史和现实情况的基础

① 习近平．在庆祝澳门回归祖国二十周年大会暨澳门特别行政区第五届政府就职典礼上的讲话．人民日报，2019－12－21（2）．

上，形成了“一国两制”的伟大构想，确立了“和平统一、一国两制”的基本方针，有力推进和引领祖国和平统一的进程。历史和实践充分证明，“和平统一、一国两制”是实现国家统一的最佳制度设计和最佳方式，有利于包括台湾同胞在内的中华民族整体利益的实现，有利于实现“两个一百年”奋斗目标和中华民族伟大复兴中国梦，也最有利于统一后台湾的长治久安和民众安居乐业。

“一国两制”符合台湾的历史和现实情况，是行得通、办得到、得人心的。一衣带水华夏同根，魂牵梦绕故国山河。以国家统一为福，以山河破碎为祸，是中华民族千百年来从亲身经历中形成的价值观。国家统一是大势所趋、大义所在、民心所向，两岸同属一个中国的事实从未改变，解决台湾问题、完成祖国统一，是包括台湾同胞在内的全体中华儿女的神圣职责，是中国共产党肩负的三大历史任务之一。习近平在《告台湾同胞书》发表40周年纪念会上鲜明地指出：“‘一国两制’在台湾的具体实现形式会充分考虑台湾现实情况，会充分吸收两岸各界意见和建议，会充分照顾到台湾同胞利益和感情。在确保国家主权、安全、发展利益的前提下，和平统一后，台湾同胞的社会制度和生活方式等将得到充分尊重，台湾同胞的私人财产、宗教信仰、合法权益将得到充分保障。”① 香港、澳门回归后保持长期繁荣稳定，“一国两制”在实践中被充分证明是行得通的。

“一国两制”顺应时代潮流，最符合包括台湾同胞在内的中华民族的整体利益。1949年以来，我们在解决台湾问题上进行了许多理论和实践上的探索，结合国内外形势的变化，从20世纪60年代毛泽东提出的“一纲四目”，到80年代的“叶九条”和“邓六点”，90年代的“江八点”，21世纪初的“胡六点”，对台政策先后经历了从

---

① 习近平．为实现民族伟大复兴　推进祖国和平统一而共同奋斗：在《告台湾同胞书》发表40周年纪念会上的讲话．北京：人民出版社，2019：6.

“武力解放”到“和平解放”，再到“和平统一”的演变过程。党的十八大以来，习近平在“以对话取代对抗、以合作取代争斗、以双赢取代零和”的时代大势下，提出“五点主张”，就国家统一的方式、途径、实现形式、内涵等提出一系列新论述。这些理论和实践的探索都指向一个关键点：“一国两制”是解决两岸问题的最佳方案。一方面，“一国两制”照顾到了台湾的历史和现实情况，台湾同胞的社会制度、生活方式和根本利益得到充分尊重和保障，对维护台湾同胞利益、福祉具有积极作用；另一方面，“一国两制”在坚持单一制国家结构的基础上，吸收复合制国家的内涵和经验，有利于两岸人民现实和长远的发展。

遗憾的是，台湾部分人士始终戴着“有色眼镜”看待“一国两制”基本方针，将其“污名化”与“妖魔化”，贴上“统战工具”的标签，在国际上和台湾民众中造成不良影响。蔡英文上台后表示“台湾绝不接受‘一国两制’”就是典型。近几十年来，一些关心两岸发展的人士，基于不同的政治立场和政治态度，就台湾和大陆的统一模式提出过若干设想。这些主张虽然各抒己见，但没有一个像“一国两制”这样既能维护民族大局，又能兼顾繁荣稳定，符合中国国情和两岸现状。

“一国两制”推动两岸关系发生历史性变化，在曲折中不断向前发展。新中国成立七十年来，在“一国两制”的实践中，两岸关系发生了根本性和突破性的变革，推动台海形势从紧张对峙走向缓和改善。以经贸交流为例，据统计，两岸贸易额从1978年的0.46亿元增长到2018年约2 300亿美元，两岸贸易额累计约2.6万亿美元，大陆累计批准台资投资项目10.5万个，实际使用台资664.2亿美元，占累计实际使用外资的3.5%（商务部统计数据，不包括台湾经第三地来大陆的投资）。大陆已经成为台湾最大出口市场、最大进口来源地、最大贸易顺差来源地和最大岛外投资目的地。在“一国两制”制度体系下，两岸同胞的利益和命运更加紧密地联系在一起，大陆逐渐成为台胞台企投资兴业的最佳选择。

2. 推动了改革开放向纵深发展

“一国两制”方针与我国的改革开放相伴相生，改革开放催生了“一国两制”，而“一国两制”又助力了改革开放，在中国特色社会主义实践中显示出强大的生气与活力。港澳同胞既是中国改革开放的见证者、参与者，也是受益者、贡献者。总结改革开放成功的实践，“一国两制”是最大优势，国家改革开放是最大舞台，在国家改革开放进程中，港澳所处的地位是独特的，所做出的贡献是重大的，所发挥的作用是不可替代的。

2018 年 11 月 12 日，习近平在会见香港澳门各界庆祝国家改革开放 40 周年访问团时强调，“在新时代国家改革开放进程中，香港、澳门仍然具有特殊地位和独特优势，仍然可以发挥不可替代的作用”①。习近平高度肯定了港澳在国家改革开放和社会主义现代化建设中的历史性贡献，他指出，港澳同胞和社会各界人士在国家改革开放中主要发挥了以下六个方面的作用：

一是投资兴业的龙头作用。国家改革开放之初，港澳同胞率先响应，踊跃北上投资兴业，创造了许多“全国第一”，如内地第一家合资企业、第一条合资高速公路、第一家外资银行分行、第一家五星级合资饭店等。霍英东先生、何鸿燊先生 1979 年建的中山温泉宾馆开业后，无论是硬件设备还是软件服务，都是当时内地招待所无法相比的。港澳同胞不仅为内地经济发展注入了资金，而且起到了带动作用，吸引国际资本纷至沓来。长期以来，香港、澳门一直是内地最大的投资来源地，到 2017 年底，内地累计使用香港、澳门资金 1.02 万亿美元，占引进境外资本总额的 54%。

① 习近平．会见香港澳门各界庆祝国家改革开放 40 周年访问团时的讲话．人民日报，2018-11-13 (2).

二是市场经济的示范作用。内地刚开始搞改革开放时，很多人观念还没有完全转过来，条条框框很多。许多香港、澳门有识之士率先向内地介绍国际规则和有益经验。香港许多了解国际市场、熟悉国际规则的专业人士扮演了“带徒弟”的“师傅”角色，为内地企业改革、土地制度改革等提供了咨询意见。梁振英先生1978年就到深圳、上海等地免费举办西方土地经济管理制度的讲座，1987年参与编写了深圳第一份也是全国第一份土地拍卖中英文标书。梁定邦先生、史美伦女士帮助创建证券市场有关监管制度，只拿“一元人民币”的象征性年薪。港澳同胞为内地市场经济发展做出了重要贡献。

三是体制改革的助推作用。创办经济特区这一重大决策充分考虑了香港、澳门因素。1979年广东省委向党中央建议，发挥广东邻近香港、澳门的优势，在对外开放上做点文章，让广东先走一步，在深圳、珠海和重要的侨乡汕头划出一些地方搞贸易合作区。在经济特区创办过程中，从规划到有关法律法规的制定，再到各项事业兴办，都有港澳同胞参与和努力。

四是双向开放的桥梁作用。国家改革开放初期，香港、澳门利用拥有欧美市场配额等优势，为内地带来了大量出口订单。到20世纪90年代中期，香港80%以上的制造业转移到珠三角等地，促进内地出口导向型制造业迅速发展，助推内地产业融入全球产业链。香港、澳门也是内地企业境外融资和对外投资的窗口平台。很多内地企业通过香港逐渐熟悉和适应国际市场，学会了在国际市场大海中游泳。目前，在香港上市的内地企业已经占香港上市公司总数的近50%，市值更是接近70%。

五是先行先试的试点作用。国家实行的开放政策中，有不少是对香港、澳门先行先试，积累经验之后再逐步推广。这既促进了国家对外开放，又有效控制了风险，也为香港、澳门发展提供了先机。比如，内地服务业市场开放，就是先在CEPA框架内基本实现广东与香港、澳门服务贸易自由化，为全面实行准入前国民待遇加负面清单管理模式积累了经验。香港、澳门在国家金融领域开放中的试点作用更为突出。近年来推出的“沪港通”“深港通”“债券通”都是内地资本市场开放的重要举措。人民币国际化也是从香港开始的。目前，香港拥有全球最丰富的离岸人民币产品，是全球最大的人民币离岸业务中心。

六是城市管理的借鉴作用。香港、澳门在城市建设和管理、公共服务等方面积累了比较丰富的经验，是内地学习借鉴的近水楼台。比如，上海虹桥机场引进香港国际机场管理理念，短期内实现了管理水平跃升，被评为“世界最快进步机场奖”第一名；北京、广州、深圳等多个城市的地铁建设和管理借鉴了香港地铁的先进经验；内地第一支救助飞行队是在香港飞行服务队手把手帮助下组建起来的。内地通过学习借鉴香港、澳门的先进做法和有益经验，有力提升了内地城市建设和管理水平。

新时代下随着改革开放向纵深发展，共建“一带一路”、粤港澳大湾区建设等国家战略成为香港和澳门新的重大机遇。一方面，要准确把握港澳在国家改革开放大局中适合的角色定位，“积极对接国家战略，把握共建‘一带一路’和粤港澳大湾区建设的机遇，更好发挥自身所长，增强竞争优势”①。另一方面，要在激发内生动力、破除条条框框和路径依赖的束缚中解放思想，推动改革开放向纵深发展。

3. 保持了香港、澳门长期繁荣稳定

香港、澳门回归祖国以来，港澳两地充分发挥“一国两制”的制度优势，按照宪法和基本法办事，确保港澳政治经济社会大局稳定，推动社会各项事业向前发展，保持了香港、澳门的繁荣稳定。

---

① 习近平．在庆祝澳门回归祖国二十周年大会暨澳门特别行政区第五届政府就职典礼上的讲话．人民日报，2019－12－21（2）.

中西合璧的风采浪漫依然，活力之都的魅力更胜往昔。我们欣喜地看到，香港、澳门回归以来，特别行政区政府和社会各界人士团结拼搏、自强不息、开拓进取，港澳经济繁荣、社会发展、民生改善，保持了繁荣稳定，仍然是全球最具发展活力和竞争力的地区之一。公众信心日益增强，求稳定、求和谐、求发展越来越成为港澳社会的共识。事实胜于雄辩，当家做了主人的香港、澳门同胞，依靠自己的勤奋和智慧，在“一国两制”基本方针的正确指引下，完全能够治理好香港和澳门。

香港、澳门的回归和“一国两制”的基本方针一开始并不被一些西方人士看好，唱衰香港和澳门的前景曾是西方舆论的主调。1995 年 6 月，美国《财富》杂志在封面文章《香港已死》中断言，香港在回归后会丧失国际商贸和金融中心的地位，英文会被中文取代，商界会撤离香港，贪污会蔓延……事实上，《财富》杂志戴着有色眼镜，想方设法诋毁“一国两制”基本方针已经不是什么新鲜事了。然而回归以来，香港保持了欣欣向荣的发展态势，仍是亚洲最具活力的城市之一。2007 年 7 月，《财富》杂志开始道歉认错，在《哎哟，香港根本死不了!》中承认：“啊，我们错了!”文章以 25 页的篇幅探讨香港回归 10 年的变化，编辑在接受采访时也坦承，1995 年的文章内容，大部分的预测均与后来发生的事实不符。实践证明，香港不但不会“死”，还会更加生气勃勃地发展。

港澳回归以来，“一国两制”成功实施，港澳经济社会发展取得了令人鼓舞的成就，赢得了港澳各界和国际社会的广泛认同和普遍赞誉。具体来看，可以概括为以下几个方面：

一是居民的基本权利和自由得到充分保障，民主政制依法稳步推进。根据世界银行发布的数据，仅法治水平一项，香港在全球的排名就从 1996 年的 60 多位大幅跃升至 2017 年的第 16 位。澳门回归以来治安局面也逐步向好，暴力犯罪率维持低案发率和高破案率。此外，在“一国两制”、“港人治港”、“澳人治澳”、高度自治方针的指引下和宪法、基本法的规定下，香港、澳门特别行政区的政府和立法机关均由本地人组成，行政长官和立法会选举中的民主成分也不断提高。自2012年起，香港特别行政区行政长官选举委员会的人数就由800增至1 200，立法会议员总数由60增至70。澳门行政长官选举委员会的人数也由300增至400，立法会直接选举和间接选举各增加2个议席至14席和12席。

二是对外交往进一步扩大。港澳回归后，在中央政府的大力支持下，特别行政区以“中国香港”“中国澳门”的名义在经贸金融、航运通信、文化旅游、体育等领域开展对外活动，对外交往更加广泛。据相关统计，截至2017年6月，香港以“中国香港”名义参与国际会议27 800余次，举办或协办国际会议1 200余次；截至2018年1月，澳门以中国政府代表团成员或其他适当身份参加的政府间及非政府间国际组织和机制共111个。这些都是港澳回归以后其国际影响进一步扩大的力证。

三是经济持续发展，各项社会事业迈上新台阶。回归以来，香港、澳门经济持续增长，向世界展示着港澳的繁荣稳定和“一国两制”的成功实践。据相关统计，1997年至2017年，香港地区生产总值年均实际增长3.3%，高于发达经济体同期平均增速，人均生产总值由2.7万美元增至4.6万美元，增长了七成，在多家国际权威机构进行的竞争力排名中长期位居前列。澳门“成为全世界经济增长最快的地区之一，澳门地区生产总值从1999年的519亿元（澳门元，下同），增加到2018年的4 447亿元，实现了跨越式发展；人均GDP也由1999年的12万元跃升至2018年的67万元”①。此外，港澳在教育事业、医疗卫生、文化事业、社会保障、体育事业等方面也展现出一派欣欣向荣的景象。

---

① 栉风沐雨“莲花”盛开：澳门回归祖国二十周年经济发展综述．人民日报，2019-12-16（1）.

总之，香港和澳门回归以来的发展历程表明，“一国两制”方针完全是正确的，实践充分证明也将继续证明，“一国两制”基本方针具有显著的优越性和强大的生命力。用“一国两制”方式解决香港、澳门问题，是中国人民的伟大创造，充分体现了中华民族的政治智慧和博大胸怀。在“一国两制”条件下，香港、澳门既保持了原有的社会制度和生活方式不变，继续发挥着自身的特色和优势；又更加紧密地依托伟大祖国，不断获得广阔的发展空间和不竭的发展动力。只要我们坚持全面、准确地理解和贯彻“一国两制”方针，香港、澳门的长期繁荣稳定就能得到切实保障，“一国两制”事业就能不断取得成功。

为构建人类命运共同体不断做出贡献

党的十九届四中全会通过的《决定》指明中国之治具有十三个显著优势。其中，在外交与全球治理领域，《决定》指出：中国具有“坚持独立自主和对外开放相统一，积极参与全球治理，为构建人类命运共同体不断作出贡献的显著优势”①。十三个显著优势，是中国共产党和全体中国人民坚持“四个自信”（道路自信、理论自信、制度自信、文化自信），坚定不移走中国特色社会主义道路的基本依据。

一、中国特色大国外交的历史脉络与形成发展

2019年10月，中华人民共和国刚刚度过了自己的七十华诞。七十年的历史，不仅见证了中华民族站起来、富起来、强起来的伟大复兴历程，也见证了中国为世界、为人类做出不可磨灭之贡献的伟大征程。在这七十年中，新中国外交作为国家发展进步的有机组成

① 中共中央关于坚持和完善中国特色社会主义制度　推进国家治理体系和治理能力现代化若干重大问题的决定．人民日报，2019-11-06（1）．

部分，改变了中华民族的前途命运，推动了中国同世界关系的历史性变化。在七十年的伟大外交实践中，新中国不断摸索前进，逐渐发展出坚持和平外交、坚持独立自主和对外开放相统一、坚持积极参与全球治理、推动构建人类命运共同体的显著优势，尤其是党的十八大以来，在以习近平同志为核心的党中央的坚强领导下，中国特色大国外交承前启后、继往开来，开拓奋进、勇于创新，昂首迈入新时代。

1. 坚持独立自主和对外开放相统一的和平外交政策的历史脉络与形成发展

中国外交推动中华民族的伟大复兴，推动人类社会的全面进步，始终坚持将推动国家发展、建设世界和平、促进全球合作、维护国际秩序有机结合起来。中国外交的独特精神、优良传统和坚韧风骨在七十年的实践中形成了自己的历史脉络。如今，中国特色大国外交进入新时代，我们将沿着这一历史脉络，更好地继承并发扬这些优良传统和精神品质，进一步推动我国外交事业从胜利走向新的胜利。

七十年外交实践造就了坚持“党的领导”的优良传统和显著优势。中国特色社会主义最本质的特征就是中国共产党领导；这本身也是中国特色社会主义最大的制度优势，同时也是新时代中国特色大国外交最根本的政治保障。中国共产党以马克思主义理论为武器，武装自己的头脑，因此，自其创立之日起就有着远大的共产主义理想和高尚的国际主义精神与情怀。建党九十多年来，勇于开拓、敢于创新的中国共产党始终走在时代的最前列。新中国外交之所以能够在七十年风云变幻中不断攻坚克难、赢得胜利，正是得益于中国共产党的坚强领导，也正是靠着中国共产党的坚强领导，我们今天面对百年未有之大变局，才能够在惊涛骇浪中做到不畏浮云，奋勇前进。

七十年外交实践造就了坚持“以民为本”的优良传统和显著优

势。“为人民服务”是中国共产党人的一贯宗旨，因此新中国的外交本质上也是人民外交。七十年来，中国的外交实践始终把中国人民对美好生活的向往与追求作为自己的奋斗目标，始终为维护人民群众的海外合法权益而奋勇拼搏。四十多年来，随着改革开放的不断推进，中国的海外利益也在持续扩大。因此，中国外交统筹推进海外中国平安体系的建设，全面保障中国公民和中方机构的海外安全与正当权益，用切实努力不断提升中国人民群众海外出行的幸福感、获得感和安全感，让中国公民在世界各地都能感受到党的温暖与国家的力量，从心里感受到伟大祖国的强大、荣耀以及作为一个中国公民的尊严、幸福。

七十年外交实践造就了坚持独立自主的优良传统和显著优势。中国共产党立党、中华人民共和国立国的重要原则之一就是独立自主。七十年来，中国始终坚持独立自主的和平外交政策，始终坚持不干涉内政原则，始终坚定捍卫国家主权和民族尊严，绝不允许任何人将其意志强加于中国人民。七十年来，中国共产党和中央政府始终坚持从中国人民与世界人民的根本利益出发，始终根据事情本身的是非曲直来独立地决定政策和立场，尊重世界各国自主选择发展道路和社会制度的权利，走出了一条“对话而不对抗”“结伴而不结盟”的国际交往新道路。

七十年外交实践造就了坚持对外开放的优良传统和显著优势。七十年来，中国与世界携手同行的历程雄辩地证明：中国的发展进步离不开世界，世界的和平繁荣也离不开中国。中国与世界本质上就是休戚与共的命运共同体。无论是在 1997 年的亚洲金融危机中，还是在 2008 年的国际金融危机中，中国都发挥了中流砥柱的作用，履行了一个负责任大国的国际义务。作为世界上最大的发展中国家，七十年来，中国始终心系发展中国家，并用实际行动支持发展中国家的合理诉求和发展意愿，在国际舞台为发展中国家发出声音。历史一再雄辩地证明，每逢人类社会、世界历史发展到最紧要的关头、十字路口，中国从未也永远不会缺席。面对共同的挑战，中国将运用中国智慧提供中国方案，使用中国力量做出中国贡献，携手国际社会共同解决问题。

七十年外交实践造就了坚持“公平正义”的优良传统和显著优势。新中国成立七十年来，始终坚持在国际政治中伸张正义，以公平正义的基本原则为本国和国际社会主持公道。七十年来，中国在国际合作中始终坚持践行互利共赢、共同发展的理念，在国际交往中始终坚持相互尊重、重信守诺的原则，并由此而赢得国际社会广泛赞誉和真心尊重。当前，面对保护主义、单边主义的逆流，中国始终坚持开放、包容、发展的正确方向，始终坚守多边主义的道义高地。在全球和地区的热点问题面前，日益强大的中国也同样始终坚持和平解决的一贯立场，始终把劝和促谈与政治解决作为首选项。中国有原则的外交实践有力地推动了国际公平正义的实践。

七十年外交实践造就了坚持“互利共赢”的优良传统和显著优势。中国始终坚信，只有不断扩大同世界各国的利益交汇点才能做大共同利益的蛋糕，才能可持续地发展与世界各国的密切联系与友好关系。这是新中国成立七十年来，尤其是改革开放四十多年通过实践总结出来的成功经验。中国坚持携手各国，一同打破传统国际互动中被当作铁律的“零和博弈”“赢家通吃”等窠臼，代之以互利共赢、同舟共济的新理念、新原则。尽管中国仍处于发展中国家的地位，但中国从不以邻为壑，而是真诚欢迎、鼓励世界各国都来搭乘中国发展的“快车”，携手各国一起迈上经济发展、社会进步的“快车道”。

2. 中国特色大国外交的显著优势与提出构建人类命运共同体的历史逻辑

历史地看，人类命运共同体是人类文明发展到 21 世纪后的必然产物。因为人类进入核时代以后，大国之间的“大战”早已变成没有任何赢家的“自残”。因此，遏制冲突、避免战争是人类文明存续、发展的客观需求，现有的国际机制、制度安排都无法从根本意义上满足这一需求，因此只有发扬共同体意识，构建人类命运共同体，才有可能实现人类文明的整体超越。

回望历史，人类为了消弭彼此间的矛盾、冲突和战争，做出了长期的努力，然而效果却始终有限。2018 年 11 月 11 日是第一次世界大战结束 100 周年，世界各国都以不同形式进行纪念。然而，在种种政治姿态或外交博弈的背后，人们似乎依然遗憾地看到，人类并没有很好地吸取一战的教训。

在一战结束后的 100 年间，人类社会先后见证了“20 年危机/休战”、空前残酷的二战、旷日持久的冷战以及虽无世界大战却地区冲突不断、“文明冲突”愈演愈烈的“30 年后冷战时代”（1989—2019 年）。当冷战行将终结时，有西方学者为之鼓与呼：“历史已然终结。”然而，“9·11”的滚滚浓烟、中东的颜色风暴、世界各地此起彼伏的战乱饥荒，无疑在向世人宣告：和平远未到来。

进一步追问：百年后人类出路究竟在何方？沿着这一问题意识与理论线索，人类开始从命运共同体的全新视角进行再反思。

正如习近平多次在公开场合谈到的，当今世界正处于百年未有之大变局，它对中国人民实现民族复兴的中国梦，以及世界人民捍卫和平的愿景，既带来了新机遇，也构成了新挑战。面对这样的大变局，有的国家选择了走向封闭，试图用双边谈判的手段取代多边主义，而双边手段背后的精神实质则是极端的单边主义：片面追求本国国家利益，而全然不顾他国合法权益及国际社会的公益。

正是在这一背景下，为从根本上消解战争，防止历史悲剧重演，中国提出了构建人类命运共同体的新方案，本质上就是为了满足人类文明在 21 世纪的现实“刚需”：在一系列现有或即将出现的新技术、新生产力等给定条件下，实现本物种自身之存续，而不至于走向共同毁灭的深渊。而作为中国之治显著优势之体现的“和平发展”

原则正指引着中国坚定不移地走和平发展道路，不走“国强必霸”的老路，也不入“修昔底德陷阱”的圈套①。

3. 中国特色大国外交的显著优势与构建人类命运共同体的现实基础

21世纪以来，平等、多边主义、互利共赢等基本原则早已在国际社会深入人心。这既是世界治理思想数千年演变与发展的新特征②，也同时意味着“人类命运共同体”的价值指针已经在国际社会牢牢占据道义制高点。

在理念层面，习近平首倡的构建人类命运共同体理念旨在实现以“类”为本位的自由人联合体，建立在个人全面发展和他们共同的、社会的生产能力成为从属于他们的社会财富这一基础上的自由个性形态。事实上，不论人们愿意或不愿意承认，我们实际上都已经身处“类”的统一体中——人类的共同命运与共同诉求早已成为每个人都必须关注、考虑的切身利益问题。因此，也只有从“类主体”出发，坚持命运共同体思维，人类才可能有光明的前景③。

在安全层面，中国国家领导人在人类命运共同体的视域下提出了“普遍安全”这一全新安全理念。习近平指出，在经济全球化时代，各国安全相互关联，彼此影响。在大发展、大变革、大调整的当今世界，安全领域面临多重新考验，没有一个国家能够凭一己之力谋求自身绝对安全，也没有一个国家可以从别国的动荡中收获稳定，更不可能像一战之前那样，通过军事结盟，在国际社会搞“团团伙伙”“拉帮结派”来获得可持续的安全——那样只能重蹈一战的

---

① 《中共中央关于坚持和完善中国特色社会主义制度　推进国家治理体系和治理能力现代化若干重大问题的决定》辅导读本．北京：人民出版社，2019：360.

② 王文．世界治理思想的起源．读书，2007（6）.

③ 杨洁勉．新时代中国外交的战略思维和谋划．外交评论（外交学院学报），2018（1）.

覆辙。正如习近平所指出的，“各国应该树立共同、综合、合作、可持续的全球安全观”，唯有加强全球安全治理，建设普遍安全的国际社会，才能有效推动构建普遍安全的人类命运共同体。

在经济层面，尤其是在全球经济治理领域，构建人类命运共同体理念正推动世界各国摒弃一战前列强之间的普遍做法——零和博弈、以邻为壑、保护主义、高筑贸易壁垒，转而坚持相互尊重、互学互鉴、公平贸易、互利共赢的基本原则，把全球的经贸往来重新带回“正和博弈”的轨道上来。

4. 中国特色大国外交的显著优势与实现人类命运共同体的必由路径

2015 年 10 月 12 日，中共中央政治局就全球治理格局和全球治理体制进行第二十七次集体学习。习近平指出：“现在，世界上的事情越来越需要各国共同商量着办，建立国际机制、遵守国际规则、追求国际正义成为多数国家的共识。经济全球化深入发展，把世界各国利益和命运更加紧密地联系在一起，形成了你中有我、我中有你的利益共同体。很多问题不再局限于一国内部，很多挑战也不再是一国之力所能应对，全球性挑战需要各国通力合作来应对。”①

的确，进入 21 世纪后，互联网、人工智能、大数据的兴起将世界各国及其人民更为紧密地结合在一起。与此同时，气候变化、粮食与食品安全、网络信息安全、生态环境污染与治理、传染病防控等全球性的威胁与挑战也迫使每个国家、个人都必须团结起来应对。因此，无论主观上是否愿意、是否承认，技术革命和全球挑战的合力已经推动人类社会在客观上朝着一个“命运共同体”迈进——这也决定了人类命运共同体未来走向的必然性。

---

① 习近平．推动全球治理体制更加公正更加合理．人民日报，2015-10-13.

譬如，在气候领域，习近平于2015年11月30日出席气候变化巴黎大会开幕式并发表重要讲话，倡导探索人类可持续的发展路径和治理模式①。事实证明，在遍及全球的气候灾害面前，任何指望靠铁丝网、边境墙把灾难挡在邻国而不伤及本国的以邻为壑行径都是徒劳的。因此，中国领导人对全球气候治理提出三点主张：一是创造一个“各尽所能、合作共赢的未来”，二是创造一个“奉行法治、公平正义的未来”，三是创造一个“包容互鉴、共同发展的未来”。其最终目标都是推动构建人类命运共同体，从而为任何国家都无法单独应对的全球气候问题提供标本兼治的最终解决方案。

在太空领域，随着科技的进步，太空武器化和军备竞赛已经对当前国际太空安全构成了重大威胁。然而，国际社会推动太空军备控制的进程却面临着个别太空强国拒绝开展有效磋商、国际政治利益分化、太空军备控制核查能力欠缺等阻碍；各国在技术需求、权力分配和观念认知上也存在一定分歧。在这一背景下，中国将积极参与国际太空军备控制，大力倡导在太空领域率先构建人类命运共同体，广泛争取国际社会关于太空军备控制的政治共识，促进各国对太空霸权的非对称和平反制，力推太空军控机制的复合建构，为全人类和平、合理利用太空资源奠定制度基础。

在网络安全领域，近十多年来网络技术飞速发展，在给人类带来前所未有便利的同时，也对现有秩序与治理构成空前挑战：互联网领域发展不平衡、规则不健全、秩序不合理等问题日益突出；不同的国家和地区之间的信息鸿沟还在不断拉大；现行的网络空间治理准则无法体现大多数国家的利益和意志。在全球范围内，人们遗憾地看到，侵害知识产权、侵犯个人隐私等各类网络犯罪时有发生，而网络监听、攻击与恐怖主义更是成为全球公害。上述挑战同样是任何国家都无法单独应对的，故而必须形成某种“共同体思维”，相

---

① 习近平．习近平谈治国理政：第2卷．北京：外文出版社，2017：527.

互协调，抱团取暖，共同应对网络时代的新挑战。对此，中国首倡“建立多边、民主、透明的全球互联网治理体系”，就是为了推动国际社会在相互尊重、相互信任的基础上，加强彼此间的对话与合作，推进互联网全球治理体系的良性变革，携手各国共商、共建、共享和平、安全、开放、合作的网络空间，建立多边、民主、透明的全球互联网治理体系①。

类似地，在粮食与食品安全、生态环境污染与治理、传染病防控等全球性威胁面前，任何国家都无法单独应对，所以无论其主观上是否愿意，在客观大趋势的推动下，都将越来越积极地参与到全球治理之中，并在这一过程中自然而然地与其他国家形成某种共同体的意识与理念。而中国所首倡的构建人类命运共同体则是对上述历史必然进程的有力推动和促进。

二、中国特色大国外交的核心内涵与哲学底蕴

党的十九届四中全会通过的《决定》指出，要“坚持和完善独立自主的和平外交政策，推动构建人类命运共同体”。要推动党和国家事业发展，就需要和平的国际环境和良好的外部条件，因此必须统筹国内国际两个大局，高举和平、发展、合作、共赢旗帜，坚定不移维护国家主权、安全、发展利益，坚定不移维护世界和平，促进共同发展。

尽管复兴路上充满曲折与挑战，但只要中国能够保持自身治理模式的显著优势和战略定力，对中国道路、中国理论、中国制度、中国文化始终保持高度自信，那么中国之治的显著优势就能够被充分发挥出来，从而克服重重阻碍，推动构建人类命运共同体。

① 习近平．习近平谈治国理政：第2卷．北京：外文出版社，2017：532.

1. 坚持“党管外交”的优良传统是中国特色大国外交显著优势的根本保障

新中国外交七十年所取得的辉煌成就，首先归功于中国共产党的正确领导——这是中国外交最根本的政治保障。《决定》要求“健全党对外事工作领导体制机制”，尤其是“坚持外交大权在党中央，加强中国特色大国外交理论建设，全面贯彻党中央外交大政方针和战略部署……加强党总揽全局、协调各方的对外工作大协同格局”。

王毅在回顾中国外交七十年历程时指出：“中国外交的辉煌成就，首先归功于党的领导。这是中国外交最根本的政治保障。七十年来，中国共产党与时俱进，不断丰富发展具有中国特色的外交理论体系，形成中国外交一系列优良传统和鲜明特色。”历史充分证明，要想办好中国的事情，关键在党，核心就是坚持党的领导——这是由中国特色社会主义本质特征所决定的。

早在2014年11月，习近平在中央外事工作会议上就明确指出：“全面推进新形势下的对外工作，必须加强党的集中统一领导，改革完善对外工作体制机制，强化对各领域各部门各地方对外工作的统筹协调。”中国特色大国外交必须坚持中国共产党领导和中国特色社会主义，这是管根本的一条。其原因在于，中国在外交领域的制度优势源自中国特色社会主义制度，它是一个严密而完整的科学体系，起到四梁八柱作用的是根本制度、基本制度、重要制度，其中具有统领地位的是党的领导。

2. 坚持独立自主与对外开放相结合、全方位外交布局是中国特色大国外交显著优势的核心要义

党的十八大以来，党和政府全面推进中国特色大国外交，已经逐步形成了全方位、多层次、立体化的外交布局，为国家的长足发

展营造了良好的外部条件。尤其是共商共建共享“一带一路”倡议提出以来，中国携手世界各国共同创办亚洲基础设施投资银行，设立丝路基金，举办“一带一路”国际合作高峰论坛、亚太经合组织领导人非正式会议、二十国集团领导人杭州峰会、金砖国家领导人厦门会晤、亚信峰会，倡导构建人类命运共同体，促进全球治理体系变革。我国国际影响力、感召力、塑造力进一步提高，为世界和平与发展做出了新的重大贡献。

《决定》强调要“完善全方位外交布局”，具体包括五个“坚持（坚定不移）”，即坚定不移走和平发展道路。坚持在和平共处五项原则基础上全面发展同各国的友好合作。坚持国家不分大小、强弱、贫富一律平等，推动建设相互尊重、公平正义、合作共赢的新型国际关系，积极发展全球伙伴关系，维护全球战略稳定，反对一切形式的霸权主义和强权政治。坚持通过对话协商，以和平手段解决国际争端和热点难点问题，反对动辄使用武力或以武力相威胁的行径。坚持奉行防御性的国防政策，永远不称霸，永远不搞扩张，永远做维护世界和平的坚定力量。这五个“坚持（坚定不移）”不仅充分体现出中国外交的正义优势与道义担当，而且将成为中国进一步推动大国外交和全球治理改革的有效政策抓手。

中国共产党的领导与新中国七十年来亲诚惠容、睦邻友好的和平外交实践，是中国首倡构建人类命运共同体理念的政策推动力。七十年来，中国共产党与时俱进，不断丰富发展具有中国特色的外交理论体系，形成了一系列优良传统和鲜明特色。

独立自主、和平共处是中国特色大国外交的根本基石。独立自主的和平外交政策，既是中国共产党人七十年来一以贯之的追求，又符合和平、发展、合作、共赢的时代潮流，符合中国人民和世界各国人民的根本利益与共同愿望，因而有利于我国广交朋友、对外开放、共同发展，维护并延续好我国发展的重要战略机遇期。面对百年未有之大变局，中国将携手世界各国共同推动世界多极化、经济全球化、社会信息化、文化多样化，承担起引领人类文明走向新时代的历史重任，推动构建人类命运共同体①。

亲诚惠容、睦邻友好是中国特色大国外交的鲜明特色。七十年来，中国始终以睦邻友好为指导国家周边外交政策的一贯方针，始终坚持与邻为善、以邻为伴、守望相助，坚持睦邻、安邻、富邻，突出体现亲诚惠容的理念。正如习近平所指出的，要夯实周边关系，就要“讲平等、重感情；常见面，多走动；多做得人心、暖人心的事，使周边国家对我们更友善、更亲近、更认同、更支持，增强亲和力、感召力、影响力”②。

3. 坚持合作共赢交往原则是中国特色大国外交显著优势的基本原则

习近平多次强调，中国必须有特色大国外交，这是理念、是旗帜。党的十八大以来，习近平提出了一系列具有中国特色的外交新思想、新理念、新倡议，形成中国特色大国外交理论体系的基本架构。杨洁篪把这个架构概括为十个要点：第一，提出中国梦并赋予其深刻的世界意义；第二，丰富和发展我国和平发展的战略思想；第三，推动建立以合作共赢为核心的新型国际关系；第四，倡导构建人类命运共同体；第五，构建全球伙伴关系网络；第六，弘扬正确义利观；第七，提出公平、开放、全面、创新的发展观；第八，提出共同、综合、合作、可持续的安全观；第九，提出共商共建共享的全球治理观；第十，提出以平等为基础，以开放为导向，以合作为动力，以共享为目标的全球经济治理观③。

---

① 《中共中央关于坚持和完善中国特色社会主义制度　推进国家治理体系和治理能力现代化若干重大问题的决定》辅导读本．北京：人民出版社，2019：360.

② 习近平．习近平谈治国理政．北京：外文出版社，2014：297.

③ 杨洁篪．在习近平总书记外交思想指引下不断开创对外工作新局面．新华网，2017-01-14.

这十个要点都是围绕坚持合作共赢的总原则展开。在这一显著优势的推动下，中国特色大国外交理论体系超越了以零和博弈、强权政治为特征的西方传统国际关系理论，使中国外交站在时代发展和人类进步的道义制高点上，为新时期中国外交指明了前进方向。

4. 坚持积极参与全球治理，为构建人类命运共同体不断做出贡献是中国特色大国外交显著优势的重要特征

党的十八大以来，中国更加积极地推动全球治理的改革与建设，并在这一过程中发挥越来越重要的引领作用。在中国的感召与带动下，新兴国家在多边框架内加速整合，逐步认识到协同崛起的重要性，并着手构建独立于西方的经济合作网络。

展望未来，新兴国家的国际秩序或将以金砖机制为领头羊。这是因为，金砖国家有着共同的战略目标与价值观，都希望保持民族自主、外交独立、互不干涉内政；都希望推进经济全球化与自由贸易，推动国际体系的良性改革与国际关系的民主化。

近年来，西方国家内部的种种矛盾、危机，以及它们试图向其他国家转移矛盾、转嫁内部危机的图谋无疑警醒了众多新兴国家，促使它们加速构建独立于西方世界的金融安全合作网络，并推动了金砖国家应急储备、金砖国家“新发展银行”等新型多边金融机制的问世。在中国的推动下，“一带一路”倡议下金融合作与危机处理机制也正在形成。上述趋势对于面临巨大全球不确定性的新兴经济体和广大发展中国家而言，无疑提供了更有吸引力的备选方案①。

5. 自强不息、开放包容的民族精神与兼收并蓄、交流互鉴的历史传统是中国特色大国外交显著优势的哲学底蕴

习近平指出：“中华文明是在同其他文明不断交流互鉴中形成的

① 王文．让世纪工程造福各国人民．解放军报，2017－05－15.

开放体系。”[1] 的确，从历史上的佛教东传、“伊儒会通”，到近代以来的“西学东渐”、新文化运动、马克思主义和社会主义思想传入中国，再到改革开放以来全方位的对外开放，中华文明始终在兼容并蓄中历久弥新。

在遥远的“轴心时代”，中华民族的先民们创造出灿烂的文化，孕育出自强不息、开放包容的民族精神，其作为中华文明初始基因，形塑了这个族群此后数千年的发展。《周易》中的“天行健，君子以自强不息”就是讲奋斗的精神。对个人而言，正如习近平所说，“幸福都是奋斗出来的”，“只有奋斗的人生才称得上幸福的人生”[2]。同理，也只有奋斗的民族才会历经磨难而生生不息。

《周易》中的“地势坤，君子以厚德载物”，则富含一种包容的精神。在中国这片幅员辽阔的热土上，不同的部落、族群、仁人志士，以及历史真正的创造者——最广大的各族人民群众，都曾联袂登台，展示了自己的风采。可见，中华文明的史诗并不是哪一个英雄才子或是族群的独唱，而是全体中华民族儿女同心奋斗谱写的大合唱。

这首传承千年的史诗大合唱，体现了中华文明一贯的处世之道，彰显了中华文明鲜明的价值导向，孕育了中华文明永恒的精神气质，阐明了中华文明内在的生存理念。

亲仁善邻、协和万邦是中华文明一贯的处世之道。“协和万邦”语出《尚书·尧典》：“克明俊德，以亲九族。九族既睦，平章百姓。百姓昭明，协和万邦。”尧，这位上古中国历史与神话中的卓越领袖，用他的精神塑造了中华民族的文化基因，并因代代相传、阐发而影响至今。如《尚书》所论，尧之卓越，并非因为蛮横强力，乃是因其道德高尚：尧能弘扬“大德”，让家族和睦；在家族和睦的基

---

① 习近平在亚洲文明对话大会开幕式上的主旨演讲（全文）. 新华社，2019-05-15.

② 习近平．只有奋斗的人生才称得上幸福的人生．新华每日电讯，2018-02-15.

础上，尧将“大德”向外推延，故可以协调“百姓”，即不同家族之间的关系，实现部落社会和睦；在部落社会内部和睦的基础上，尧继续将“大德”向外推延，于是协调诸侯万邦，让各个邦国都能够彼此和谐共处。在这里，中国传统儒家思想由小及大、由近及远、由内而外的思维模式展露无遗。

尧的时代早已远去。放眼世界，我们今天面对的乃是百年未有之大变局。然而，中国古典政治理想中“协和万邦”的思想却因其超越时空的进步意义而在现时代依旧独具价值、熠熠生辉。今天，新时代的“协和万邦”就是要协调不同国家之间的关系，让各个国家都能够相互尊重、相互合作、共同发展，这与“金砖精神”、“上合纲领”、“一带一路”倡议、构建人类命运共同体理念所倡导的加强互信、平等协商、相互尊重、互利共赢原则是完全一致的。习近平主席在不同场合多次引用上述中华古训，正是为了重申中国文化的基本理念，并赋予这种古老的合作思想新的时代价值，让和平、和谐、合作的中华传统美德为今天各国人民所熟悉、认可，从而在构建人类命运共同体的万里征途上提供来自各国民心的原动力①。

党的十九届四中全会通过的《决定》指出，中国之治具有“坚持独立自主和对外开放相统一，积极参与全球治理，为构建人类命运共同体不断作出贡献的显著优势”。从哲学的高度来看，上述论断与中国人民几千年来所奉行的“以和为贵”“天下大同”“亲仁善邻”“协和万邦”的理念存在内在的文化联系与深层的思想渊源。面对百年未有之大变局，正日益走近世界舞台中央的崛起中国，更有必要“返本开新”，虚心诚恳地从先贤古训中汲取养分，然后结合现时代的迫切需求拿出中国智慧，为全球治理的增量改革提出中国方案，为人类命运共同体的构建贡献中国力量。

---

① 王文，刘英．“一带一路”完善国际治理体系．东北亚论坛，2015（6）．

三、中国特色大国外交的实践成绩与优势体现

1. 中国特色大国外交的伟大实践和显著优势维护了国家主权、安全和发展利益

新中国自成立以来，始终坚持尊重他国的正当权益。与此同时，中国也始终坚持，本国的正当诉求、合法权益不容侵犯。七十年来，中国始终以扎实的行动和有力的举措维护国家主权，捍卫国家安全，为国家和人民的发展利益筑好牢固防线。七十年来，中国始终坚定维护中国共产党的正确领导和中国特色社会主义的优越制度，在捍卫一个中国原则、反对任何外部势力对中国内部事务的干预挑衅上坚定不移地做出努力。七十年来，中国始终坚持维护本国作为发展中国家的正当发展权利，抵制任何针对中国的单边主义和霸凌行径。上述伟大外交实践体现、造就了中国特色大国外交的显著优势。

2. 中国特色大国外交的伟大实践和显著优势走出了一条和平发展的道路

中国共产党和中国人民从自身的历史、国情和世界大势、时代潮流出发，郑重选择坚定不移地走和平发展的道路。七十年来，中国始终高举和平、发展、合作、共赢的光辉旗帜，始终以维护世界和平、促进共同发展为己任，坚决反对国与国之间相互干涉内政、以强凌弱的行为，坚持推动构建相互尊重、公平正义、合作共赢的新型国际关系。七十年来，中国携手世界各国，为推动世界的持久和平、普遍安全、共同繁荣、开放包容、清洁美丽而不懈努力。党的十八大后，中国国家领导人提出“一带一路”倡议，愿与世界各国共商、共建、共享人类命运共同体。

3. 中国特色大国外交的伟大实践和显著优势打造了一个涵盖全球的“朋友圈”

中国政府坚持“结伴不结盟”的外交原则，用“伙伴关系”这个新理念为全球性难题的解决开出新药方，为世界各国处理与他国关系提供了新模式。七十年来，中国不断完善伙伴关系的全球布局。进入新时代，中国的全球伙伴关系正在不断发展、完善：对俄罗斯，中国正全方位推进两国新时代全面战略协作伙伴关系；对美国，中国在平等和相互尊重的基础上妥善处理两国经贸摩擦，始终努力发展以协调、合作、稳定为基调的中美关系；对欧洲，中国正与欧盟和欧洲各国携手推进和平、增长、改革、文明四大伙伴关系建设；对周边邻国，中国正以“亲诚惠容”的原则为指导，进一步增强与周边各国的战略互信与利益交融。中国始终坚持实践正确义利观，同广大发展中国家加强合作，实现互利共赢。

4. 中国特色大国外交的伟大实践和显著优势正在推动国际社会高质量共商、共建、共享“一带一路”

作为人类命运共同体理念的重要实践平台，“一带一路”倡议在过去几年的建设中，取得了辉煌的成就，得到世界各国的认可。在2019年第二届“一带一路”国际合作高峰论坛成功召开后，“一带一路”建设正式由挥毫泼墨的“大写意”进入精谨细腻的“工笔画”2.0时代。中国将继续秉持共商、共建、共享的基本原则，坚持开放、绿色、廉洁的理念，努力携手伙伴国家共同以高标准、惠民生、可持续为总要求，按照国际通行的标准和规则，努力打造互联互通的全球伙伴关系，共同推动“一带一路”的高质量建设。

5. 中国特色大国外交的伟大实践和显著优势正在引领全球治理体系改革

中国作为全球最大的发展中国家和负责任大国，七十年来始终积极参与国际与全球事务，为广大发展中国家发出声音。党的十八大以来，中国更加积极地参与、引领全球治理体系改革和建设。为了避免治理真空和治理乱象，并且保持全球治理体系的健康稳定，中国始终切实维护以联合国为核心的国际体系、以国际法为基础的国际秩序以及以世贸组织为核心的多边贸易体制。中国智慧与中国方案为解决国际（地区）的热点问题发挥了国际社会高度认可的积极作用。

6. 中国特色大国外交的伟大实践和显著优势赢得了国际社会对构建人类命运共同体倡议的热烈回应

在过去的 6 年中，习近平在众多国内国际场合阐述、倡导构建人类命运共同体理念，并赋予其鲜明的中国特色与时代蕴含；而世界也越来越多地认同、接受这一中国理念。毫不夸张地说，人类命运共同体理念如今已然成为推动全球治理体系变革、构建新型国际关系和国际新秩序的共同价值规范。

2013 年 3 月，习近平在莫斯科国际关系学院发表演讲时指出，当今人类社会“越来越成为你中有我、我中有你的命运共同体”。这是习近平第一次在国际场合阐述“人类命运共同体”的理念。从此，“人类命运共同体”便成为习近平外交活动的关键词。

在博鳌论坛上，从 2013—2015 年，习近平以高远的视角审视中国、亚洲与世界，连续 3 年在年会上阐发、发展人类命运共同体理念。

2015 年 9 月，在联合国成立七十周年系列峰会上，习近平首次在联合国总部全面阐述以合作共赢为核心的新型国际关系理念，系统提出打造人类命运共同体的具体途径，为发展新型国际关系提供新理念、开辟新愿景，引发世界舆论高度关注。

2017 年 1 月 18 日，在日内瓦万国宫“共商共筑人类命运共同体”高级别会议上，习近平在演讲中给出了中国方案，再次系统阐述人类命运共同体理念，引发世界舆论的强烈回响。在这次重要演讲中，习近平从伙伴关系、安全格局、经济发展、文明交流、生态建设五个维度为构建人类命运共同体描绘了蓝图，为推动人类社会发展进步提供了行动指南。

同样，在国内重大政治场合，习近平也不断阐发、推动着人类命运共同体在理论和实践上的同步发展。在党的十九大报告中，习近平站在全人类进步的高度6次提到人类命运共同体，不仅对新时代中国特色大国外交进行顶层设计，而且对全世界做出庄严承诺："中国将继续发挥负责任大国作用，积极参与全球治理体系改革和建设，不断贡献中国智慧和力量。"对此，阿根廷中国问题专家古斯塔沃·吉拉多评价道："十九大为中国外交设立了清晰目标，可以说，构建新型国际关系和构建人类命运共同体是世界对中国外交的最大期待。"①

在中国国家领导人孜孜不倦的阐发与推动下，构建人类命运共同体理念正得到国际社会越来越广泛的认同：

2017年2月10日，联合国社会发展委员会第55届会议协商一致通过"非洲发展新伙伴关系的社会层面"决议，"构建人类命运共同体"理念首次被写入联合国决议。

2017年11月1日，第72届联大负责裁军和国际安全事务第一委员会通过了《防止外空军备竞赛进一步切实措施》和《不首先在外空放置武器》两份安全决议，"构建人类命运共同体"理念再次载入这两份联合国决议。

联合国秘书长古特雷斯高度赞同中国所倡导的理念。他说："中国已成为多边主义的重要支柱，而我们践行多边主义的目的，就是要建立人类命运共同体。"②

① 杜正艾．推动构建新型国际关系　构建人类命运共同体．行政管理改革，2017（11）．

② 古特雷斯．中国是多边主义的重要支柱．人民日报（海外版），2018－09－07（12）．

2019 年 2 月 28 日，中共中央对外联络部与中国人民大学联合举办了主题为“人类命运共同体构建与世界社会主义发展”的第 27 届万寿论坛。会上，来自 10 个国家的 30 余名领导人和代表高度肯定习近平新时代中国特色社会主义思想在当今时代的重大理论与现实意义，普遍认为习近平提出的人类命运共同体理念集中体现了中国共产党的天下情怀和使命担当，为完善全球治理、平衡世界发展、促进文明互鉴、实现合作共赢、推动世界社会主义大发展指明了前进方向①。

习近平曾指出：“奋斗是长期的，前人栽树、后人乘凉，伟大事业需要几代人、十几代人、几十代人持续奋斗。”② 中国全面深化改革是一条长征路，中华民族的伟大复兴也是一条长征路，建设人类命运共同体更是一条长征路，必须不懈奋斗、久久为功。

实现人类命运共同体这一“伟大奋斗”的内在属性决定了在实现它的道路上人们注定将遭遇重重挫折与考验。孟子曰：“天将降大任于斯人也，必先苦其心志，劳其筋骨，饿其体肤，空乏其身，行拂乱其所为，所以动心忍性，曾益其所不能。”这句话讲的也是这个道理。

因此，在可以预见的未来，中国将更加积极地参与全球治理体系改革和建设。中国将高举构建人类命运共同体的旗帜，秉持共商、共建、共享的全球治理观，倡导多边主义和国际关系民主化，推动全球经济治理机制变革。中国将推动在共同但有区别的责任、公平、各自能力等原则基础上开展应对气候变化国际合作。中国将维护联合国在全球治理中的核心地位，支持上海合作组织、金砖国家、二十国集团等平台机制化建设，推动构建更加公正合理的国际治理

---

① 邹国煜．人类命运共同体是世界的必然选择：第 27 届万寿论坛侧记．当代世界，2019 (4).

② 始终为人民不懈奋斗　同人民一起奋斗．人民日报（海外版），2018－02－15 (1).

体系。

在可以预见的未来，统筹国内国际两个大局，协调稳定、改革与发展三个核心目标，仍将是中国的首要任务。最好的心态当是保持战略定力与竞争耐力，既认识到中国崛起之长期性、艰难性，也坚信崛起之路的光明未来。最重要的是，各项事业的推进还要继续保持改革、发展与稳定三者平衡。在策略上，既要稳扎稳打，又要锐意进取——在改革中谋发展，在发展中持续稳定，在稳定中强化改革。只要做到这些，任何强国的打压或者全球性的危机都不可能真正伤及中国；也唯有如此，才能实现复兴中华民族的伟大事业和构建人类命运共同体的宏伟愿景。

图书在版编目（CIP）数据

中国之治的制度密码/靳诺，刘伟主编．--北京：中国人民大学出版社，2020.6

（“认识中国·了解中国”书系）

ISBN 978-7-300-28266-4

Ⅰ.①中… Ⅱ.①靳… ②刘… Ⅲ.①中国特色社会主义-社会主义建设模式-研究 Ⅳ.①D616

中国版本图书馆 CIP 数据核字（2020）第 103278 号

国家出版基金项目

“十三五”国家重点出版物出版规划项目

“认识中国·了解中国”书系

中国之治的制度密码

靳诺　刘伟　主编

Zhongguo zhi Zhi de Zhidu Mima

出版发行	中国人民大学出版社		
社　址	北京中关村大街 31 号	**邮政编码**	100080
电　话	010－62511242（总编室）		010－62511770（质管部）
	010－82501766（邮购部）		010－62514148（门市部）
	010－62515195（发行公司）		010－62515275（盗版举报）
网　址	http://www.crup.com.cn		
经　销	新华书店		
印　刷	涿州市星河印刷有限公司		
规　格	170 mm×240 mm　16 开本	**版　次**	2020 年 6 月第 1 版
印　张	21 插页 1	**印　次**	2020 年 12 月第 2 次印刷
字　数	272 000	**定　价**	68.00 元